## ●市民参加・協働



## ●総務



## ●財政



## ●地方自治制度



## ●議会

自治体
情報誌

# ディーファイル

**4上**

2022

イマジン出版株式会社

# 地域おこし隊　長井市、20人増目指す

## 自ら提案方式 募集枠を新設

長井市は本年度、市地域おこし協力隊の20人増員を目指す。2021年度から活動する隊員５人に加えて新規募集枠を大幅に拡大し、希望者の関心を市の課題解決につなぐ狙いだ。計25人に達すれば東北で有数の規模となる。

市は、応募者が具体的な活動テーマを自ら提案する方式の募集枠12人分を新設した。市が設定したテーマごとに募る従来型に加え、多様な取り組みで地域の活性化を促そうと間口を広げた。

新たな枠で募った隊員２人への委嘱状交付式が１日にあった。コミュニティーＦＭを通じた地域活性化に取り組もうと東京都から移住した岡田ゆうきさん（35）は「ドキュメント番組を制作し、市内外に広く発信したい」と意気込んだ。

市は22年度一般会計当初予算で協力隊員の人件費25人分を計上。雇用契約も市内の第三セクターへの委託型を初めて導入し、市ホームページや委託先を通じて募集を続けている。市の担当者は「人口減が進む地域の担い手として長井を元気にしてくれることを期待する」と話す。

河北（山形）22・4・4

---

データで読む 地域再生

# 生活圏集約 進む鹿児島

少子高齢化が進むなか、地域の利便性維持には機能集約が欠かせない。国が進める中山間地を中心とした創生拠点は現在、全国に１４０８カ所ある。２０１６年度から倍増した。けん引する鹿児島県や兵庫県では空き家を活用した拠点などを整備し雇用も創出した。最新技術を使った新たな取り組みも始まりつつある。

中山間地は国土の7割を占める一方、全人口に対する居住人口は１割あまり。小規模集落が分散していることもあり、コミュニティーや生活インフラの維持は容易ではない。国は改善を目指し14年「まち・ひと・しごと創生総合戦略」で創生拠点（小さな拠点）を定義した。周辺集落などと協力して「市場」を広げ再活性化を狙う。

## 集落の利便性維持 全国は倍

21年度時点で設置自治体は365市町村（16年度比1・9倍）となった。拠点を構成する生活圏は1カ所あたり平均15・1集落、2291人。国は24年度までに市町村版総合戦略に位置づけた拠点を1800カ所に増やすことを目標とする。

都道府県で最も増やしたのは鹿児島県で、16年度比76カ所増えた。兵庫県（45増）、山口県（43増）が続く。

鹿児島県の東串良町柏原地区では16年、郵便局が撤退したことを機に簡易郵便局業務の運営を受託し、周辺30集落の拠点とした。新たに地域住民を雇用したほか、空き店舗を活用した食品などの販売も始めた。高齢化が進む住民を支えるため買い物代行業務も担う。鹿屋市上小原地区では地区内の17集落が「上小原ふるさとの会」を結成した。担い手不足で消滅の危機にあった伝統芸能「棒踊り」を継承しようと、共同で人材を確保した。

同市柳谷集落は自らの集落内の活動にとどまらず「地域がいかに自立する仕組みをつくるか」を徹底的に議論し、活動を全国へと広げた。07年に発足した「やねだん故郷創世塾」は当初、県内自治体職員を対象としていたが次第に県外からも塾生を集めるようになった。現在は年2回、約50人の塾生らと特産品を生かした商品開発や古民家の活用などの議論を重ねる。

参加者からは広島県神石高原町の入江嘉則町長ら5人の首長を輩出した。入江町長は16年の就任後、農業従事者の高齢化で売り上げ減が深刻となっていた「道の駅」再建を主導し、郷土料理レストランを設けたり観光協会を併設させたりとリニューアルを推進した。

兵庫県では県が旗振り役となって拠点づくりを後押しする。19～21年度に500を超える地域団体に最大100万円を支給して再編などを促した。神河町長谷地区では地元農協が日用品店やガソリンスタンドの運営から撤退したのをきっかけに地域の約300世帯が出資して株式会社を設立した。

## 兵庫・神河 住民票交付業務を受託

各店舗の運営を引き継ぐとともに、生活上の不安を解消しようと利用者の送迎・宅配サービスや高齢者安否確認など事業多角化も加速した。町役場支所の職員が撤収したことを受け、住民票などの証明書交付業務も町から受託した。

地域の課題解決に向けて最新技術を活用しようとする動きも広がりつつある。長野県伊那市長谷地区内では買い物が難しくなった高齢者などに向け、20年8月にドローンで食品や日用品を宅配する仕組みを本格導入した。午前中に注文すれば、夕方には近隣の公民館に届く。

「持続可能な地域社会

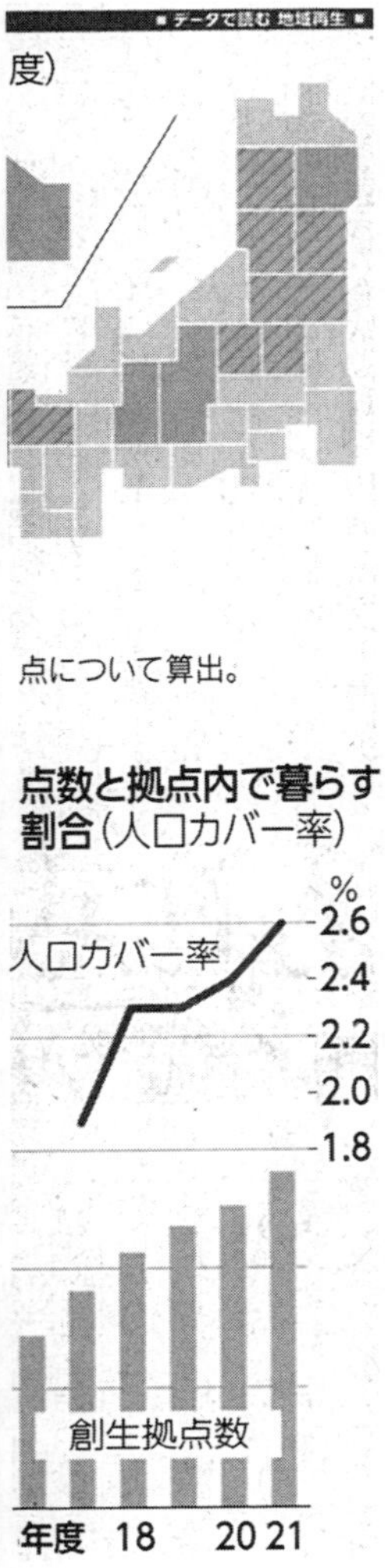

# 龍ケ崎を応援して

## 市外対象 ファンクラブを設立

龍ケ崎市のファンクラブ会員証＝同市役所

龍ケ崎市を外から応援してくれる人を増やしていこうと、市は「龍ケ崎ファンクラブ」を設立し、会員の募集を始めた。オリジナルデザインの会員証が特典に付き、電子マネー「nanaco（ナナコ）」の機能も持たせた。ナナコのカードが自治体ファンクラブの会員証となるのは、全国で初という。市外在住を入会の条件に定めた。

会員証には、市内を走る関東鉄道竜ケ崎線、地元グルメのコロッケ、市を代表する奇祭「撞舞《つくまい》」と共に、市民がファンを歓迎する様子が表現されている。市出身のイラストレーター、豊島宙《そら》さんが描いた。

市ホームページ内の特設サイトで必要事項を入力して入会を申し込む。入会費や手数料はかからない。市では、出身者や通勤通学者のほか、市内で暮らした経験があったり、親族が住んでいたりしている人の入会を想定する。

会員証は、申し込みから2、3週間程度で送られてくる。市は、会員限定のサービスやキャンペーンを展開する予定だ。

（鈴木剛史）

茨城22・4・4

# 世話役後継「いる」48％

## 県内集落調査 10年前から14ポイント減

県は31日、県内の小規模集落を対象に2021年度に行った集落実態調査の結果を追加公表した。地域活動を引っ張る世話役（リーダー）に関する質問では、後継者が「いる」とした集落は48・6％で、10年前の前回調査（63・3％）と比べて14・7ポイント減少した。今いる世話役の高齢化が進んでおり、地域の人材不足が改めて浮き彫りになった。

## 人材不足浮き彫りに

調査は昨年6月～今年1月に実施。50世帯未満の1451集落の代表者に56項目にわたって現状を聞き取るとともに、抽出した109集落に住む18歳以上の全住民5692人にアンケート（回答2368人、回答率41・6％）を行った。

世話役の後継者の有無は集落代表者に質問し、「いない」は31・8％で10年前調査より9・9ポイント上昇した。

調査時点で世話役が「いる」と答えたのは71・7％で、ほぼ前回（74・4％）並みだった。ただ世話役の年代は70代以上が46・2％を占め、10年前の前回（31・1％）から約15ポイント増加。逆に50代以下は16・0％と前回（26・9％）から10ポイント余り減少しており、リーダーの高齢化が顕著となった。

将来の担い手として期待される移住者に関し、Iターン者の受け入れ実績が「ある」と答えた集落は37・0％で、前回（34・7％）から微増にとどまった。この10年間でUターン者が「いる」とした集落は38・7％で、前回調査（46・2％）から7・5ポイント減少。県全体では移住者が増加しているが、小規模集落への移住は必ずしも進んでいない実態が明らかになった。

Iターン者について「受け入れたい」とした集落は49・0％で、前回の68・9％から減少。受け入れ意欲の陰りもうかがえる。

県は2月、集落実態調査の中間報告を公表。「10年後の集落活動を維持できない」とした集落が前回より12・5ポイント増の39・3％に上るなど、状況はより厳しくなっている。

（大山泰志）

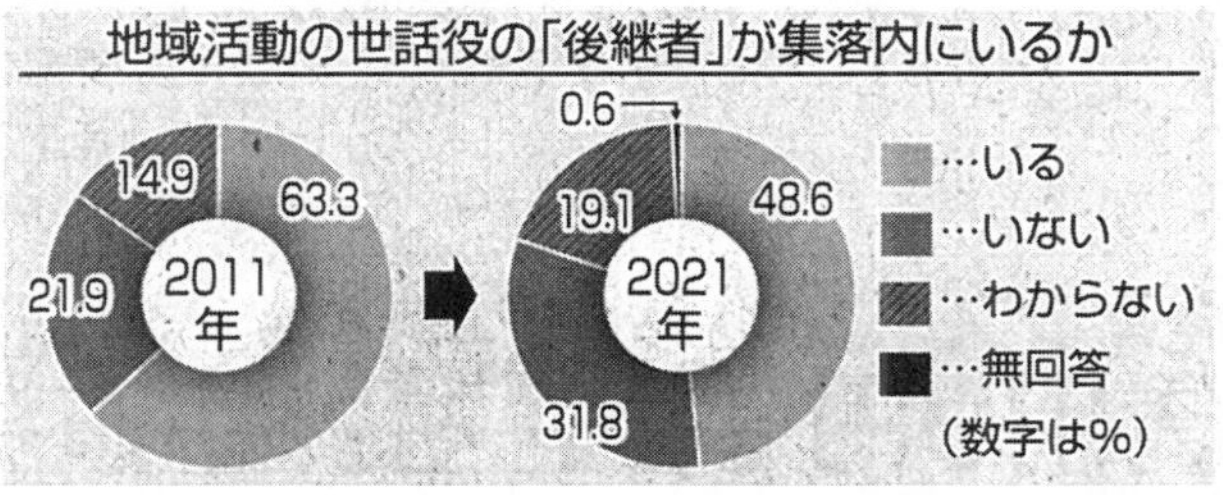


高知22・4・1

中山間地の創生拠点数（2021年

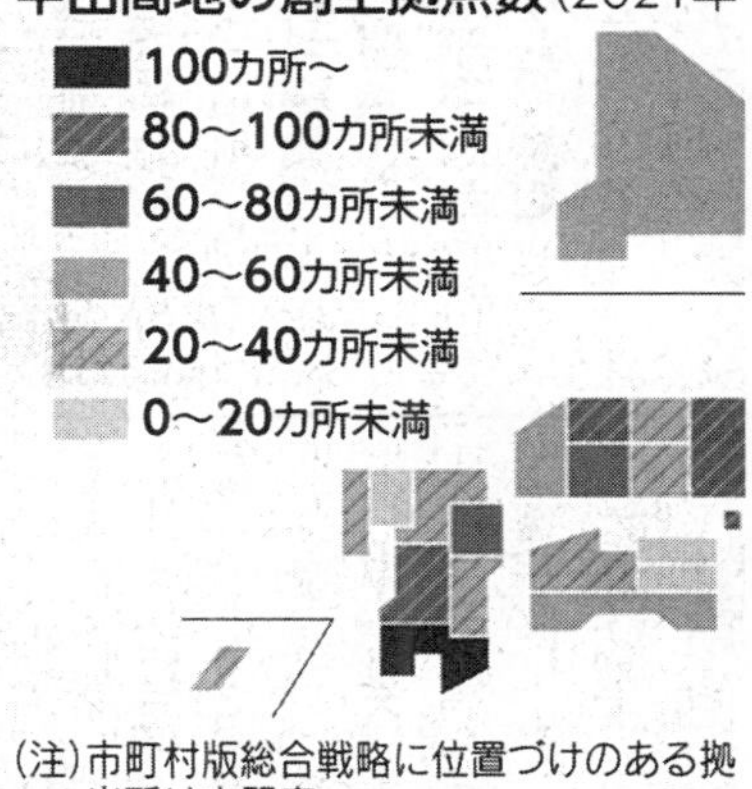


（注）市町村版総合戦略に位置づけのある拠点数
出所は内閣府

創生拠点が増加した都道府県

| | 2016年度 | 2021年度 | 増加数（カ所） |
|---|---|---|---|
| 鹿児島 | 89 | 165 | 76 |
| 兵庫 | 35 | 80 | 45 |
| 山口 | 0 | 43 | 43 |
| 島根 | 58 | 99 | 41 |
| 大分 | 31 | 66 | 35 |
| 栃木 | 2 | 35 | 33 |
| 長野 | 16 | 48 | 32 |
| 宮城 | 5 | 36 | 31 |
| 広島 | 32 | 63 | 31 |
| 高知 | 31 | 58 | 27 |

（出所）内閣府

創生拠
人口の

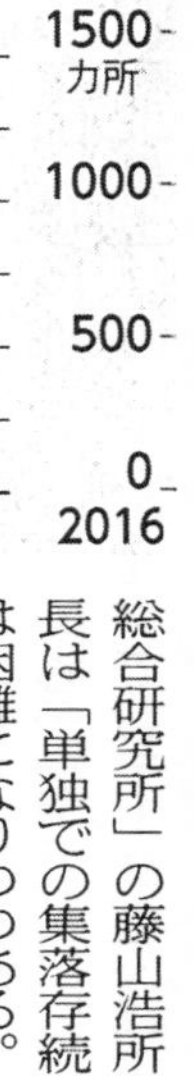


総合研究所」の藤山浩所長は「単独での集落存続は困難になりつつある。住民が課題に向き合い、周辺を巻き込んでいく努力も欠かせない」と指摘する。

（瀬口蔵弘、笠原昌人、田村峻久）

日経22・4・2

# 疎自治体 初の半数超え

## 口減少に要件緩和も影響

中日（愛知）22・4・2

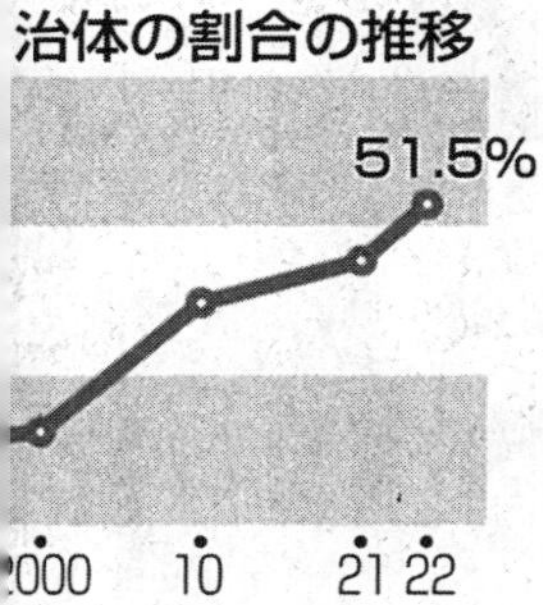


過疎法に基づく過疎自治体の数を八百二十から八百八十五に増やすことが一日、官報で公示された。全市町村に占める割合は47・7%から51・5%に上昇。一九七〇年の法制定以降、初めて半数を超えた。過疎自治体になると、インフラ整備事業などに対し、国の手厚い財政支援を受けられる。割合の増加は人口減少の進行に加え、過疎の要件緩和が影響している。

過疎法は七〇年に十年間の時限立法として制定後、新法に衣替えしながら事実上の延長を繰り返している。現行法は五つ目の法律で、二〇三一年三月末が期限。国と自治体の取り組みによって、過疎地を活性化できるかどうかが問われる。

二〇年国勢調査で得られた最新データを当てはめた結果、二十七道府県の六十五市町村が人口減少率などの要件を満たし、新たに過疎自治体となった。中部地方では、岐阜県は海津市、長野県では上田市、塩尻市など四市町、福井県も勝山市、あわら市など四市町、滋賀県は東近江市と甲良町が新たに該当した。

総数八百八十五の内訳は、管内全域が過疎地域となる全部過疎が七百十三、一部過疎が百五十八、市町村合併により管内に過疎地域が含まれた「みなし過疎」が十四。

過疎自治体になると、借金である「過疎債」を発行し、インフラ整備事業などの財源を確保できる。さらに元利の支払い費の七割は、国が地方交付税で手当てする。このため、地方側には「支援対象を幅広くしてほしい」との意向が強い。

過疎法はいずれも議員立法だ。選挙対策の観点からも自治体の意向は無視できず、支援の枠組みを大きく変えない一方、過疎の要件は法律が変わるたびに緩

---

中国（島根）22・4・13

謎のスポット・「癖祭」・珍妙なグルメ…

# ディープな島根 満載

## 県市町村組合がユニーク小冊子

## 独断・偏見・愛情込め

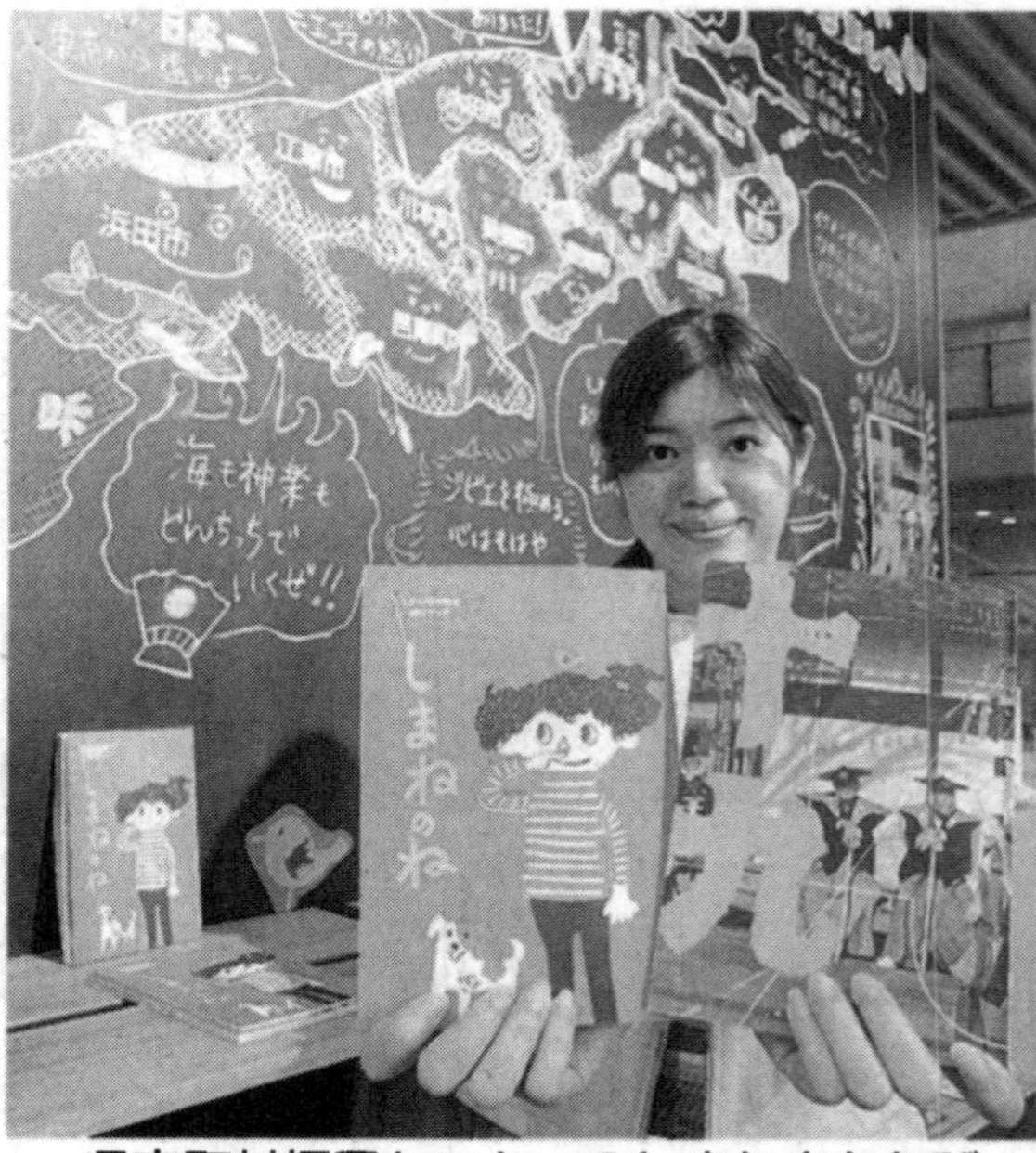


県市町村振興センターのしまねまちなびコーナーで無料配布している「しまね十九」と「しまねのね」

謎のスポット、癖のある祭り、珍妙なグルメ…。県内19市町村の隠れた魅力に迫る小冊子「しまね十九《じゅうく》」（A5判、46ページ）を、県市町村総合事務組合が発行した。「島根をよく知る人にもっと深く知ってほしい」と、スタッフが「独断と偏見と愛情」をもって作成。松江市殿町の県市町村振興センターで無料配布している。

（松本大典）

ウェブを中心に19市町村の情報を発信する同組合の「しまねまちなび」が初めて作ったオリジナル冊子。2013年から計132本を公開した「現地レポート」から、「感動的であまり光が当たっていない」名所や名物をえりすぐっ

まれた集落などを紹介。「癖祭《くせまつり》」の特集には、やまんばの山車が練り歩くなど10の奇祭が並ぶ。「偏《へん》な食べ物」「被《かぶ》らない土産」のコーナーでは、竹島を模した海鮮カレーやイノシシをかたどった山くじらストラップなどを取り上げた。

報ばかり。冊子を手に、島根を何度でも楽しんでほしい」と力を込める。

出雲大社や石見神楽といった定番の名所、名物を12歳の子ども向けに紹介した「しまねのね」（A5判、46ページ）も同時発行。「これから12歳を迎える子も、12歳の頃が思い出せない人も、各市町村の『らしさ』を誇りに思えるように」とやさしくまとめた。

初版は2千部ずつの計4千部を発行。4月中に県内の観光案内所や道の駅などでも配る予定で、5月以降、ウェブでもデータを公開す

山口22・4・5

# 下関の「世界一」フレーム切手に

## 風景や建物

下関市が「下関のここが世界一！」をテーマに市内の風景や建物の写真を公募し、選ばれた作品を題材にしたオリジナルフレーム切手が発行された。

せきまるがデザインされたフレーム切手

名称は「下関の世界一を届けるほっちゃ！せきまるフレーム切手」。紅葉に彩られた功山寺の山門、朝日に映える関門海峡、竜宮城のような美しさの赤間神宮などを掲載している。

84円切手10枚つづりで、市のメインキャラクター「せきまる」のデザインが入った切手シート。販売価格は1330円（税込み）で、初回発行は300シート。市内の郵便局で販売しており、ネットショップは5日午前0時15分から。

問い合わせは市広報戦略課（電話083・231・2951）へ。

（森脇直樹）

# 氷見の剣豪 漫画で紹介

## 幕末に活躍・斎藤弥九郎

## 市が制作、完成 多才な人物描く

氷見市が作成した斎藤弥九郎の生涯を紹介する漫画
＝同市市役所

幕末に活躍した氷見出身の剣豪斎藤弥九郎（1798─1871年）の生涯を紹介する漫画本が完成した。昨年に没後150年を迎えたことを記念して同市が制作した。漫画「送球ボーイズ」の原作者フウワイさんが作画を担当。市ホームページで公開し、PDFでダウンロードできるようにした。学生や一般市民に郷土の偉人を広く伝える。

本は「マンガ『幕末の剣豪斎藤弥九郎の生涯』」でA5判、68㌻。前半は現在の氷見市仏生寺脇之谷内に生まれた斎藤が江戸に出て剣術を修練し、江戸の幕末三大道場の一つ練兵館を創設したことなどを描く。後半は幕末の西洋砲術訓練に参加し、明治維新後は政府の銀山や造幣局の役人を勤めたことなどを取り上げ、剣術以外の才能も発揮したことを紹介した。

資料として斎藤が練兵館で指導した高杉晋作、桂小五郎ら幕末の人物や、盟友の江川英龍が外国船に備えて設計した台場の写真なども掲載した。

フウワイさんの送球ボーイズは氷見高がモデルになったハンドボール漫画で、氷見ゆかりの作家として作画を依頼した。

3500部を作成し、氷見市内の小学6年、中学1～3年、義務教育学校6～9年に配布する。ふるさと学習の教材として活用し、学校に市教委の担当者が出向いて解説する学習会を開く。市立博物館で1冊300円で販売する。

北國（石川）22・4・13

過

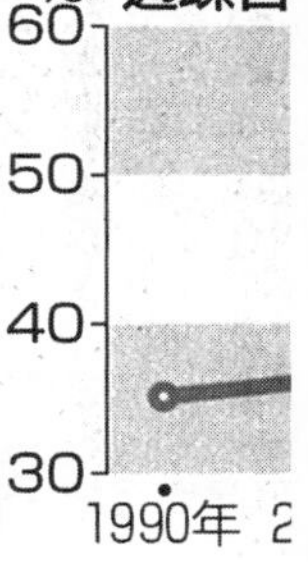


人

和。この結果、七〇年に23・6%だった過疎自治体の割合はほぼ一貫して伸びている。

た。

未完成で終わった幻の広浜鉄道の遺構や山奥でこけむす五百羅漢、桃の花に囲

担当の後藤希主任主事(32)は「山を歩き、海を渡って現地へ行ったからこそ知り得たニッチ（隙間）情

る。22年度中にそれぞれ2千部の増刷と、「しまね十九」の第2弾の発行も計画する。

●自治体出版・広報

# 大槌カイ アニメ発進

岩手22・4・9

## ージキャラ　町、動画サイトで公開

大槌町は三陸鉄道大槌駅のイメージキャラクター「大槌カイ」のアニメーション短編動画を制作し、動画投稿サイト・ユーチューブで公開している。東日本大震災で大切な人を失ったカイが成長し、古里のために働く日常を描いた。新型コロナウイルス禍で人の往来が困難な中、国境を越える新たなツールとして地域を盛り上げる。

動画「大槌カイ物語―Departure 出航―」は約7分間。中学3年時に震災津波に遭い、父が行方不明になったカイが、震災10年を経て三鉄から町観光交流協会に出向し、町や海と向き合いながら懸命に働く日常が描かれる。

カイ役は声優やアーティストとして活躍する蒼井翔太さん(34)が務める。作中には町内事業者や同町吉里々々《きりきり》の浪板海岸など、見覚えのある景観が随所に登場する。

ストーリー原作とプロデューサーを担った、同町出身で「三陸❤おおつちPR大使」の実業家佐藤ひろ美さん(51)

イベントで先行披露し、国外からも注目を集める。1日には、中国語の「繁体字」の字幕付き動画もユーチューブに投稿した。

町は本年度、地方創生交付金2350万円を充て、続編制作やオンラインイベントの開催、商用利用に向けた町内事業者向け研修会を開く。大槌駅と大槌孫八郎商店などでオリジナルグッズも販売中で、第2話を本年度内に公開予定だ。

町産業振興課の岡本克美課長は「アニメは国境や世代、言語を越える。大槌町を広く全世界に発信していきたい」と意気込む。（加藤菜瑠）

を描いた動画のワンシーン（©SANRIKUTET
陸聖地化委員会　キャラクターイラスト：カズキヨネ）

動画はこちら

---

# 四万十町 ゲームで探検

## アプリあす配信　名所巡り川釣りも

高知22・4・9

写真はいずれも四万十町が企業と開発したスマホゲーム「40010 ヒミツのともだち」の画面

【窪川】高岡郡四万十町は、四万十川をはじめとする町内の自然や名所をPRするスマートフォン向けゲームを企業と共同開発し、「四万十の日」の10日から配信する。

県内外の子どもや若者らに町の魅力を発信しようと企画。松山市のゲーム制作会社「オートクチュール松山」と約1年かけて開発した。事業費は約700万円。

ゲームのタイトルは「40010《シマント》 ヒミツのともだち」。大正、窪川、十和の頭文字から「タクト」と名付けたカッパを主人公に、プレーヤーが町を探検する。

四万十川での釣りをはじめ、イノシシ退治やカワウの追い払いなど8種のミッションを設定。「名所巡り」で沈下橋や海洋堂ホビー館四万十、四万十川ジップラインなどにたどり着くと、施設の紹介画面が現れ、ホームページも閲覧できる。

町はゲーム内で、町内のイベント告知なども行っていく予定。ゲームは無料で、各アプリストアで「40010」を検索しダウンロードする。

静岡22・4・2

# 「水産のまち」魅力を名刺に

## 焼津市が制作

### デザインデータ提供も

焼津市は、水産品や魚河岸シャツといった「水産のまち」の魅力を表したイラストが描かれた名刺デザインを制作した。1日から市職員で使用を開始するとともに、希望する市民や事業所にデザインデータを提供する。

名刺には、カツオやサバ、マグロ、サクラエビ、シラスといった地元の水産品、焼津温泉や市のマスコットキャラクター「やいちゃん」のイラストが描かれている。やいづ親善大使でイラストレーターの徳田有希さんが担当した。市の所在地を示した地図、市公式のユーチューブチャンネルやLINEのQRコードも付けている。

市では名刺を、職員はもとより、市民や事業所などに使用を呼び掛け、焼津の特色や魅力の発信につなげたい考え。希望者は市のホームページから使用申請を行えば、名刺デザインのデータを受け取ることができる。

（焼津支局・福田雄一）

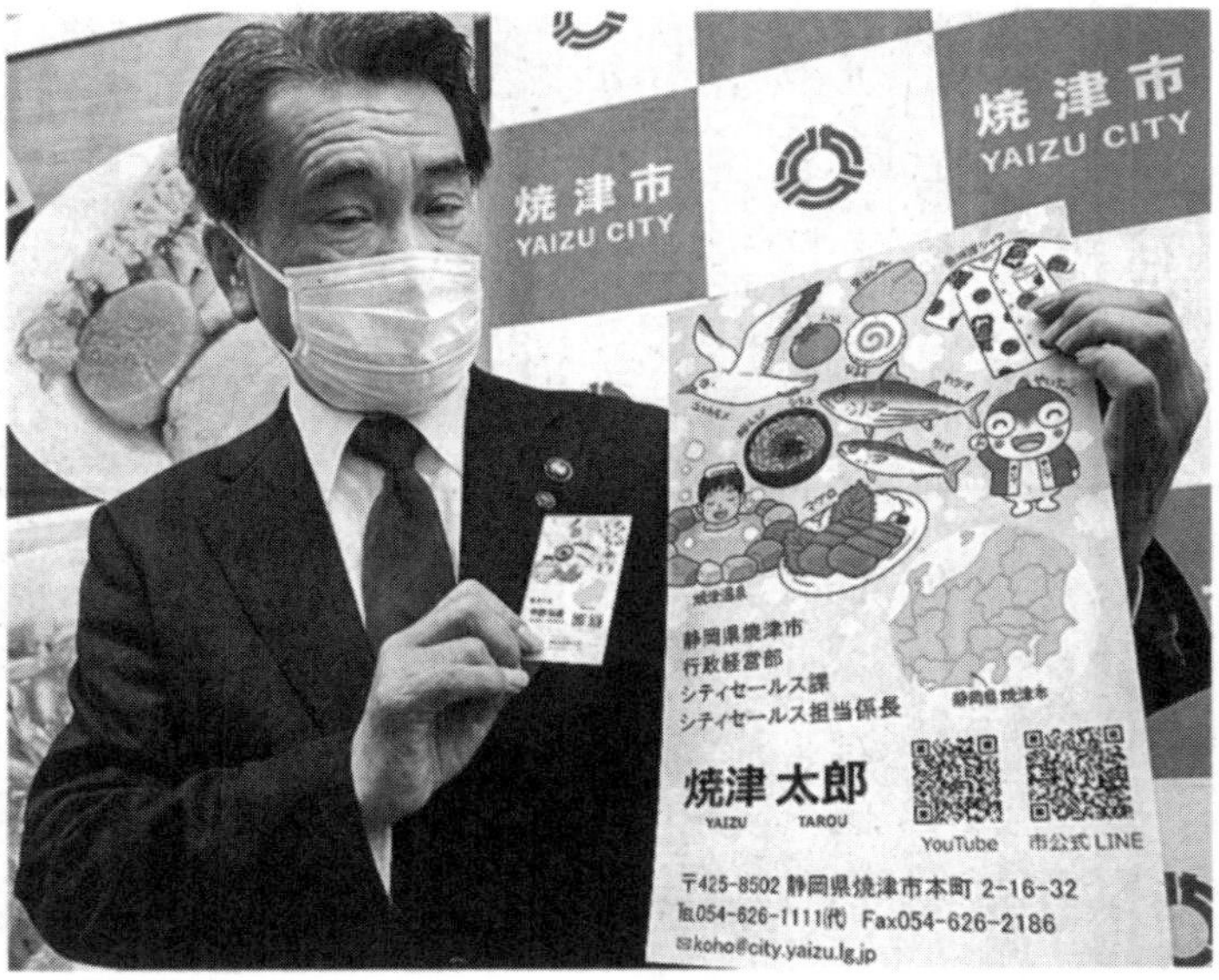


焼津の魅力をイラストでPRする名刺を持つ中野市長＝焼津市役所

# 県都の歩み一冊に

## 千葉市、初の歴史読本

千葉市は、旧石器時代から近現代までの同市の歩みをまとめた初の歴史読本「史料で学ぶ千葉市の今むかし」を刊行した。市史編さん事業の一環で、歴史上の重要トピックを分かりやすく解説している。

同市立郷土博物館によると、約50年前に始まった同事業は、千葉市に関する史料調査などを継続しており、成果を踏まえて一般市民向けの一冊をまとめた。

貴重な古文書や絵図の写真を収録し、史料を見ながら歴史を読み解く内容とした。

原始・古代、中世、近世、近現代の4章構成。「源頼朝と千葉常胤（つねたね）」の項目では、「源平闘諍（とうじょう）録」を踏まえ、房総半島に上陸した頼朝に常胤が従った理由などを詳述している。

B5判、オールカラーで220ページ。3千部を印刷し、市内小中学校や図書館に配布。郷土博物館と市政情報室（千葉中央コミュニティセンター2階）では1部千円で販売している。制作費は約400万円。

同館の担当者は「千葉市には歴史的なものはないと思っている人もいるが、実は貴重なものが残っている。多くの人に手に取ってもらいたい」と呼び掛けた。

千葉市の歴史をまとめた「史料で学ぶ千葉市の今むかし」

千葉22・4・4

は自らも震災で父が行方不明のまま。「出来事も景色も、リアルに描くことを大事にした。10年がたち元気になったまちの今を伝えられたら良い」と思いを込めた。

2月に台湾最大級のアニメ

三鉄イメ

大槌カイの日常 SUDOU・三

京都（滋賀）22・4・13

## 透明性向上や 新ビジネス創出狙い

滋賀県と県内19市町は合同で、各自治体が持つ統計や生活情報などの「オープンデータ」を一括掲載するウェブサイト「滋賀県・市町オープンデータポータル」を開設した。情報へのアクセスや自治体ごとの比較が容易になり、行政の透明性向上や新たなビジネス創出につなげることを目指す。

オープンデータは、著作権がなく誰もが二次利用できる形で公開する情報。国は2017年にデータ活用推進の基本計画を策定するなどして行政機関に積極公開を求めてきた。全国の自治体で公開する取り組みが広がっている。

同サイトは、各自治体の情報を一つにまとめて紹介することで利便性向上が見込めるとして企画。福岡県の公益財団法人が提供する無償のシステムを使い、3月22日に開設した。各自治体がそれぞれ情報をアップしており、現在790件のデータを公開している。

このうち、最多の567件を占めるのが、以前から積極的にオープン

# 自治体データ 進む民間活用

## 保育園探しやコロナ分析

行政機関などが公開しているオープンデータを民間のIT技術者らが活用し、新たなサービスを提供する動きが広がっている。東日本大震災や新型コロナウイルス禍の分析でも利用されたが、自治体によって公開形式が異なるといった課題も明らかになってきている。（山田佳代）

### ■「入りやすい」

「芝公園保育園　0歳　入りにくい」「麻布保育園　2歳　入りやすい」。地図上で自宅周辺の保育園をクリックすると、受け入れの難易度が表示される。3月26日に公開されたサイト「入りやすい保育園マップ」

都港区を示した画面だ。

開発したのは、ITエンジニアの重田桂誓《けいせい》さん(34)と田中裕也さん(32)。元同僚で、ともに保育園探しに苦労した経験を持つ。その際、2人は居住する市の窓口に何度も足を運んだといい、田中さんは「どの保育園が空いているのか、わか

職員双方の負担になっている」と話す。

認可保育園の場合、自治体は親の就労状況などを点数化して高い順に入園の可否を決めている。就労日数が少なく、労働時間が短いほど点数は低くなる。港区の場合、「週5日以上・1日8時間以上」常態的に働いている場合は20点、「週3日以上・1日4時間以上6時間未満」は8点といった具合だ。夫婦の場合、点数は合算される。2人は、前年に入園が認められた家庭のうち、最も低かった点

し、この点数を「ボーダーライン」として、入園の難易度を評価した。

昨年12月から今年1月に行われた東京都主催のコンテストに応募すると、41組の中から優秀賞に選ばれた。コンテスト後、都が保護者の得点公表を区市町村に働きかけ、台東区が対応。完成したサイトには、港区と合わせ二つの自治体のデータを盛り込めた。

### ■震災で注目

オープンデータの重要性が認識されたのは、201

**オープンデータ**　行政や民間事業者が管理しているデータのうち、二次利用できる形で無償で公開されたもの。人口や災害時の避難場所、公共施設の利用状況、駅別乗車人員など多岐にわたり、営利、非営利を問わず利用できる。デジタル庁によると、今年1月時点で国内全1788自治体（都道府県と区市町村）中、68％の1223自治体がデータ提供に取り組んでいる。

二次利用可能な形で公開することが義務付けられた。自治体に対しては、公開に向け「必要な措置を講じる」と定められた。

コロナ禍では、厚生労働省や都道府県が感染状況の情報を積極的に公開し、報道や研究機関の分析に用いられた。デジタル庁は、オープンデータの活用が進めば、行政課題の解決だけでなく、新たなビジネスチャンスにもつながると期待する。

### ■表示バラバラ

ただ、使いやすいファイル形式が普及しても、公開されるデータは自治体によって異なる。重田さんらはマップをさらに拡大したい考えだが、保育園に子どもを預けている保護者の得点を公表していない自治体もある。

数字の「0」の代わりに記号の「ハイフン」を使うなど、表示が異なるケースも多く、重田さんは「それぞれの表示に合わせて別のプログラムを作らないとデータを取り込めず、手間が増える」と明かす。

オープンデータの活用に詳しい一般社団法人「コー

データ化を進めてきた大津市の情報で、地域・年齢別人口などの統計のほか、市内公共施設や避難所の一覧などの生活情報、毎月発行の市広報誌のテキストデータなど多岐にわたる。公衆トイレや自動体外式除細動器（AED）設置場所の一覧など、緊急時に必要な情報を掲載している市もある。県の公開データは、公衆無線LANアクセスポイント一覧の1件にとどまっている。

今後、各自治体の公開データを増やすほか、現在はエクセル、PDFなどさまざまなファイル形式で公開されている情報を、機械的な読み取りが容易な形式に統一することも目指す。県DX推進課は「企業、大学などの研究やビジネスに役立ててほしい」と願う。（門田俊宏）

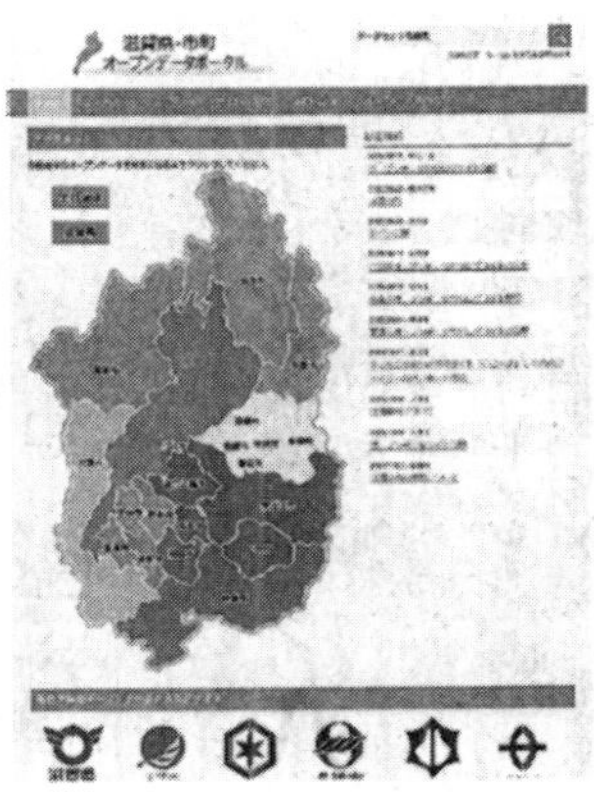

県内自治体のオープンデータを一覧できるウェブサイト「滋賀県・市町オープンデータポータル」

（https://hoikuen-hairu.vercel.app/）の東京

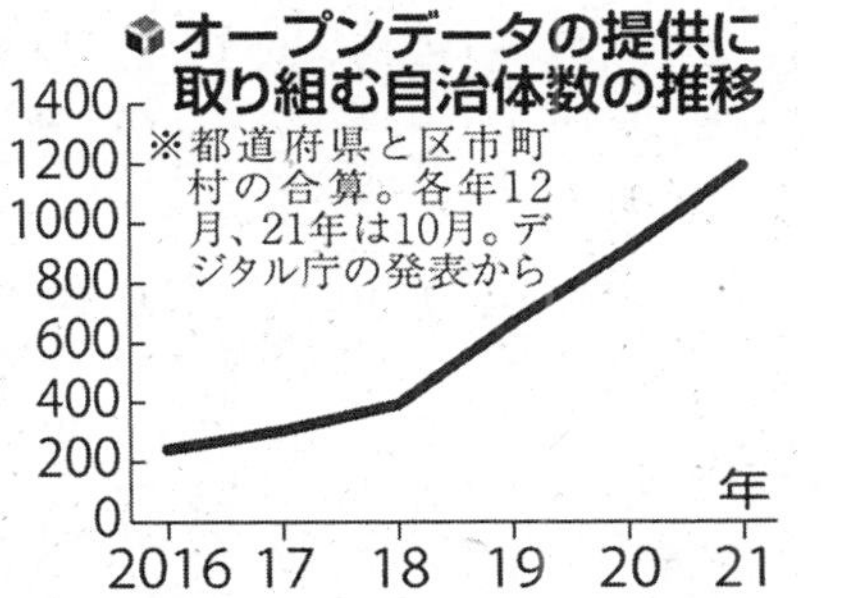

※都道府県と区市町村の合算。各年12月、21年は10月。デジタル庁の発表から

りやすい形で示されていないことが、保護者と自治体

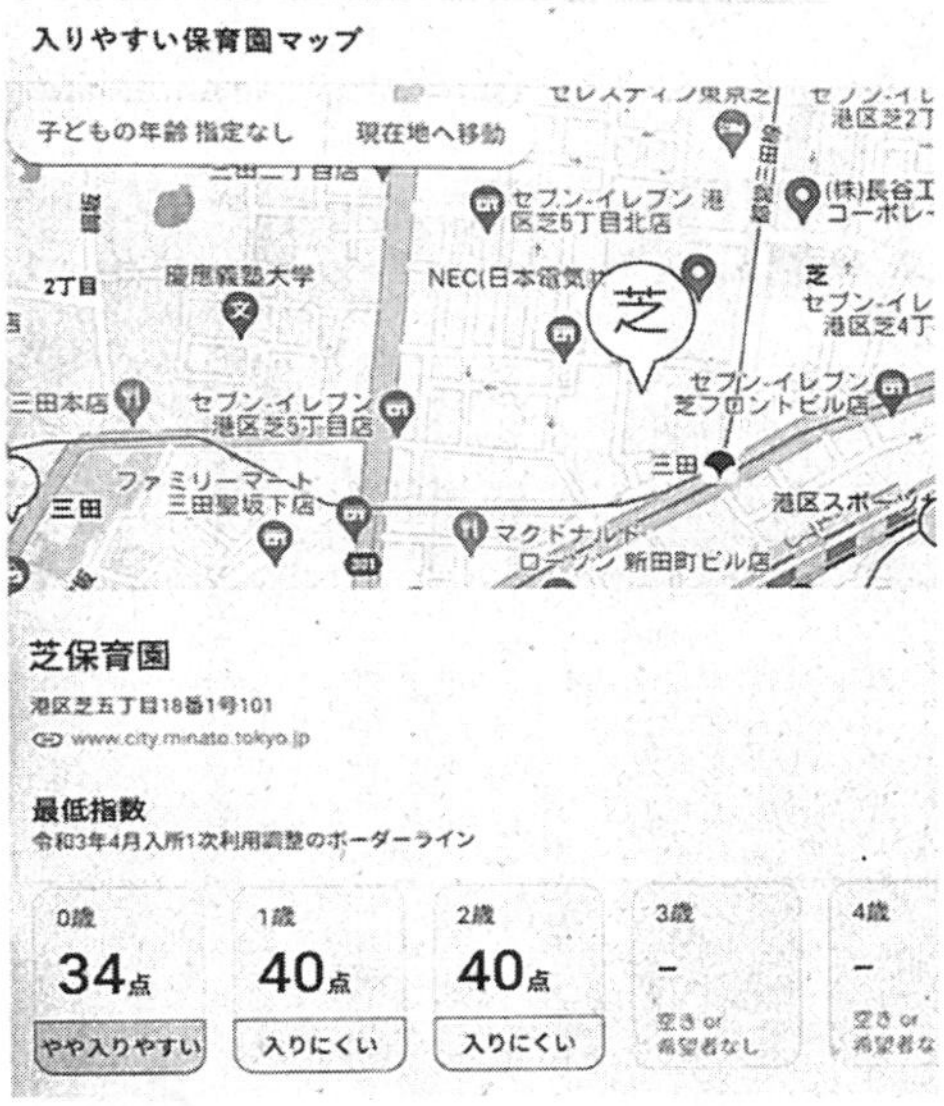

港区のオープンデータを基に作成された「入りやすい保育園マップ」

数を保育園ごとに公表している港区のデータに注目

1年の東日本大震災だった。被災自治体がインターネットで避難所の開設情報などを公表し、それを基に企業や団体が支援活動を展開した。一方、公開データがコンピューターで加工しにくいファイル形式だったため、改めて手入力するなど負担が生じた。

こうした教訓から、16年12月には「官民データ活用推進基本法」が成立。政府が保管するデータは原則、

ド・フォー・ジャパン」の関治之代表理事は「公開されるデータや表示がバラバラなことが、オープンデータの活用が進まない一因になっている。国などが主導して、ある程度統一化を進めるべきだ」と指摘する。

読売22・4・5

# テレビで市政情報発信

## 八戸市とABA「dボタン広報」

八戸市と青森朝日放送（ABA）は13日、同市庁で記者会見を開き、テレビのデータ放送を使って新型コロナウイルスや災害などの市政情報を発信する「dボタン広報」の運用を同日始めたと発表した。パソコンやスマートフォンなどの操作が苦手な高齢者などの利用を想定している。データ放送を活用した自治体広報システムは県内初。

同システムは、テレビでABAを選局し、リモコンのdボタンを押すと表示される「dボタン広報」を選択すると利用できる。インターネットの接続や新たな契約・設定は必要ない。

八戸市は、ワクチン接種スケジュールや災害時の避難所開設情報などに加え、夜間・休日の当番医やごみの収集スケジュールなど生活情報も提供する。

会見で熊谷雄一市長は「これまでネットを通じていた市政情報のタイムリーな発信がテレビでも可能となる」と利点を説明。九州では22自治体と契約し同様のサービスを実施している系列局もあるとして、ABAの相徳公正社長は「われわれは自治体の細かい情報は伝えきれない。dボタンを活用することで各自治体の身近な生活情報が得られる」と述べ、県内の他市町村にも参加を呼びかける方針を示した。（三好陽介）

東奥（青森）22・4・14

日経22・4・12

# 都民向け情報一元化サイト始動

東京都は都民一人ひとりに向けて情報を一元化して発信するサービスを始めた。都民や事業者の属性・関心などに応じた情報を集めるほか、オンラインの行政手続きと連携できるようにする。広報活動のデジタルトランスフォーメーション（DX）などに役立てる。

一人ひとりの関心や属性に応じた情報を発信できるようにした

新サービスの入り口となるサイト「My TOKYO」を開設した。地域、子どもの有無などを入力すると、個人に合った情報を紹介。オンラインで手続きできる電子申請・届け出サービスへのリンク、事業を紹介する記事や事業を評価できる意見聴取フォームなどの機能を設けた。

サービスは都民らとデジタルで直接つながる新たな情報基盤づくりの一環で、双方向のコミュニケーションを住民サービスに反映させる狙い。

Next ストーリー
Google Mapの空白地帯

# 3D地図、街の実験室　国・自治体、防災などに活用

国や地方自治体が、都市の3Dマップの整備・公開を進めている。頻発する自然災害、超高齢化社会の到来を受けまちづくりや行政サービスも変化を迫られる中、仮想空間でのシミュレーションの需要が急速に高まる。

仮想空間に再現された都市。画面をスクロールすると、建物の姿がレゴブロックのような形でリアルに浮かび上がる。国土交通省が2020年から推進する3D都市モデル「PLATEAU（プラトー）」だ。各建物が「用途」「高さ」「築年数」、ビルの外壁の「素材」など様々な情報を備え、シミュレーションに活用しやすい。

プラトーでは市町村が保有する2次元情報、3次元情報をかけ合わせて作製した3D地図に各自治体の「都市計画基礎調査」で得られる建物の用

込む。市町村に眠るデータ活用で、整備にかかるコストも「100平方㌔㍍あたり200万～300万円」（国交省都市局の内山裕弥氏）と抑えた。

石川県加賀市は21年、プラトーを使い市内の一部地域で太陽光発電のポテンシャルを推計した。日照量データに、プラトーが持つ建物の屋根面積、傾き情報を組み合わせ、精緻なシミュレーション結果を実現した。

全国56都市で3Dマップの整備・公開を終え、自治体や企業と連携して行った実証実験は40件を超える。22年度は、同プロジェクトの予算に新興

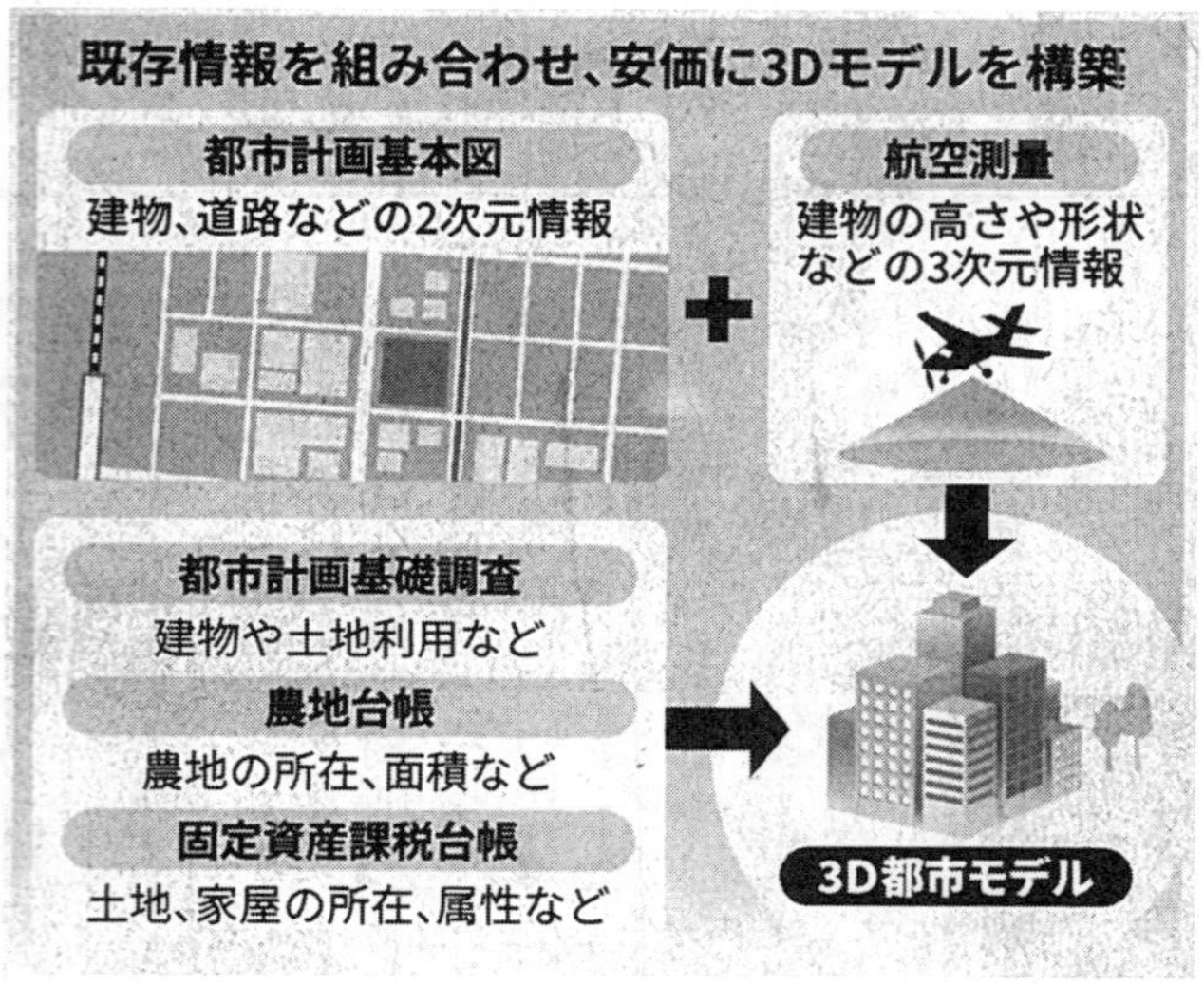


備・公開済みの都市数を100以上に増やすほか、各省庁が保有するデータとの連携で地図のデータ更新頻度を上げて精度を高める計画だ。

3Dデータを独自に整備・公開する自治体も増える。静岡県は県土を仮想空間に再現する「バーチャル静岡」構想を掲げ、16年からドローンやレーザースキャナーで建設現場などの点群データを集める。

21年7月に熱海市で起きた土石流災害では、既に集めていた3次元データに基づいて災害前後の現場を比べ、盛り土の存在や隠れた土砂の量を突

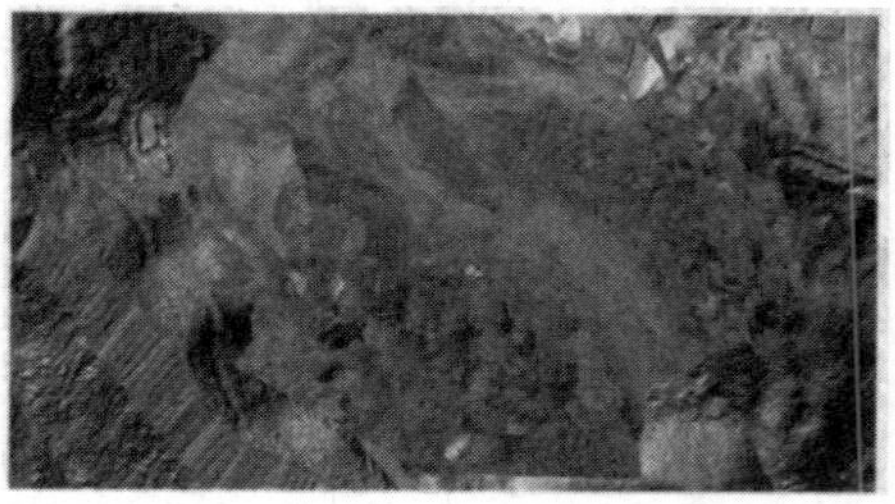
バーチャル静岡によって、土石流災害の原因を突き止めた

は既に県土の9割弱をカバー。防災分野だけでなく、自動運転の実用化、文化財の形状データ保存などへの応用も見込む。

東京都も21年7月、東京23区や八王子市の一部を再現したデジタル地図「3Dビューア」の公開を始めた。プラトーや都庁各局、都内市区町村のオープンデータをかけ合わせて構築し、都庁職員による情報収集、政策立案に生かす狙いだ。

海外では欧州を中心に都市の3Dマップ作成が早くから進む。社会構造が大きな転換点を迎える日本でも、新時代の地図が果たす役割は大きい。

（田村峻久、高畑公彦、

日経22・4・15

---

# バリアフリー対応に補助金
## 事業者対象

**渋川**　共生社会の実現に向けて渋川市は、バリアフリー化などで改修や備品の購入を行う市内の事業者に対する二つの補助事業を始める。

店舗改装等助成事業補助金は、小売りや飲食業などを営む市内の小規模事業者を対象に、バリアフリー化など共生社会実現に役立つ改装の費用に対し、50万円を上限に半額を補助する。申請期間は6月1～17日。

共生社会のための備品購入費補助金は、翻訳機や筆談ボードなどの備品購入費の一部が対象で、3万円を上限に3分の2を補助する。申請期間は来年2月28日まで。

いずれも来年3月31日までに実績の報告が必要。（奥木秀幸）

上毛（群馬）22・4・6

---

# 札幌の社会福祉法人、50施設集約
# 悩む家族に寄り添い

発達障害や知的障害のある子どもらへのサポートを巡り、関係省庁や自治体の縦割りが問題となる中、札幌市にワンストップで支援を行う社会福祉法人がある。関係施設を徒歩圏内に集約し、「支援から抜け落ちる子どもをなくす」ことを目標に掲げる。障害児を育てる家族も含めた包括的な取り組みは珍しく、注目を集めている。

つ親へのカウンセリング、ヘルパーが家事を手伝う支援にも乗り出した。

その過程では貧困や虐待、ドメスティックバイオレンス（DV）などの問題にも直面したという。行政の縦割りに阻まれ、助けを求める声が届きにくいとも感じてきた。

途、構造、築年数といった詳しい属性情報を組み

事業としては破格の32億円を計上。同年度中に整

き止めた。約17億円を投じて収集した点群データ

杉本耕太郎）

# 防災、観光情報 一目で

## 県「ながさきデータマップ」

## 21市町分 閲覧可能に

県は、県内全21市町が持つ防災や観光の情報を一つの地図上で一覧できるウェブサイト「ながさきデータマップ」を公開した。

県は昨年度、県や市町の各種データを集積できるシステム「つながる長崎 データ連携基盤」を構築。これまで異なっていたデータ形式を共通化し、誰もが活用できるようになった。県デジタル戦略課によると、都道府県単位でのこうした取り組みは全国初めて。県や市町は同システムを活用し、住民生活の利便性向上や地域課題解決、民間企業の新サービス創出、データに基づく政策立案を促進する。

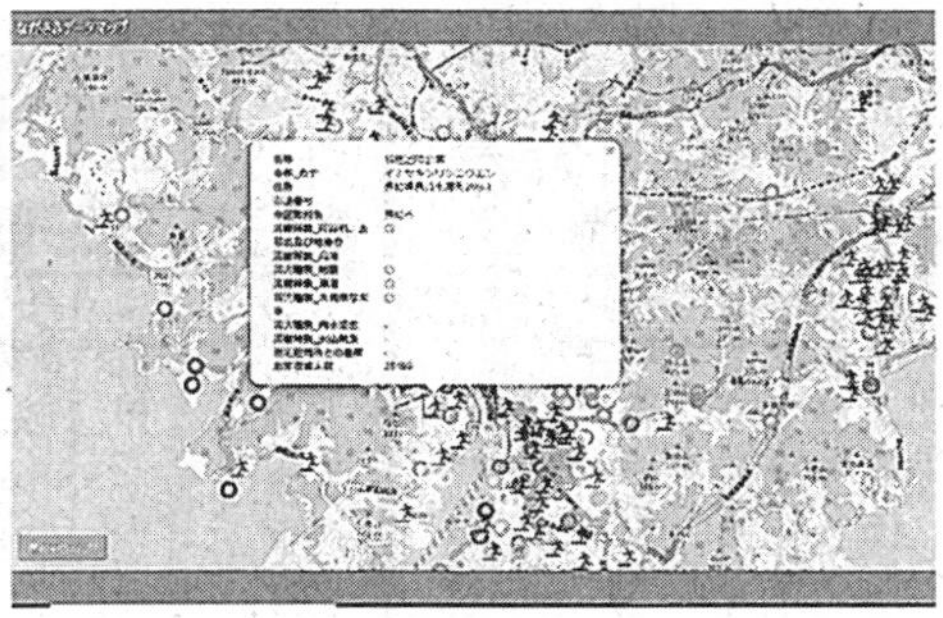

「ながさきデータマップ」でピンを選択すると避難場所の住所や収容人数を確認できる

ながさきデータマップ作成もこの一貫。避難場所や土砂災害警戒区域、浸水想定区域などを掲載。このうち避難場所は人の形をした「ピン」で表示し、クリックすると住所や収容可能人数を確認できる。各市町別だった情報が広域的に閲覧可能となったため、市町境付近の住人がより近い隣市町の避難場所を探しやすくなった。

観光情報は歴史や文化、自然公園などを紹介。利用料金や開場時間、電話番号、アクセス方法などを確認できる。県外から来た観光客も被災時に同じマップで避難情報を得られる。

同課は掲載情報分野をさらに拡大する方針。「地域住民にとって有益で、民間に求められているデータを提供していきたい」としている。（副島宏城）

「ながさきデータマップ」はスマートフォンでも手軽に閲覧できる

長崎22・4・7

# 障害児への支援 ワンストップで

札幌市東区の社会福祉法人「麦の子会」が運営する「児童発達支援センター」。半径500㍍以内には小児科の病院や保育園など50を超える関連施設が集まり、約700人の子どもや、その家族が支援を受けている。

「他の施設では学校を卒業したら終わりという場合が多いが、それでは支援から抜け落ちる子どもが出る」。理事長の北川聡子さんは「『一人一人に今必要な支援は何か』と考えるうちに、施設や事業が増えた」と話す。

北川さんは1983年、障害児らの支援を始めた。重度の自閉症を患う少年との出会いが契機だった。「幼少期から適切な環境を整えれば子どもの将来は変わるかもしれない」と考え、札幌市内の教会を借り障害児らの通園施設を認可外で開園した。

96年に市の認可施設になり、その後は大人への発達支援、家庭での養育が難しい子どもを施設や里親の元で育てる事業など対象を拡大。「継続性と包括的支援」を重視した結果「子どもを救うには家族も救う必要がある」と気付き、悩みを持

現在は厚生労働省や内閣府の有識者会議のメンバーとして政府への提言も行っている。北川さんは「誰もが生きやすい社会をつくりたい」と力を込める。

日経22・4・13

## ●福祉一般・障害者福祉／児童・家庭

### 世田谷区が引きこもり相談窓口

東京都世田谷区は引きこもり専用の相談窓口「リンク」を開設した。これまでも生活困窮者の自立支援や若年層の悩み相談で窓口を設けていたが、引きこもりの相談先は明確になっていなかった。年齢を問わず一元的に相談を受け付け、本人や家族をきめ細かくサポートできるようにする。

生活困窮者支援を手掛ける「ぷらっとホーム世田谷」と若年層の引きこもり相談を担っていた「メルクマールせたがや」が連携して運営する。平日の午前9時から午後5時まで相談を受け付ける。臨床心理士や社会福祉士など専門資格を持つスタッフが一人ひとりにあった支援方針を策定する。

区は21年に策定した引きこもり支援に関する基本方針のなかで、専門窓口の開設を盛り込んでいた。

日経22・4・14

毎日22・4・9

# 抱える20～30代

### 政府が初の調査

### 最多７％　低所得などで高く

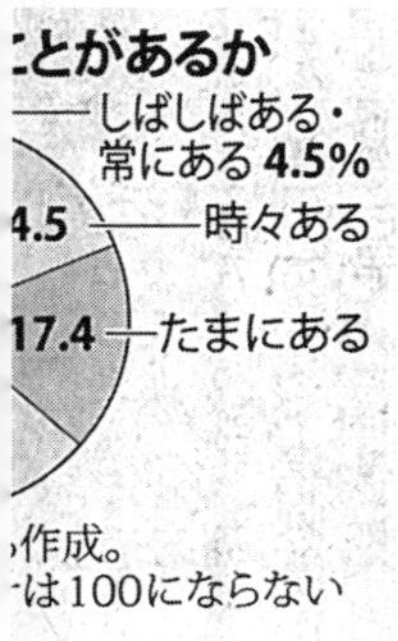


新型コロナウイルスの感染拡大で深刻化し、自殺の背景になっているとも指摘される「孤独・孤立」の問題について、政府は8日、初の実態調査結果を公表した。4・5％の人が常に孤独感を抱えているとの結果で、年代別では30代が7・9％、20代が7・7％と高く、多くの若者が孤独感を覚えていることが明らかになった。

調査結果によると、孤独感が「しばしばある・常にある」と回答したのは、年代別では20～30代に続いて、40代が5・6％、50代は4・9％だった。一方、最も低かったのは70代で1・8％。男女別では男性が4・9％、女性が4・1％だった。

孤独感が「しばしばある・常にある」と答えた人が多かったのは、失業中の人や派遣社員、心身の健康状態が「良くない」と回答した人だった。また世帯年収が低いほど、割

調査では、他人との交流状況も尋ねた。別居している家族や友人と直接会って話すことが「全くない」と答えたのは11・2％に上り、コロナ禍で直接人と会ってコミュニケーションを取ることが「減った」としたのは67・6％だった。

調査に関わった日本福祉大の斉藤雅茂教授（社会福祉学）は「孤独を感じている人が一定の規模に上る。孤独・孤立は高齢者の問題と思われがちだが、若い人でも深刻であることが改めて確認された。詳細に分析して政策に反映させ

# 生理用品 無料でどうぞ

### 江戸川区10施設で提供

経済的理由で生理用品が十分に購入できない女性のため、江戸川区は先月三十日、区有施設十カ所の女子トイレに生理用ナプキンの無料提供機器を設置した。

個室内に設置された機器に、スマートフォンなどで生理用品提供サービス「ＯｉＴｒ（オイテル）」の専用アプリを立ち上げてかざすと、ナプキン一枚が出てくる。一人あたり二十五日間で七枚まで受け取れる。

区役所本庁舎やタワーホール船堀、区立図書館など十施設の女子トイレで計十四の個室に機器を導入。機器がある個室の外側にステッカーを貼っている。

サービスの提供元はオイテル社（港区）。費用は機器の画面に配信される広告映像の収益が充てられ、区の負担は電気代のみという。

東京22・4・2

**トイレ個室に機器**

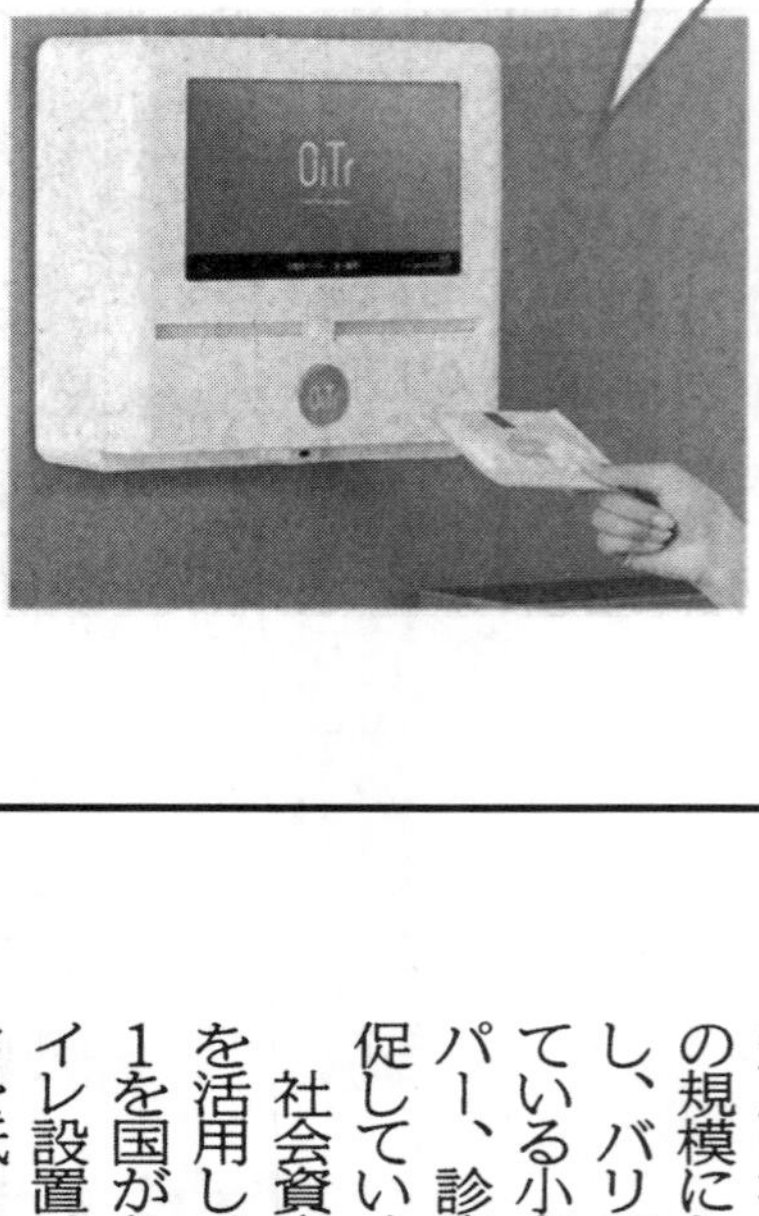


専用アプリをかざすと、ナプキン1枚が出てくる機器（オイテル提供）

京都22・4・3

# バリアフリー改修に補助金

### 既存店舗など対応促進

### 国交省、本年度から

国土交通省は本年度から、百貨店、老人ホームなど不特定多数の人が出入り

ーの設置、通路幅を広げる費用に補助金を出す。施設の規模にかかわらず対象とし、バリアフリー化が遅れている小さな飲食店やスーパー、診療所なども対応を促していく。

社会資本整備総合交付金を活用し、改修費の3分の1を国が負担。車いす用トイレ設置、カウンターの高さを低くする工事なども想定している。

バリアフリー法は、床面積2千平方㍍以上の百貨店や老人ホーム、ホテル、病院、体育施設などを新築、増改築する際、通路幅やトイレ、エレベーターなどの設備を国が定める基準に適合させるよう義務付けている。一方、既存の建物や2千平方㍍未満の場合、適合は努力義務にとどまり、国交省担当者は「費用負担が大きく、改修に乗り出せない事業者も多い」と説明している。

国交省の補助は従来、人口の多い三大都市圏など一定規模以上の都市部を対象に、駅前整備に合わせてスロープやエレベーターなどを設ける工事に限っていた。本年度からは、地方を含め、市町村が基本構想な

# 臼杵市、人材確保へ

## 保育士就労応援金を新設

大分22・4・13

【臼杵】臼杵市は本年度、市内の保育所などに就職した保育士が対象の「保育士等就労応援金事業」を新設した。

保育の担い手となる人材の確保が目的。対象は▽4月1日以降、市内の認定こども園などに正規職員として就職▽保育資格か幼稚園教諭資格を取得▽申請日から起算して2年以上市内に居住―する人など。

応援金は1人当たり10万円で、申請期間は就職日から6カ月以内。

市子ども子育て課は「人材不足が課題となっている保育現場の環境改善、質の向上につなげたい。保育人材の移住・定住の促進にも結び付けられれば」と話している。

（衣笠由布妃）

# 紙おむつの自動販売機設置

## 大分市役所と原新町こどもルーム

大分22・4・6

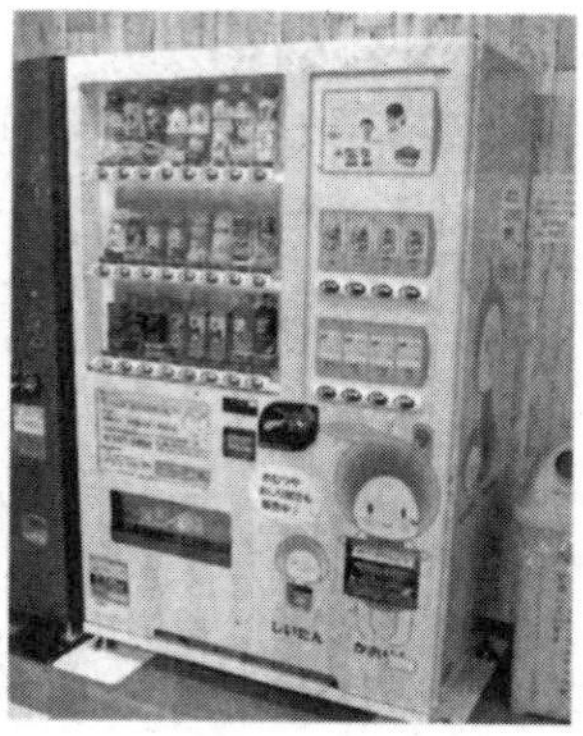
大分市役所に設置された紙おむつなどの自動販売機

【大分】大分市は1日、紙おむつとおしり拭きの自動販売機を市役所1階フリースペースと原新町こどもルーム駐輪場に初めて設置した。子育て世代が外出しやすい環境を整える。

M、Lの両サイズの紙おむつ（パンツタイプ2枚入り、消臭袋付き・240円）とおしり拭き（70枚入り・240円）を用意。飲料も販売している。

前面には、市中央子ども家庭支援センターの連絡先や市の子育て支援サイト「naana（なあな）」にアクセスできるQRコードを表示。同サイトのキャラクター「かおりん」などの絵を描いている。

自動販売機は市内の事業者と3年間の設置契約を結んだ。場所（2カ所）の使用料は年額計4万920円。

市子ども企画課は「増設するかはスペースの有無や商品の売れ行きなどを調べて考えたい」と話した。

（渡辺久典）

# 小6の6% 家族の世話

## ヤングケアラー厚労省調査

## 学業に影響 専門家「支援必要」

読売22・4・8

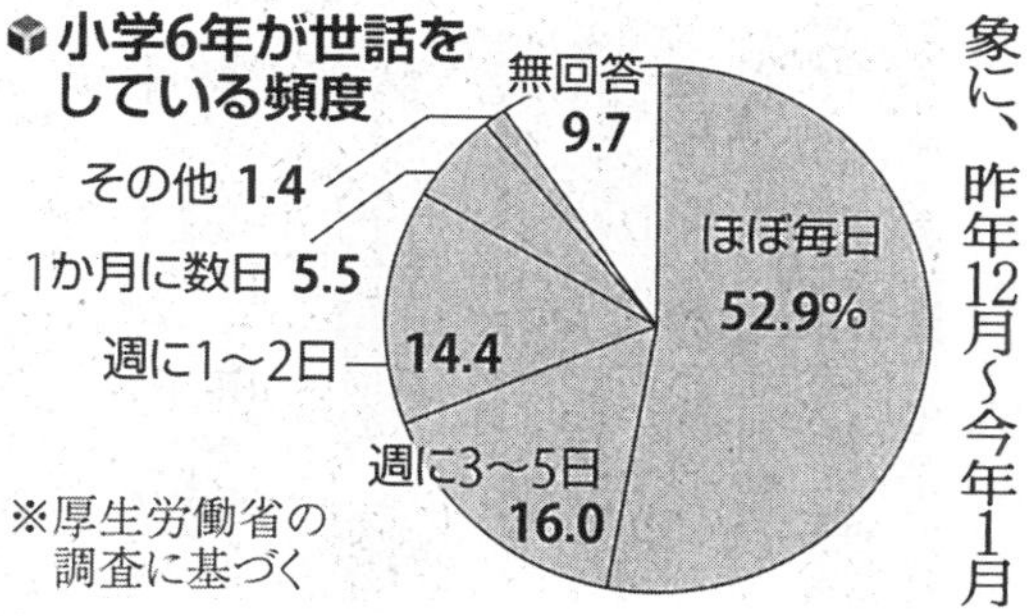

※厚生労働省の調査に基づく

厚生労働省は7日、親やきょうだいの世話や家事に追われる若年層「ヤングケアラー」の実態調査を行ったところ、小学6年生と大学3年生のそれぞれ6%超が該当すると発表した。学業などに悪影響が出ており、同省は今後、自治体にも調査を促し、相談体制の強化などにつなげたい考えだ。

調査は全国の公立小350校の6年生（約2万4500人）と、大学396校の3年生（約30万人）を対象に、昨年12月～今年1月にインターネットや郵便で実施。小学6年は9759人、大学3年は9679人から回答があった。

この結果、「世話をしている家族がいる」と答えたのは小学6年が6・5%、大学3年が6・2%。このうち小学6年は、世話の頻度が「ほぼ毎日」だったのは52%に上り、世話をしている家族（複数回答）の最多は「きょうだい」で71%だった。1日7時間以上を世話に費やす児童は7%おり、7時間未満と比べ授業中に寝てしまうといった影響があった。

「いつまで世話をすれば良いのか。学校へ行くのがいやになった」。3歳年下の弟の面倒を見ているという児童は、厚労省の調査にこう回答したという。

調査では、家族の世話をする小学6年の76%が周囲に相談した経験がなく、このうち72%は「誰かに相談するほどの悩みではない」、13%は「相談しても状況は変わらない」と回答した。

厚労省は今回、大学3年生にも調査したほか、昨年には中高生の調査も行ったが、いずれも同様の傾向となっている。

高校1年から大学2年まで祖父母の介護をした埼玉県草加市の私立大4年、池野智慧子さん(21)は「家族の介護は当たり前でつらくはなかったが、夜間の介助など熟睡できない日々が続き、体力的にきつかった」と振り返る。

高校生の頃は、夜、2～3時間ごとに祖父のトイレの介助を担当し、授業中に居眠りしてしまうことが多かった。大学入学後は、認知症となった祖母の世話でオンライン授業を受けられないこともあったという。

調査をまとめた専門家委員会委員長の浜島淑恵・大阪歯科大教授は「学校生活や進路への影響が出ており、啓発や周知、充実した支援策が必要だ」と指摘した。

# 孤独

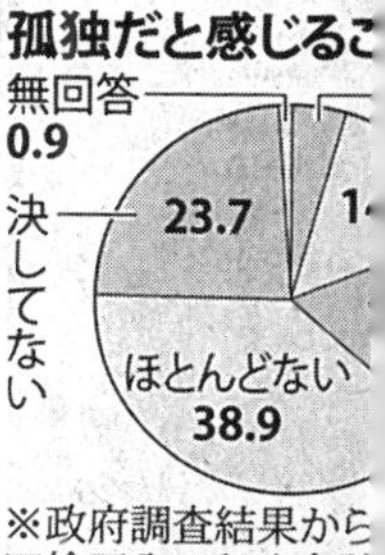

※政府調査結果から
四捨五入のため合計

年代別

合が高くなる傾向がみられた。一方で、孤独だと感じることが「ほとんどない」は38・9%、「決してない」も23・7%に上った。

る必要がある」と話した。

調査は2021年12月～22年1月、16歳以上の2万人を対象に実施し、1万1867人が回答した。【村田拓也】

したり、高齢者や障害者が利用したりする既存建物のバリアフリー改修を支援する。スロープやエレベータ

どでバリアフリーを重点的に進めるとした地区に対象を拡大、既存建物の改修も支援する。

●児童・家庭

# 医療的ケア児支援 道半ば

日経22・4・11

## 法施行で拠点整備

## 相談対応 なお地域差

日常的にたんの吸引などが必要な「医療的ケア児」や家族に対するサポートを自治体に義務付けた支援法が昨年施行され、全国各地で相談対応や交流の拠点となる支援センターの整備が進み始めた。孤独感にさいなまれる家族が多く、状況の改善が期待される一方、態勢が整わない市区町村もあり、課題を残している。

「相談できず、追い詰められている親は多い」。沖縄県豊見城市の40代の女性は4人の子どもを1人で育てる。長男（8）には脳性まひがあり、肢体不自由だ。

退院後、放り出された気持ちになった。週6日働いており、情報収集も難しい。「ケア児になった時点で、どんな支援が利用できるのか市や病院は教えてほしかった」。

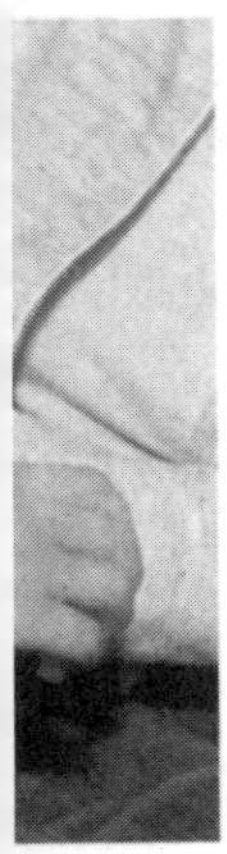

たんを
日中は
だ

▼医療的ケア児　人工呼吸器や、腹部からチューブで胃に栄養を送る「胃ろう」、たんの吸引などが日常的に必要な子ども。動き回れる子から寝たきりの子まで状態はさまざま。受け入れ態勢の整った保育所や学校が少なく、親の負担の重さが課題となっている。昨年9月施行の支援法は、ケア児の健やかな成長と家族の離職防止のため「社会全体で支える」ことを理念に掲げる。都道府県による支援センター設置を盛り込んだほか、看護師らを配置するよう保育所や学校に求めている。

長男は特別支援学校に通っているが、入学後約2カ月間、たんの吸引などでの注意点を学校にいる看護師に伝えるため、付き添うよう求められた。仕事を休まざるを得ず、収入は激減した。

センターには、あらゆる相談を受け止め、病院や学校と情報を共有しながら支援制度への橋渡しが期待される。沖縄県は設置を検討している段階だ。「ケア児の親だからこその悩みは多い。早く設置して負担を軽くしてほしい」と願う。

一方、岐阜県は2015年、岐阜市に重症心身障がい在宅支援センター「みらい」を開設。現在は医療的ケア児支援センターも兼ねる。3カ所に

日中は1時間に1回たんの吸引が必要だ。母親は「窓口があるだけで安心感がある」と話す。みらいの交流会に参加し、他の家族や医療職、自治体職員とつながり、情報収集に役立ててきた。

センターの助言を受けた後、親は保育所などの窓口となる市区町村とやりとりする。この家族の場合、恵那市の市立保育所を利用しようとしたが、市はケアに携わる職員を確保できないと回答。センターも市に働き掛けたが受け入れが決まるまで3年かかり、母親は看護師の仕事を一時、辞めざるを得なかった。

支援法は国や自治体に支援の責務があると定める。みらいで開設当初か

---

# 児相に第三者評価

## 全国初、条例で義務化

福岡県

毎日22・4・12

虐待事案などに対応する児童相談所の業務を第三者が評価することを盛り込んだ条例が1日、福岡県で施行された。条例で児相の第三者評価を義務付けるのは全国初。虐待死事件が相次ぐ中、国は児相に第三者評価を受けるよう努力義務を課しているが、実施は進んでいない。条例によって、悲劇の連鎖に歯止めがかかるか。関係者が注目している。

児相の第三者評価は、外部の有識者らから事案への対応などが適切かどうかチェックを受けて業務の改善につなげる取り組みで、2019年の児童福祉法改正で努力義務とされた。しかし、厚生労働省の21年4月時点の調査では、20年度までに第三者評価を実施したのは全国の児相219カ所のうち11カ所で、全体の5％程度だった。【佐藤緑平】

---

# 保育所利用支援へ本腰

## 入所前に ガイドライン作成

相模原市

「医療的ケア児」

たんの吸引や人工呼吸器などが必要な「医療的ケア児」が安全に保育所を利用できるよう、相模原市はガイドラインを作成した。昨年9月施行の医療的ケア児支援法を踏まえた措置で、相談体制や市、保育所の役割を明記。入所までの準備期間を1年間、対象を1歳以上と幅広く設定した点も特徴で、市は「関係機関と連携しながら、個々の児童に適した保育環境を整えていきたい」としている。（松島　佳子）

医療的ケア児の保育所利用の支援は他の自治体でも行われているが、入所に向

もらえなかったり、入所先が限られたりすることは少なくないといい、ケアのた

全体で支える」と掲げ、地方公共団体や保育所設置者に対して適切な支援を行うよう求めている。

相模原市によると、市内には3月末時点で、保育所やこども園など8施設に10人の医療的ケア児が在籍している。ただ、過去には受け入れ態勢が整わず入所を断ったり、入所が遅れたり、準備に時間を要したケースがあったという。

ガイドラインはこういっ

記者イチ押し 注目事業

山形22・4・12

# ヘルパー派遣・家事支援

## 上山市❷ 子育て関連事業を強化

上山市は本年度、出産や育児の負担軽減・不安解消のため、子育て関連事業を強化する。市内の全妊産婦を対象に民間ヘルパーなどを派遣し、家事や育児を支援。母子保健アプリも導入し、スマートフォンから子どもの予防接種のスケジュール管理やオンラインでの育児相談を可能にする。ソフト面からも子育て環境を整えることで、若い世代の移住定住を促したい考えだ。

民間ヘルパーなどの派遣は、2、3人目の子どもが欲しい家庭や、新型コロナウイルス禍で里帰り出産ができない家庭の助けになればと事業化した。今月以降に出産・出産予定の妊産婦に対し、家事代行サービスを行っている企業の1時間利用クーポン2枚を交付する。利用期限は子どもが1歳の誕生日を迎える前日。

市子ども子育て課によると、要支援者だけでなく全妊産婦を対象にするのは県内でも初めてという。乳児の兄、姉の見守りや育児負担の軽減によって保護者には心的余裕が生まれることで、虐待防止への効果も期待されている。

2人の子どもがいる家庭で清掃サービスを行う民間ヘルパー。上山市は市内の全妊産婦を対象に、ヘルパーを派遣して家事や育児を支援する＝昨年9月、同市（同市提供）

一方の母子保健アプリは、総務省調査でスマホ利用率が8割以上という子育て世代の生活スタイルに合わせて導入する。5月からの利用開始を想定。保護者の希望に合わせて子どもの予防接種のスケジュールを自動作成し、接種忘れなどを防ぐ。市子育て世代包括支援センター「ふたば」の保健師と助産師による育児のオンライン相談も行う。

同課の担当者は「子育て環境はさまざまな問題が増えている。その中でも支援制度を活用し、少しでも保護者が子どもと接する機会を増やしてほしい」と話している。

（鈴木潤）

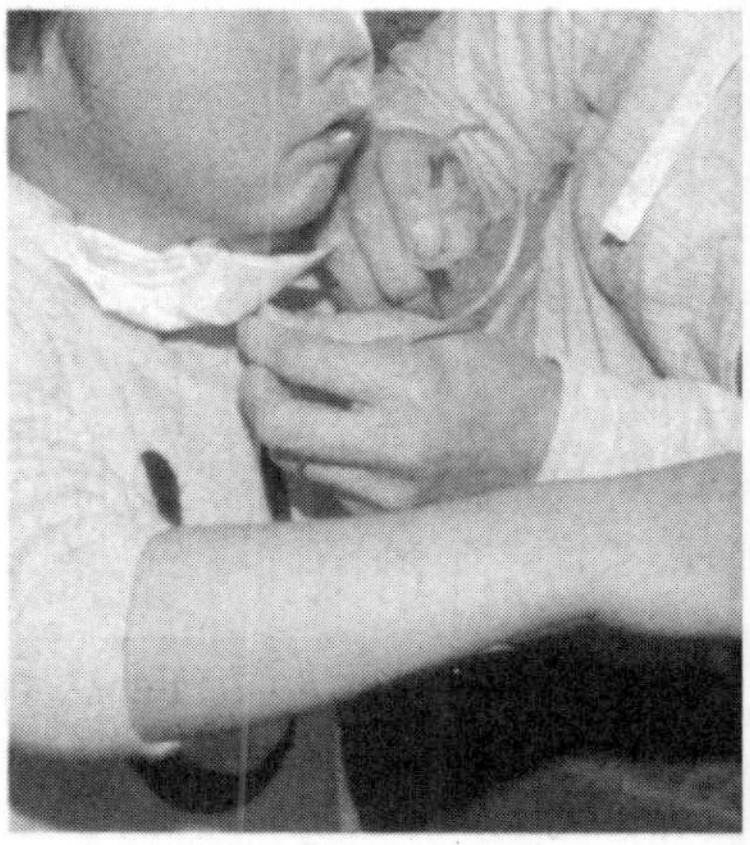

次男が喉に付けている器具から吸引する岐阜県恵那市の母親。1時間に1回たんの吸引が必要

支所を置き、看護師が相談に乗る。医療、福祉、行政の関係者が集まる研修会などで、多職種の連携や人材育成に取り組んできた。

同県恵那市の30代夫婦の次男（4）は気管を切開し、呼吸しやすくする器具を喉に付けている。

ら働く看護師は「対応に地域差があり、こぼれ落ちる子がいる」と漏らす。「『センターに任せればいい』と言う人もいるが、市町村が何もしなくていいわけではない」と訴え、市町村を巻き込む仕組みづくりを国に求めた。

神奈川22・4・4

けて充実した相談体制や期間を設ける取り組みは先駆的という。

医療的ケア児は全国で推計2万人以上いるとされる。保育所などで預かって

め家族が離職を余儀なくさせられるなどの課題が指摘されている。

支援法はこうした実情を踏まえ、基本理念で「医療的ケア児の日常生活を社会

た事態を防ぐため、入所に向けて1年間の準備期間を設定した。初年度となる今年は来春の入所に向けて4〜5月、市内各区の子育て支援センターが窓口となり、入所を希望する家族の相談を受け付ける。

6〜9月にかけては、市が市立療育センター「陽光園」と連携しながら、保護者と面談し、児童の症状や必要な医療的ケアを把握する。また、保育所の施設見学も実施。対象施設は看護師が配置されている保育所、こども園の計10施設（緑区2、中央区4、南区4）を想定している。

その後、市と保育所は入所利用に対する意見書をそれぞれとりまとめ、医師や陽光園の保健師らと協議した上で、市が児童に適した保育先を保護者に伝える。

同様の取り組みは保育所やこども園に限らず、市内幼稚園でも行う。市保育課は「子どもの成長を見守るのはもちろん、保護者のサポートにも努めていきたい」と話している。

# 都の審議会委員「女性40%以上に」

## クオータ制導入へ

ジェンダー平等 ともに

東京都は一日、都の意思決定にかかわる審議会などの委員について「男女いずれも40%以上」とするクオータ制（人数割当制）を導入すると明らかにした。今後、男女平等参画基本条例に規定する方針。

都男女平等参画課の担当者は「大都市の自治体でこうしたクオータ制を導入するのは珍しい」としている。小池百合子知事は一日の記者会見で「都が率先して政策方針決定に女性の参画を拡充する」と述べた。

都によると、二〇二一年四月現在、特定の職に就いている人が委員を務めるケースなどを除いた計二百二十五の審議会などで女性委員は計八百五十五人で、全体の35・8%。

〇〇年以降で最も低かった一〇年は20・1%だったが、徐々に増えて一九年に初めて30%を超え、31・8%となった。都は二二年度末までに40%以上とする目標を以前から掲げていたが、今回、二二～二六年度の男女平等参画推進総合計画で40%以上を保つことを盛り込んだ。

このほか、都職員についても二一年四月現在、20・2%にとどまる行政系の管理職に占める女性の割合を二五年までに25%に引き上げる目標も掲げた。

（土門哲雄）

東京22・4・2

# 使用済紙おむつ保育施設で廃棄

## 高崎市、衛生面に配慮

子育てに伴う負担の軽減に向け、高崎市は本年度、全21の市立保育所（園）で保護者が持ち帰っていた使用済み紙おむつについて、それぞれの施設で廃棄する方式に切り替える。市が処分費用を負担し、衛生面から持ち帰りを希望しない保護者の要望に応える。

市保育課によると、保育施設では持ち帰るまで園児ごとに保管していたが、まとめて事業者が運搬、廃棄することで保育士らの労力も削減できる。市内の民間の保育施設では、多くが自園で処分しているという。

対象となる園児は800人程度を見込む。関連費用として、本年度一般会計当初予算に約2150万円を盛り込んだ。保護者からは、「車の中に臭いが広がってしまう」「バッグなどに入れたままでは買い物に立ち寄りづらい」といった意見があったという。

上毛新聞が公立保育所での使用済み紙おむつの取り扱いについて調べたところ、高崎と市立施設のない太田を除く県内10市のうち、桐生の一部と藤岡、安中が自園で廃棄。他は多くが持ち帰ってもらっている。

持ち帰りとしている自治体の担当者は「便の状態などで体調を確認してもらうため」と説明。布おむつが主流だった時代の名残や慣習もあるとみられる。

子育て支援に取り組むベンチャー企業「BABY JOB」（大阪市）が3月に結果を公表した全国調査によると、公立保育所がある1461市区町村のうち、「持ち帰りあり」は39%に当たる576自治体。関東は3割程度、長野や滋賀は9割近くが持ち帰りで、甲信や関西は比較的持ち帰りが多く、地域差が大きいとみられる。東京23区は持ち帰りゼロだった。

（真尾敦）

上毛（群馬）22・4・3

# 保護の子と面談 支援員配置

## 本年度、道立児相で試行

道は2022年度、児童相談所が虐待などを受けているとして一時保護した子ども本人から、保護のあり方などについて意見を聞く「意見表明支援員」を試行的に配置する。子どもの意見を聞かないまま保護の継続や解除を決めれば、子どもがさらなる不利益を被りかねないため、子どもの権利擁護の一環として道立児相8カ所のうち1カ所で試行する。

支援員は児童カウンセリングに取り組む団体などを念頭に民間に委託する。児相は一時保護した子どもに制度を説明して支援員との面談日程を調整。おおむね週に1回、支援員を児相が設けた一時保護所に派遣し、子どもの意見を聞いて報告してもらい、対応改善につなげる。

国は19年度、児相に支援員を配置するなど子どもの意見を聞く仕組みを導入した自治体に補助金を出すモデル事業を始めており、道もこの事業を活用して5月中旬にも支援員派遣を始める。道内で子どもの意見を聞く仕組みは札幌市児相を含め初めて。

道によると、20年度に道立児相が一時保護した子どもは1324人（里親など外部委託先の保護数も含む）。人見知りや心理ショック、低年齢などさまざまな要因から、意見をどう言っていいか分からなかったり、うまく話せなかったりする子どももいるという。

道子ども子育て支援課は「子どもが自分の考えをま

北海道22・4・1

# 昼寝はベッドで密回避

かほく

## 全公立園児に用意、好評

かほく市の公立こども園全8カ所と公私連携で運営する1カ所で今年1月から、園児の昼寝用ベッドが設置され、保護者から好評を得ている。これまでは布団を敷いて寝ていたが、睡眠中に園児が動いて接近することがあり、市が新型コロナの感染防止策として導入した。自宅に持ち帰って洗う必要のある敷きパッドが従来の敷布団より軽く、保護者の負担軽減につながっていることも支持の理由となっているようだ。

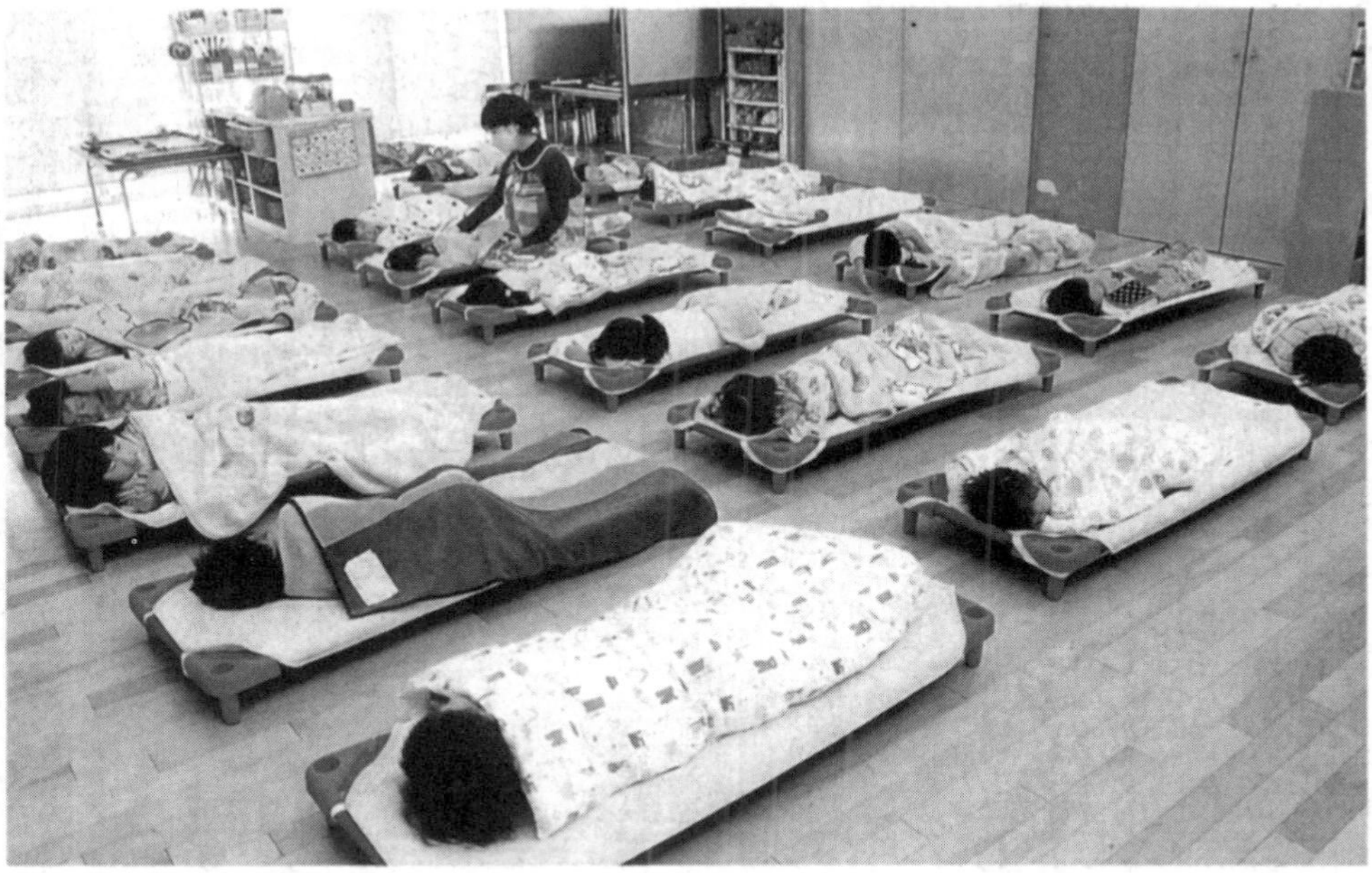

簡易ベッドで昼寝する園児　＝かほく市新化こども園

ベッドは通気性の良いメッシュのシートが敷かれた簡易型で、高さ12㌢、幅54㌢、長さは102㌢（0、1歳児用）と132㌢（2～5歳児用）の2種類がある。昼寝時はメッシュのシートに敷きパッドを載せて使う。公立8園計1265台と、学園台こども園に135台が導入された。

公立の全園児向けにベッドが導入されるのは県内で初めてとなる。

こども園では、布団の距離をとっても、園児が睡眠中に布団からはみ出て、隣の園児のそばまで動くことがあった。コロナ下で適切な距離の確保が求められており、感染リスクを抑えるため導入された。

### 布団運ぶ負担も軽減

敷布団と比べて敷きパッドは軽く、小さく折り畳めるため、保護者の負担軽減にも結びついている。4歳の長男と2歳の長女を同市新化こども園に通わせている今枝麻里絵さん＝同市白尾＝は「毎週末、洗濯するために持ち帰るのがとても楽になった」と喜ぶ。

0～5歳児168人がいる同園によると、園児自ら敷きパッドを抱きかかえて持ち帰ることもあるという。根布《ねぶ》律子園長は園児の寝付きも良くなったとし、「シートがたわみ、包み込まれるように感じているのかもしれない」とベッドの効果を語った。

市子育て支援課の中田まき子課長は「感染対策も含め、安心して子どもを育てられる環境を整えていく」と話した。

北國（石川）22・4・14

---

とめる意見形成の支援も必要だ。家に帰りたい、帰りたくないなどの気持ちはもちろん、保護所の生活環境への不満も含め自由に意見を言える雰囲気を醸成したい」としている。

児相は子どもが虐待などを受けた際、一時保護や里親委託、施設入所の措置を決める。19年には千葉県野田市で児相の保護を解除された小学4年女児が父親の虐待で死亡するなど、被害者の子どもの声を十分にくみ取る仕組みがないことが問題化した。国は子どもの権利擁護の一環として、児相が措置を決める際に子どもから意見を聞くことを児童福祉法で義務付ける方向で検討している。

（岩崎あんり）

一時保護した子どもに意見を聞く仕組み

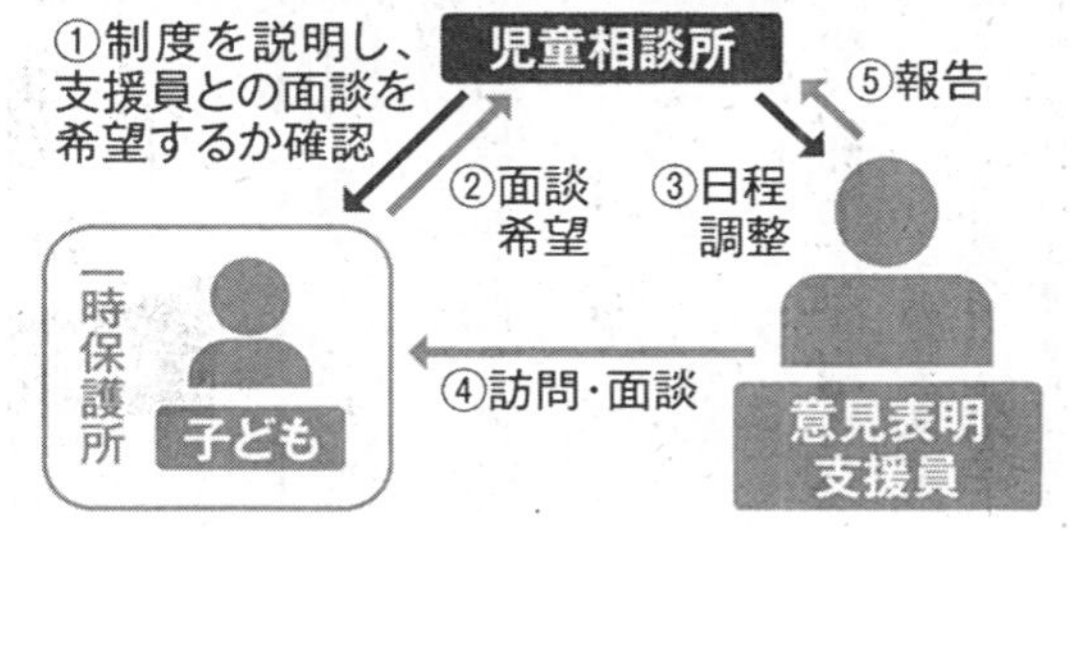

# 差別事案の介入、県の責務

## 差別解消条例案に明記

### 県議会の特別委

県議会の差別解消を目指す条例検討調査特別委員会（小島智子委員長、十一人）は四日、差別解消を目的とした条例案をまとめた。被害者側から申し立てを受けた県は加害者側への勧告などに当たると明記。差別事案への介入を県の責務として定めた条例は全国の都道府県で初となる。月内の全員協議会に報告し、五月にも成立の見通し。（海住真之）

## 都道府県で初、来月成立見通し

県議会によると、名称は「差別を解消し、人権が尊重される三重をつくる条例案」。執行部提出で平成九年十月に施行された「人権が尊重される三重をつくる条例」の全部改正案としてまとめた。

条例案は差別の被害者側から相談を受けた県が関係機関と連携して調査や助言に当たると明記。それでも解決しなければ、被害者側の申し立てを経て知事が助言や説示、あっせんなどをすると定めた。

加害者側が助言などに従わなかった場合の対応として知事による「勧告」も盛り込んだが、罰則は設けていない。必要に応じて第三者でつくる「差別解消調整委員会」に諮問することも定めた。

差別について「人種などの属性を理由とする不当な区別、排除または制限」などと定義し、差別や人権問題の解消を基本理念に掲げた。差別の定義を明記した条例は全国の都道府県でも珍しいという。

県議会は令和二年五月、新型コロナの感染者に対する中傷が広がったことなどを受けて特別委を設置。関係者の参考人招致や中間案のパブリックコメント（意見公募）などを経て条例案をまとめた。

伊勢（三重）22・4・5

# 県内初「子どもも家族」

## 静岡、湖西市パートナー制度運用開始

静岡22・4・5

宣誓書を市に提出し、認められればA4判の受領証と運転免許証サイズの受領カードが交付される。市営住宅での同居や市立病院で手術する場合に親族としての

# 健康観察、看護師が訪問

## 練馬区 認知症疑いの感染者支援

東京都練馬区は新型コロナウイルスに感染した自宅療養者のうち、電話での健康観察が困難な患者を看護師が直接訪問する事業を始める。一人暮らしの高齢者のなかには認知症の疑いがあるなどして、保健所に自身の体調を正確に伝えられない人もいる。直接訪問で体調を確認することで重症化を防ぐ。

保健所が電話での健康観察が難しいと判断した患者に対し、看護師が自宅を訪問して体温や血中酸素飽和度などを直接測定する。医師の診断にもとづく行為ではないため、区は訪問看護事業所に協力金を支払う。

区によると、感染第6波では自身が感染者であることを理解できないなど電話での意思疎通が難しいケースが10件ほどあったという。

血中酸素飽和度の測定もうまくできないことから、看護師が訪問して体調確認することが必要と判断した。療養終了後も地域の介護事業者と連携して要介護認定などを支援する。

日経22・4・1

# 心身、性の悩み相談を

## 岡山市などユースクリニック開設

### 若者対象 医師ら無料対応

岡山市などは9日、10～20代の男女が体や心、性の悩みを医師らに無料で相談できる「3丁目ユースクリニック」を、市男女共同

す。

さんかく岡山の一室を使い、緊張せず楽しい気持ちになれるようカラフルに装飾した。生理、避妊、第二次性

研究会の金重恵美子代表（産婦人科医）は「親や友人、先生らには言いにくいことでも、おしゃべりするように気軽に話してほ

静岡、湖西両市は4月から、性的少数者（LGBTQ）や事実婚のカップルを公認する「パートナーシップ宣誓制度」を開始した。宣誓カップルだけでなく、生計を共にする未成年の子どもについても家族と認める。運用は県内市町で初。政令市では福岡市と並んで初めてという。

法律上婚姻できない市民の悩みや生きづらさを解消し、多様な生き方が尊重される共生社会の実現を目指す。

静岡市の宣誓要件は当事者のうち少なくとも一方が、市内に在住または転入予定である未婚の18歳以上とする。市男女共同参画課への電話や、同課のウェブサイトを通じて申し込みを受け付ける。

同市によると、住民票や戸籍抄本などの確認書類と同意が可能になる見通し。

県男女共同参画課によると、パートナーシップ宣誓制度は浜松市と富士市が先行して導入済み。県は10月のスタートを目指し、制度設計を進めている。

（政治部・鈴木文之）

# 秋田県 パートナーシップ制度開始

## 多様な社会実現へ一歩

河北（秋田）22・4・2

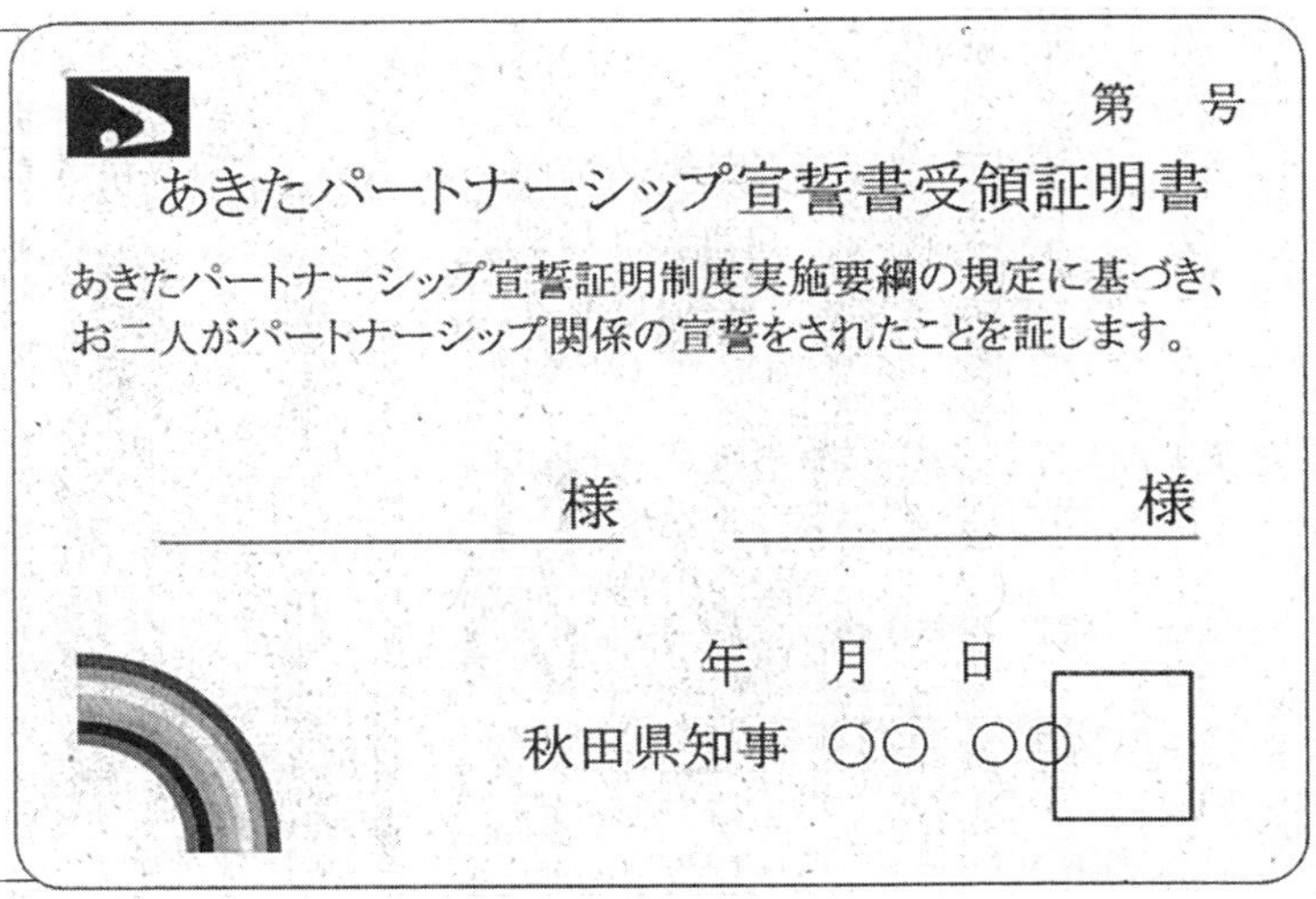

第　号

あきたパートナーシップ宣誓書受領証明書

あきたパートナーシップ宣誓証明制度実施要綱の規定に基づき、お二人がパートナーシップ関係の宣誓をされたことを証します。

様　様

年　月　日

秋田県知事　○○　○○

性的少数者のカップルらに交付される証明書

秋田県は1日、LGBTなど性的少数者のカップルを婚姻に相当する関係として認める「あきたパートナーシップ宣誓証明制度」を始めた。初日は申請がなかったものの、県の担当者は「多様性に満ちた社会を実現するきっかけにしたい」と意気込む。

パートナーに認められると、市町村や県の公営住宅への入居や公立病院での面会が家族と同様の扱いとなる。共に成人で、どちらか1人が県内在住、あるいは3カ月以内に転入予定であることなどが条件。

### 宣誓書確認、証明書を交付

県のホームページから宣誓書などをダウンロードし、県次世代・女性活躍支援課宛てに必要書類を郵送か持参して申し込む。本人確認が取れた後、宣誓書の写しと免許証サイズの受領証明書が交付される。

戸籍上の名前が自身の性自認と異なるなどの理由で通称を使用している場合は、証明書の表面には通称を、裏面には戸籍上の氏名が記載される。

県は不当な差別につながるとして、入居や面会の際に証明書の提示を受ける市町村などに、本人の同意なく性に関する情報を暴露する「アウティング」をしないよう呼び掛けている。

佐竹敬久知事は1日の記者会見で「まずはスタートできて良かった。秋田の閉鎖的というイメージを打破できるよう趣旨を県民に伝えていきたい」と述べた。

制度の導入に合わせ、秋田銀行（秋田市）は住宅ローンの連帯債務者の対象に証明書を持つカップルを加えた。同じ物件でそれぞれがローンを組んだり、2人の収入を合算して借り入れたりすることができる。

同行の担当者は「行政が本人確認を保証することになり、連帯債務者に性的少数者のカップルを加えることへのハードルが下がった。住みやすい地域につながればいい」と話した。

参画社会推進センター・さんかく岡山（同市北区表町）に開設した。月2回開き、正しい知識を伝えたり適切に助言したりする場を目指徴、性自認など幅広い内容に対応。必要に応じて専門機関につなぐ。初日は産婦人科医ら2人の体制とし、女性1人が訪れた。

市と、医師や大学教員らで今月発足した「岡山包括的セクシュアリティ教育研究会」が主催し、毎月第2、4土曜の午後2～5時に開いていく。原則予約が必要で、空いていれば予約なしでも受け付ける。

しい」と呼び掛けている。

ユースクリニックの仕組みはスウェーデンが発祥とされる。日本ではNPO法人や産婦人科医院が無料か低価格で設けるケースが多く、自治体が関わるのは珍しいという。

問い合わせはさんかく岡山（電話086－803－3355、メールsankaku@city.okayama.lg.jp）。

（平田亜沙美）

「３丁目ユースクリニック」で待機する金重代表（右）ら

山陽（岡山）22・4・10

●高齢者福祉

# 認知症 家族も一体支援

## 厚労省新事業 介護経験者ら仲介

読売22・4・15

厚生労働省は今年度から、認知症の人と、その家族を一体的に支援する事業に乗り出す。本人と家族が介護の経験者らを交えて話し合ったり、一緒に外出を楽しんだりする機会を作り、長期の介護に伴う家族関係の悪化を防ぎつつ、負担の軽減につなげる。

認知症の人と家族を一体的に支援する仕組みは「ミーティングセンター」と呼ばれる。1993年にオランダで始まり、ヨーロッパなどで実践されてきた。

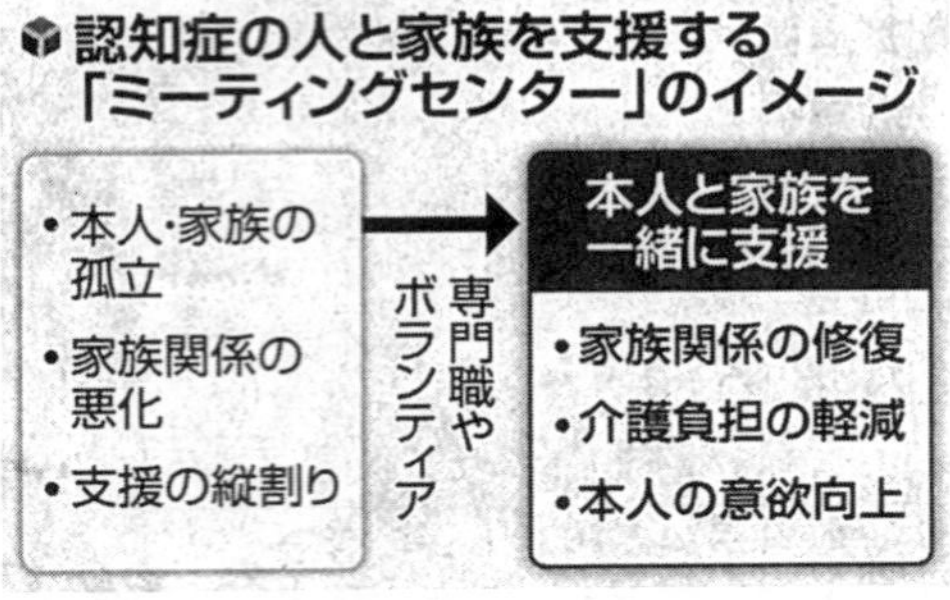


認知症になると、本人は不安を抱えて、落ち込みやすくなる人もいる。一方、家族も、認知症の発症による言動の変化に戸惑い、失敗を責めてしまうなど、家族同士の関係が悪化することが少なくない。虐待などにつながるケースもある。

認知症の人を支えるこれまでの取り組みは、当事者同士の交流の場を開いたり、家族がお互いの悩みを相談する場を作ったりと、別々に支えるケースが多かった。

非営利組織（NPO）などが一体的に支援する場を新たに設けることで、お互いの気持ちを知ったり、新たな一面に気付いたりする機会を作る。当事者と家族がやりたいことを話し合い、料理や外出、スポーツといった、当事者の希望にそった活動を一緒に行う。

また、認知症の人の介護の経験者やボランティアら第三者が加わって家族の話し合いの場を作り、本人の希望や家族の思いなどを話し合うことで、関係改善につなげるという。国や自治体は財政面で支援する。

厚労省の担当者は「認知症になってもその人らしく暮らしていくには家族との関係も重要だ。第三者が仲介することで、関係改善につなげてほしい」と話している。

厚労省によると、認知症の高齢者は2020年時点で約600万人に上り、25年には約700万人と、65歳以上の5人に1人を占めると推計されている。

福井22・4・3

# 配達料ゼロ 高齢者に弁当 南越前町が支援事業開始

南越前町は1日から、買い物や調理が困難な高齢者を支援しようと、弁当宅配支援事業を始めた。町が登録事業所に配達料を助成することで、1人暮らしの高齢者らが料金の負担なく弁当の宅配を受けられる。

同町は2005年から町社協に委託し、1食200円の負担で弁当が配布される「食の自立支援事業」を実施してきた。しかし月1回、昼食時のみだったことや、対象者が心身の障害がある1人暮らしの高齢者であることなど限定的だった。支援の充実を求める声を受け、配達費用の支援に切り替えた。本年度一般会計当初予算で240万円を盛った。

同事業の対象者は、町内に住む65歳以上の高齢者で、1人暮らしまたは高齢者のみの世帯。町内外の9事業所が登録している。町内の事業所には、事業所から配達先までの直線距離を▽2㌔未満▽2㌔以上5㌔未満▽5㌔以上—で区分し、100～300円を支援する。町外の事業所には距離に関係なく100円を助成する。

事前に各事業所に電話で注文することで利用できる。弁当の価格は432円（税込み）～千円（同）。昼と夕方に配達される。

（永善菜々帆）

# スマホの操作 高齢者に周知

## 世羅町・神石高原町

中国（広島）22・4・6

月まで続ける予定。

携帯会社による無料のスマホ教室は都市部が中心で、両町での開催機会は少なかった。サポート号は、公共交通が不便な地域でも受講者の自宅近くまで出向くことができる。経費は同社が負担する。

# 高齢者施設で医師治療

## コロナ対応 厚労省、自治体に要請

新型コロナウイルス感染症の「第6波」で、高齢者施設の入所者の入院が遅れ

ミクロン株の特性を踏まえ、対応を実質的に修正した形だ。病院での治療が必

染症の専門家らによる「感染制御・業務継続支援チーム」を派遣する。すべての施設で医師と看護師の派遣を受けられるように、施設か自治体が協力医療機関を確保する。

一方、入院が必要な場合に備え、臨時医療施設の介

## 車で巡回 デジタル化促進

広島県世羅町、神石高原町は、携帯電話大手のソフトバンクと協力し、スマートフォンの使い方を車内で学ぶ「スマホなんでもサポート号」を中国地方で初めて走らせる。両町は本年度、地域交通や医療など中山間地域の課題に応じてスマホを活用する実験を計画しており、高齢者への普及を図る。

ワゴンタイプの車内に3ブース設置。スマホを貸し出し、備え付けの画面からオンラインで受講や相談ができる。神石高原町は12日から、世羅町は13日から町内を巡回する。両町とも9

世羅町は本年度、住民同士による無料のボランティア輸送の実験を計画し、無料通信アプリのLINE（ライン）を活用する方針。神石高原町は身に着ける端末を使い、高齢者の健康管理の実験を手掛ける計画があるという。

中山間地の慢性的な医師不足や、細る交通網の課題にデジタル技術で対応し、活用の幅を広げていく狙いもある。世羅町企画課は「より良い生活のため、高齢者にスマホを積極的に使ってもらえれば」とする。

（矢野匡洋、猪股修平）

# 終活情報 豊島区が管理

## 緊急連絡先／延命治療の意向

## 「もしも」に備え登録を

豊島区は、自身の死に備える区民から、緊急連絡先や延命治療の意向といった「終活」に関する情報の登録を受け付ける制度を導入した。区内では単身の高齢者が増加傾向にあるといい、突然の病気や事故で意思表示ができなくなった区民や家族を支える狙いがある。

区によると、登録できるのは親族などの緊急連絡先に加え、①通院先②臓器提供の意思③財産やSNSの利用状況、遺影用写真などを家族に伝えるための「エンディングノート」や遺言書の保管場所――など。登録者が重い病気を患ったり、死亡したりした際、事前に申請した家族のほか、警察や消防、医療機関からの照会に応じる。遺言書などの書類自体は預からない。

区が昨年2月、終活相談窓口「区終活あんしんセンター」を開設したところ、相談者の半数は単身の高齢者だったという。

登録は同センターで受け付けており、本人確認書類が必要。区は「『もしもの時』に不安を抱く区民に役立ててほしい」としている。

読売22・4・3

朝日22・4・6

たり、入院できても環境の変化によって急激に衰えたりすることが課題となったことから、厚生労働省は4日、すべての高齢者施設で医師による治療を受けられるように体制を整えることを自治体に求めた。介護と医療の両立が求められており、厚労省幹部は「介護現場の人手不足は深刻で、施設に医療チームが入る方が現実的だ」と話す。

厚労省はこれまで高齢者が感染すれば「原則として入院」としてきたが、住み慣れた施設での療養に重点を置く。重症化しにくいオ

要な場合は入院ができるように対応する。

厚労省によると、施設で感染者が発生した場合、まず自治体が24時間以内に感

護職員を増やすとともに、療養型の慢性期病院に積極的に入院を受け入れるように促すことも要請した。

（枝松佑樹、石川友恵）

高齢者施設で治療する仕組み

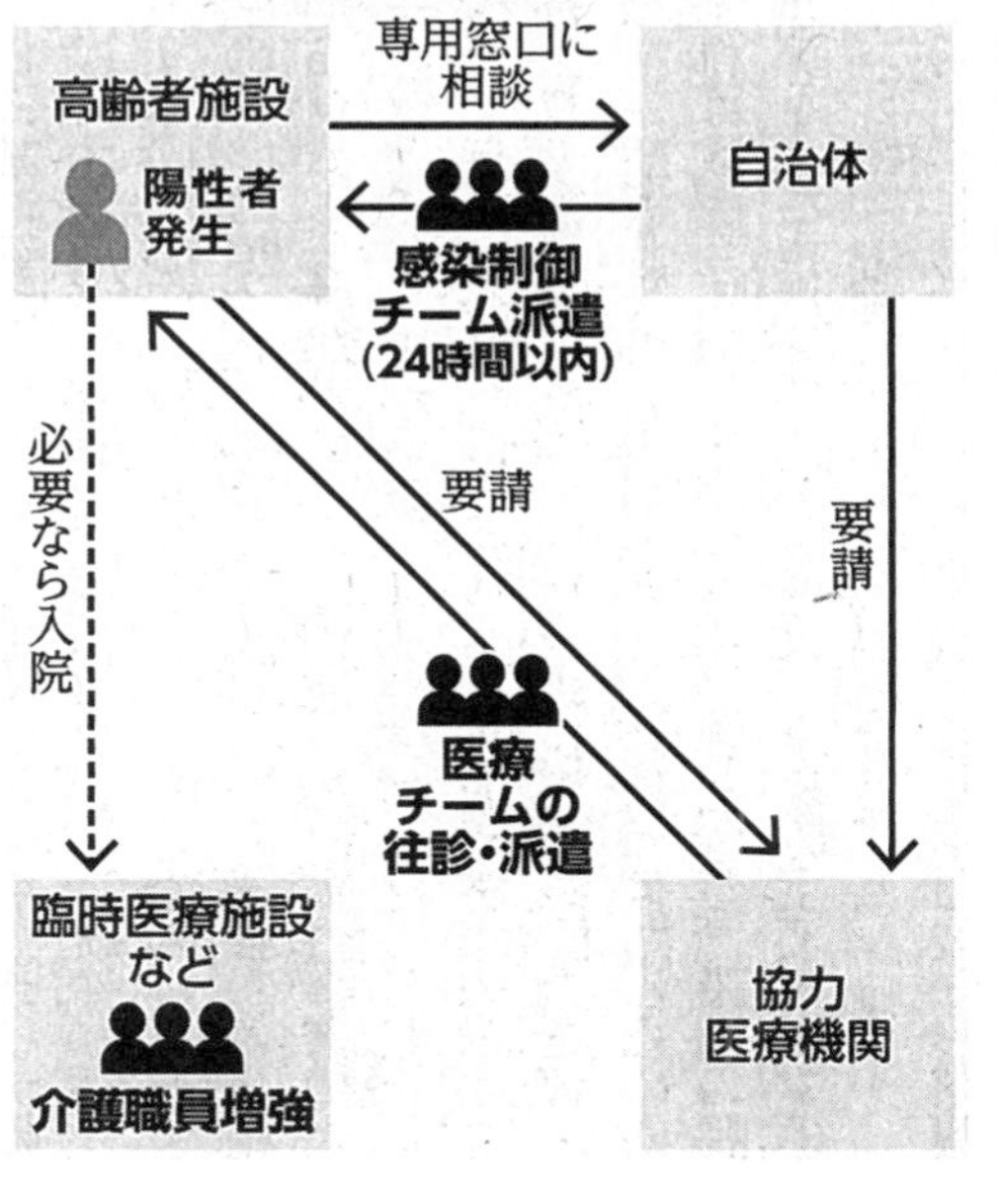


神奈川22・4・8

# 補聴器助成 町が開始

## 聴力守り認知症予防

愛川

愛川町は今月から、70歳以上の高齢者を対象に、加齢性難聴で補聴器を購入する費用の助成を始めた。片耳、両耳を問わず上限2万円。助成対象は補聴器本体のみで、付属品や集音器は対象外となる。

加齢による聴力機能の低下は認知症の要因の一つともいわれる。新型コロナウイルス禍で高齢者の外出機会が減っている上に、難聴でコミュニケーションを取りにくくなることが閉じこもり傾向を助長するとして、助成を決めた。所得制限を設けず、医師の診断書も不要とした。

町高齢介護課によると、補聴器の価格帯は平均で片耳分が10万円以上。高価な物だと両耳分で１００万円かかることもあるという。

70歳以上の町民は約９４００人で町人口の約24％に上る（3月1日時点）。同課では「補聴器と上手に付き合って『よい聞こえ』を維持し、家族や友人とコミュニケーションをとって認知症予防を積極的に行ってほしい」としている。

県内の自治体で高齢者用補聴器を助成する例は少ないという。近隣では厚木市が75歳以上、清川村が65歳以上を対象に、どちらも上限1万円の助成制度を設けている。

# コロナ後遺症 3万人調査
## 豊中市 書面やアプリで
### 来月から

豊中市は、新型コロナウイルスに感染した市内の約3万人を対象に、後遺症についての調査を始める。新型コロナの後遺症の調査としては国内で最大規模になるという。5月にアンケートの送付を開始し、10月頃に結果などを発表するとしている。

大阪大や医療支援などを手がける「バズリーチ」と連携。書面か同社のアプリで回答してもらい、後遺症の症状がいつから、どれぐらい続いたかなどを尋ねる。アプリを使うことで回答を促す呼びかけもでき、継続的な調査や回答率の向上につながるという。

データの解析を手がける同大学の忽那賢志教授（感染制御学）によると、大規模で継続的な後遺症の調査は国内では珍しく、「後遺症が日本全体に与えるインパクトを推計できる」とする。治療で後遺症を防げるかが判明することも期待できるという。

第1波から第5波までに感染した約8000人には5月にアンケートを送り、第6波で感染した約2万2000人には6月と7月に分けて送付する。調査結果は、後遺症に悩む人たちを医療機関に適切につなぐなどの支援に活用される。

読売（大阪）22・4・6

# 不妊治療助成を県新設
## 7種の先進医療に
### 今月から国制度廃止で負担増に
### 例会見

伊勢（三重）22・4・14

一見勝之知事は十三日の定例記者会見で、公的保険の適用外となっている先進的な不妊治療を対象とした助成制度を新設すると発表した。

として少子化が改善されれば良い」と述べた。

# 後遺症発症率 第5波最高
## 世田谷区調査
## 「嗅覚障害」56%

読売22・4・13

世田谷区は、新型コロナウイルス感染者を対象に後遺症の有無などを尋ねたアンケート結果を公表した。デルタ株が主流だった「第5波」の感染者の方が、それ以前に感染した人よりも後遺症を発症する確率が高い傾向にあることがわかった。

アンケートは2020年2月～21年4月15日に感染が確認された人を対象にしたものに続いて2回目。今回は21年4月16日～9月30日に世田谷保健所に届け出のあった陽性者1万8553人が対象で、同12月10日～28日、郵送とインターネットで実施した。後遺症の症状や期間などを尋ね、6289人から回答を得た。

結果によると、何らかの後遺症を発症したと回答したのは、54・2%（3408人）で、前回調査の48・1%を上回った。陽性と診断された時期別でみると、第5波の21年7～9月に診断された人の57・1%が後遺症を発症。同年4月16日～6月に診断された人は44・1%にとどまるなど、第5波で感染した人の発症率が、過去最高だった。区は「変異株の種類によって後遺症の発症率に影響を与えている可能性がある」としている。

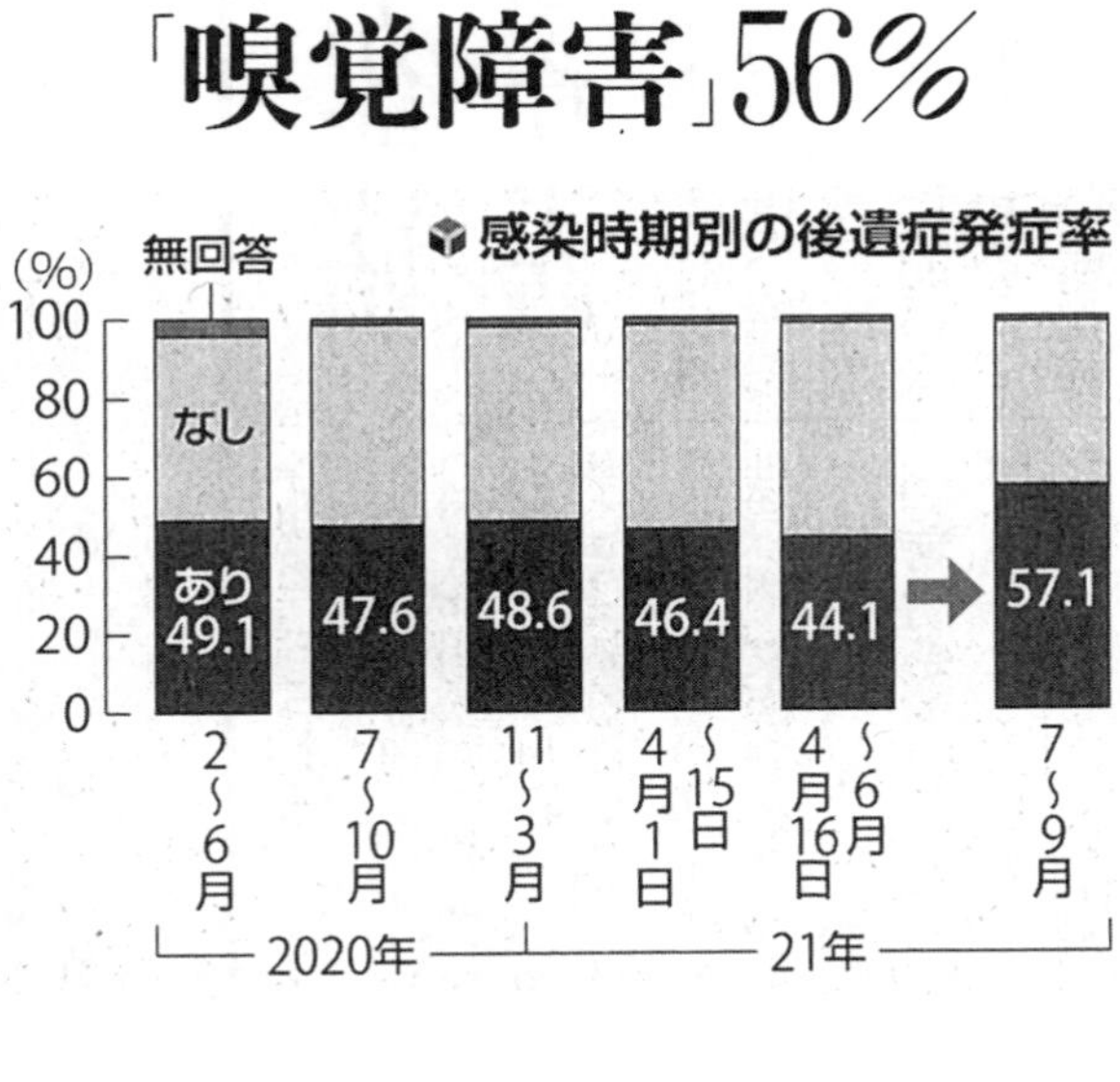


また症状を複数回答で尋ねたところ、「嗅覚障害」が56%と最多で、「味覚障害」46・5%、「全身の倦《けん》怠《たい》感」45・6%と続いた。せきや脱毛、集中力の低下などの症状もあった。感染判明後、療養中は発熱などの症状がなかったのに、しばらくしてから後遺症が表れたのは31・8%と、前回調査の27・5%を上回った。男女別では、男性の46%（前回41・9%）、女性の62・2%（同54・3%）が後遺症を経験していた。

国の助成制度が廃止されたことで懸念される治療費の負担増を軽減することが目的。一日以降の治療に適用する。（海住真之）

**知事定**

県によると、国は四月から体外受精や顕微授精といった標準的な不妊治療を自己負担三割の保険適用としたが、先進医療は保険外診療となったことから、自己負担が増える可能性もあるという。

このため、県は不妊治療の選択肢を増やしてもらおうと、制度の新設を決定。ただ、平成十八年度から全ての不妊治療を対象とした助成制度を運用してきたため、実質的な助成の対象範囲は現状維持となる。

県が助成するのは、受精卵を撮影して培養の状況を調べる「タイムラプス」など、厚生労働省が認定する七種類の先進医療。治療費の七割を上限五万円で助成する。年間で約二千件の申請を見込んでいる。

このほか、体外受精や顕微授精は保険適用後も年齢や回数に制限があることを受け、第二子以降の不妊治療に対する県独自の助成も継続。保険適用の上限を超えてから通算八回目までの治療費を助成する。

一見知事は「不妊治療は保険適用となったが、それだけでは難しい。子どもが欲しくて苦しんでいる方に寄り添って対応したい」と制度の意義を強調。「結果

# 浜田市、不妊治療に独自支援

## 人工授精やタイミング療法

## 自己負担「実質ゼロ」に

若者が暮らしやすいまちづくりを進める浜田市は本年度、不妊治療の支援策を拡充した。4月から公的医療保険の適用となった人工授精や体外受精、顕微授精などについて市が独自に助成し、自己負担(3割)を軽減する。出生数の減少に歯止めをかける狙い。

人工授精やタイミング療法などの「一般不妊治療」は、年15万円を上限に助成する。期間は最初の受診日から3年間で、年齢制限はない。市子ども・子育て支援課によると、高額療養費の適用を受けた上での自己負担は「実質ゼロ」になるという。

体外受精や顕微授精などの「特定不妊治療」は、保険診療だけのケースと、保険診療と先進医療を併用したケースでは1回12万5千円を上限に助成。保険適用外となる先進医療以外を併用した「混合診療」は1回の上限を36万円に増額する。対象は43歳未満。1子につき、40歳未満は通算6回まで、40歳以上は通算3回までとする。

流産や死産を繰り返す「不育症治療」はこれまで通り1回5万円を上限とし、年齢制限は設けない。

同課によると、人工授精の費用は1回1万8200円、体外受精・顕微授精は個人差はあるが1回平均約50万円という。

市の出生数は、合併した翌年の2006年度は472人だったが、16年度に400人を割り、21年度は302人にとどまった。同課によると、このうち約1割が不妊治療で誕生しているという。市は、総合振興計画の後期基本計画（22～25年度）で25年度の出生数を300人に設定している。

同課の龍河章江子育て世代包括支援担当課長は「経済的な負担を軽減し、浜田で安心して出産できるようサポートする」と話している。（梨本晶夫）

中国（島根）22・4・8

# がん診断・切除、大幅減

## 20年 コロナ影響、治療滞りか

日本のがん登録データを調べたところ、新型コロナウイルス感染症が流行した2020年に新たにがんと診断された人、がんの切除を受けた人の数がそれぞれ大幅に減少したとの集計結果を、横浜市立大病院の堀田信之化学療法センター長が国際がん専門誌に発表した。「適切ながんの診断、治療ができていない可能性がある」としている。

日本のがん症例の約7割をカバーし、計849の医療機関からのデータを蓄積する「院内がん登録」のデータを活用し、新規の診断数が多い順に10種類のがんについて集計。それを16～19年の4年間のデータを基に割り出した20年の診断数の推計値と比較した。

その結果、実際の診断数が推計値より減っていたのは、推計値と比較して減少割合が大きい順に胃がん12・0％、前立腺がん11・5％、食道がん9・2％、直腸がん8・6％、結腸がん8・3％、乳がん8・1％などだった。

がんの診断、切除の減少
（2020年、推計値との比較）

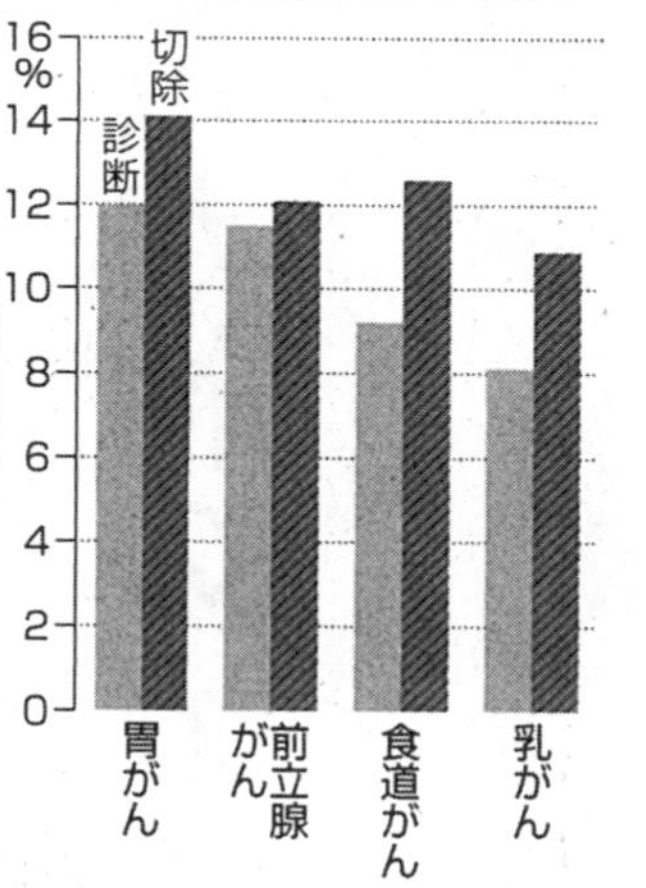


これらを合わせると、診断数減少の推計は10種類のがんで計5万2千件近くとなった。進行がんより早期がんで減少割合が大きい傾向もあった。

一方、開腹手術や内視鏡手術などによってがんを切除した数は、推計値より2万8800件余り減少し、その割合は胃がん14・1％、食道がん12・6％、前立腺がん12・1％、子宮頸（けい）がん12・0％、非小細胞肺がんと乳がんがいずれも10・9％となった。

研究グループは診断、切除が減った理由について、新型コロナ禍で患者の医療機関への通院が減ったこと、健康診断が中止されたり、受診控えが起こったりしたことが影響を及ぼしたと分析し、感染対策と健診受診の推進の両立が必要だとしている。

日経22・4・15

骨髄移植後の免疫喪失

# 再予防接種の全額助成

## 北島町が県内初 18歳未満に

北島町は1日から、骨髄移植で予防接種の免疫を失った18歳未満の町民に再接種の費用を全額助成する。町によると、再接種への助成は県内で初めて。

骨髄移植の後、医師に再接種する必要があると判断された人が対象で、受けられるのは麻しん、BCGなど約10種類。町子育て支援課に申し込み、医療機関で再接種をしていったん全額を支払う。その後、町に領収書を提出すれば助成金が受け取れる。費用が町の定める基準を上回った場合は一部が自己負担となる。

骨髄移植を受けた人の多くは予防接種の免疫を失うとされる。再接種は任意のため、全額自己負担すると10万円以上かかる。（宮本真）

徳島22・4・2

# 高3まで医療費無料

## 昭和町 10月から対象拡大

静岡22・4・14

# がん治療や相談情報網羅

## 静岡市が初のガイド本

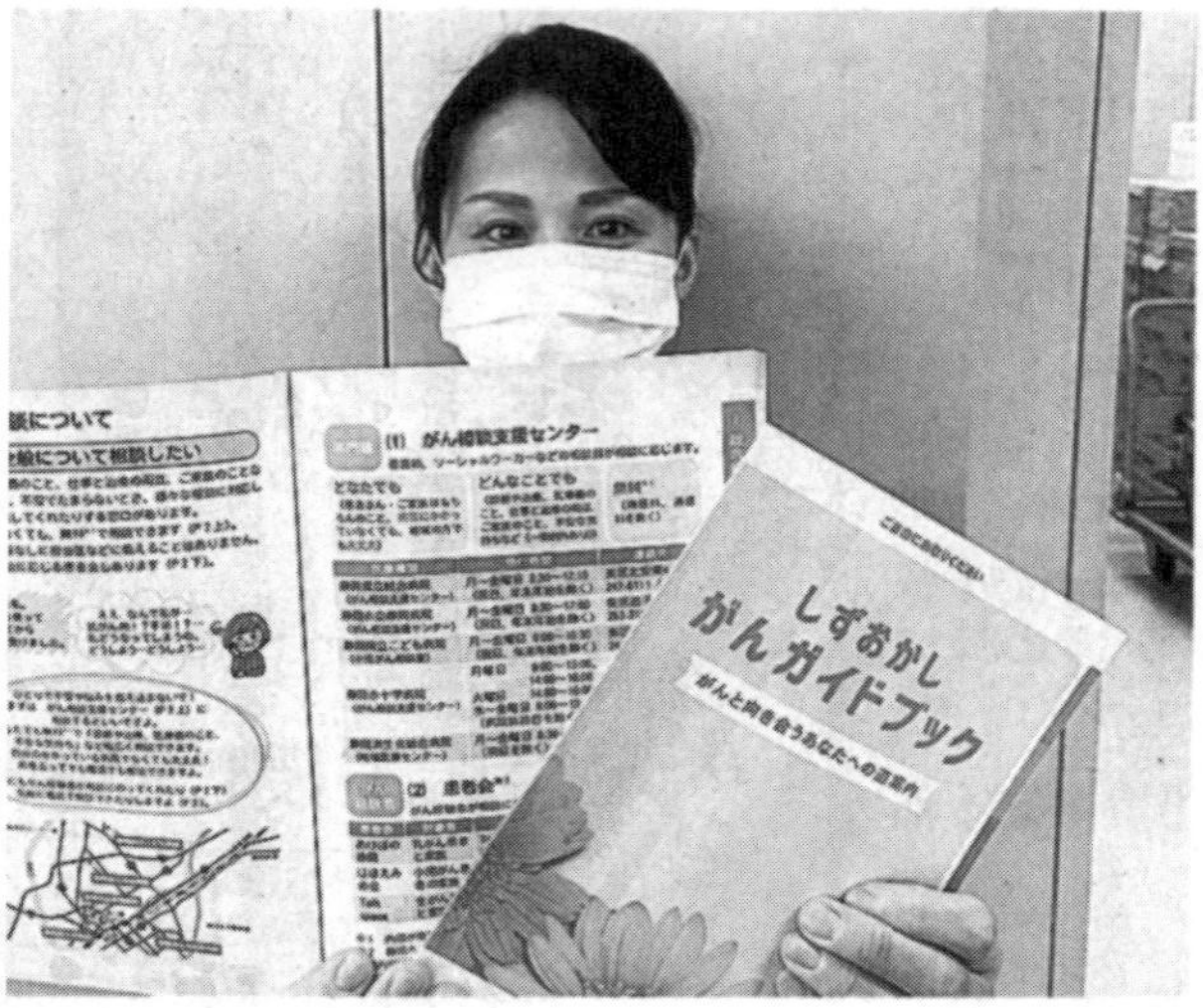


静岡市はこのほど、がん患者や家族向けのガイドブックを初めて作成した。当事者らの不安を軽減し、前向きに自分らしい生活を送れるよう、市内の相談窓口や治療、当事者同士の交流の場などに関する情報をまとめた。

①総合相談②治療③生活④小児～若年⑤支え合い⑥参考情報の項目に分け、関連情報を示した。

がん患者や家族の支援のため作成したガイドブック＝静岡市役所静岡庁舎

市内病院のがん相談窓口やがん経験者の会など約30の支援機関の連絡先を紹介した。仕事、子育てと治療の両立を希望する患者ら向けのウェブサイトのQRコードも掲載。医療費や生活費の補助制度については、問い合わせ先と対象年齢とを併せて一覧にした。

2021年度に策定した市がん対策推進計画の事業の一環。市には当事者や医療従事者から、情報提供体制の強化を求める声が上がっていたという。

冊子は市役所や区役所、図書館などで配布するほか、市ホームページからもダウンロードできる。市保健衛生医療課の担当者は「ガイドブックはがんと向き合うための入り口。少しでも役に立てば」と話した。（政治部・池谷遥子）

読売（大阪）22・4・6

# 受動喫煙疑い 児童3割

## 寝屋川市、959人唾液測定

家庭内での受動喫煙から子どもの健康を守ろうと寝屋川市が昨年12月に実施した、ニコチンが体内で代謝される際に発生する物質「コチニン」の無料測定の結果がまと

で保護者に通知した。

「高い」の101人のうち、家庭内に喫煙者がいたのは84人。うち21人の家庭

## 峡中

杉原みずき
穴山菜津美
山本　就己
(055)280-3230
FAX 280-3231

昭和町は、10月から子どもの医療費無料化の対象を、現行の中学3年までから高校3年相当(18歳を迎える年度内)までに拡大する。子育て世代の経済的負担の軽減を図る。

町によると、医療費無料化は現在0歳から中学3年までを対象に実施している。高校3年相当までの無料化は10月診療分から開始する。町が発行する受給者証を医療機関の窓口で提示すると、通院、入院とも医療費の支払いが不要になる。

町にはこれまでに町議会から対象年齢の拡大を求める声が寄せられていた。拡大により対象者は従来より約600人増え、計約4100人となる見込み。町は本年度の一般会計当初予算に対象拡大分を含む費用約1億2200万円を計上した。担当者は「子育て中の家庭の支援につなげたい」としている。

山梨22・4・9

---

まった。参加した児童の3割から「受動喫煙」をうかがわせる数値が検出された。

(久場俊子)

コチニン値の無料測定は、市立全24小学校の希望する4年生(現・5年生)計959人を対象に行われた。配布された測定キットで児童が唾液を採取し、家族の喫煙状況や喫煙場所を回答するアンケートと一緒に学校に提出した。

測定されたコチニン値に応じて、▽受動喫煙が生じている可能性が高い▽可能性がある▽可能性が低い――の3段階に区分。その結果、「高い」は101人(11%)、「ある」は190人(20%)で合計すると3割に上った。「低い」は657人で69%。測定不能も一部いた。個別の結果は郵送

測定された各児童のコチニン値は保護者に通知された＝寝屋川市提供
▼

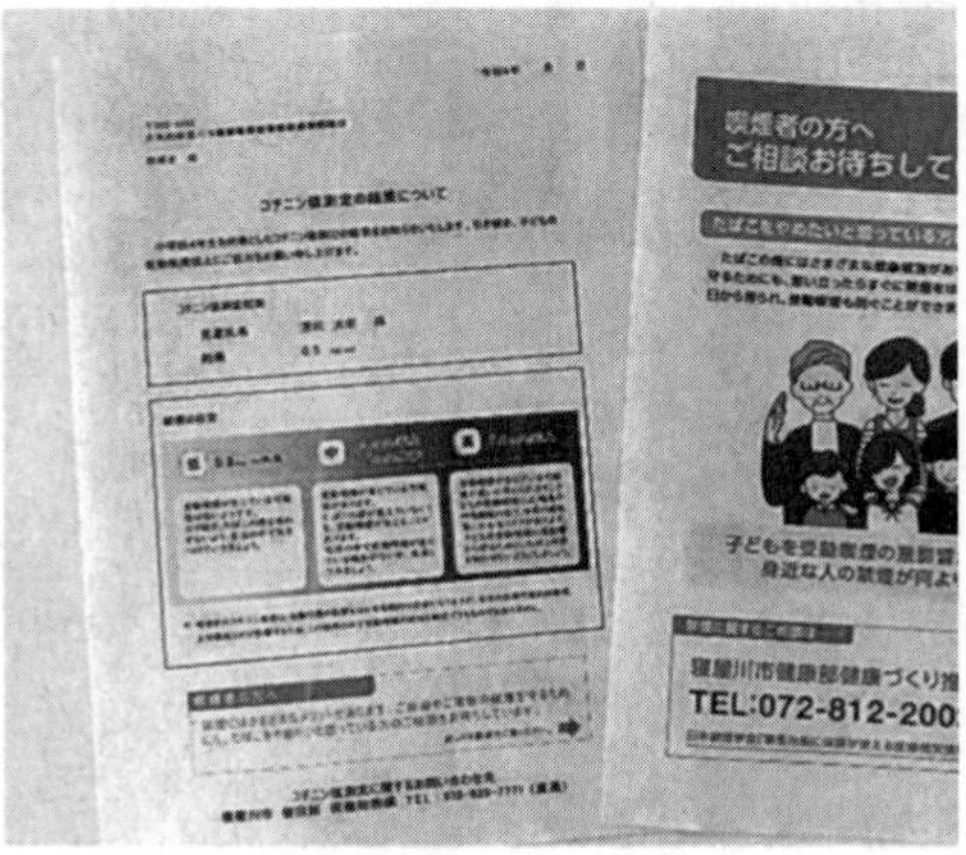


は「子どもの周囲では吸っていない」などと回答していた。市は「換気扇・空気清浄機の近くやベランダだけで吸っていたとしても、受動喫煙を完全に防ぐのは難しいことが読み取れる」と結果を分析している。

市は今年度も小学4年生を対象にコチニン値の測定を継続する計画で、保健総務課は「子どもの受動喫煙の状況を可視化し、受動喫煙防止や禁煙のきっかけにつなげたい」としている。

---

# 周産期うつ病　男性もケアを

## 低い認知度、気付かぬケース多く

## 検査体制整備に力

**青森・十和田市**

あまり知られていない男性の「周産期うつ病」の早期発見とケアにつなげようと、青森県十和田市がスクリーニング検査の体制整備に力を入れている。うつ状態は夫婦間で影響しやすいとされる。男性も支援対象とすることで、母親や子どもを含む家族全体の福祉向上に結びつける試みだ。

周産期うつ病は、妊娠中から産後1年程度の女性に睡眠障害や疲れやすさなど心身の不調が生じる精神疾患。身体的な変化や母親になることへの不安から7人に1人が発症するとされる。

2020年には、十和田市立中央病院メンタルヘルス科の徳満敬大医師らが周産期うつ病に関する約1300本の論文を基にデータを分析、周産期のパートナーがいる男性の10人に1人が発症すると明らかにした。ただ認知度は低く、本人や家族、医師も気付かないケースも多いという。

徳満医師と市子育て世代親子支援センターの調査チームは昨年10月、検査体制の構築に着手。保健師や助産師が妊産婦の家庭を訪問し、妊娠中と産後の計2回、アンケート形式で母親とパートナーの男性双方の様子や悩みを聞き取る。調査は今後約2年続け、回答データを分析。検査やサポートの体制確立を目指す。

**男性の周産期うつ病検査の流れ**

市の担当者(保健師や助産師)が家庭訪問(妊娠中と出産後)
▼
アンケートを配布。母親とパートナーの男性双方の様子や悩みを聞き取り
▼
男性もサポートを受けられるように(電話相談や病院の紹介など)

妊産婦を支援する自治体は多いが、出産や育児で「サポート役」とみなされがちな男性に寄り添う仕組みは少ない。徳満医師は「男性の周産期うつ病を知ってもらい、家族単位でケアやサポートを充実させることも必要だ」と訴える。

秋田22・4・14

読売22・4・5

●保健・衛生・医療／環境（廃棄物）

# 未遂例 データ化へ

## 救命救急 予防策に活用

## 労省 今年度から

厚生労働省は今年度から、救命救急センターに搬送された自殺未遂者から医療スタッフらが聞き取った性別や年齢、自殺未遂の手段などのデータを個人が特定できない形で登録し、実態把握や当事者の支援につなげる仕組みの構築に乗り出す。自殺未遂者は再度、自殺を試みるリスクが高いとされ、対策強化の基盤とする。将来的に全国の救命救急センターでの実施を目指す。

この仕組みは「自殺未遂者レジストリ（症例登録）制度」と呼ばれ、世界保健機関（WHO）が各国に導入を促している。厚労省によると、すでに英国やベルギーの一部地域、コスタリカなどで採用されているという。厚労省は収集した情報を匿名化してデータベースに登録する仕組みを想定している。蓄積したデータは実情に応じた医療、福祉体制の強化など、自殺予防対策に反映させる方針だ。

2021年9月からは、構築へ向けた課題を検証する研究を全国約10か所で実施してきた。救急搬送された自殺未遂者について、福

つどの職種のスタッフが聞いたか」「精神保健福祉センターや児童相談所などにつないだか」など、聞き取る項目を精査している。

研究の責任者で、帝京大学医学部の三宅康史教授（救急医学）は「全国の救命救急の現場に集まる自殺未遂者のデータを集めて自殺予防策に役立てるほか、現場の医療スタッフが患者の死にたい気持ちに注意を払って関係機関につなぐなど、意識向上にもつなげたい」と話している。

レジストリの具体的な構築などは、国の指定を受けて自殺対策の調査や研究にあたる一般社団法人「いのち支える自殺対策推進センター（JSCP）」が担う。清水康之代表理事は「実態把握と現場の医療・自治体職員への研修の充実など、自殺未遂者支援を底上げしていく必要がある」と指摘している。

厚労省と警察庁の統計では、21年の自殺者数は2万1007人にのぼる。コロナ禍では生活困窮や孤立で自殺に追い込まれる人の増

---

# 古紙回収 生き生き社会

## 減量 ＋ 福祉向上 一緒に促進

## 滝沢市役所に箱設置

## 障害者の働く機会創出

滝沢市は1日、市役所防災庁舎入り口前に古紙回収ボックスを設置する。同市では現在、可燃ごみとなっている雑紙などを資源化することでごみの減量を促進。回収した古紙は市内の障害者施設の利用者が仕分けてリサイクル業者に販売し、新型コロナウイルス禍で苦慮している工賃確保にもつなげる。

市役所で3月30日、市と社会福祉法人やまゆり会（伊藤隆雄理事長）が連携協定を結び、ごみの減量と障害者福祉の向上を一体で進めることを確認した。主浜了市長は「市民の環境に対する意識と福祉への理解が高まることを期待する」とあいさつした。

回収する古紙は▽新聞、チラシ▽雑誌、本、カタログ▽段ボール▽雑紙（食料品やティッシュの空箱など）―の4種類。各品目に応じて回収ボックス（350㍑）四つを設置し、市民は24時間持ち込める。汚れは落とし、量が多い場合はひもでまとめるよう呼び掛ける。

古紙は、やまゆり会が運営し、生活介護事業と就労継続支援B型事業を担う同市巣子のみのりホームで引き取る。利用者が仕分けや雑誌類のページを剝がす作業を行い、リサイクル業者に販売する。

同ホームは20～70代の知的障害者52人が利用。ケーキ製造・販売や公共施設の清掃、古着のリサイクル作業などを手掛けているが、コロナ禍で食品の販売機会が減少しており、活動に支障を来している。

伊藤理事長(72)は「工賃の向上に苦慮する中、これまでも取り組んできたリサイクル作業にご理解をいた

岩手22・4・1

茨城22・4・14

# バイオプラごみ袋導入へ

## 笠間市 県内初、6月ごろ販売

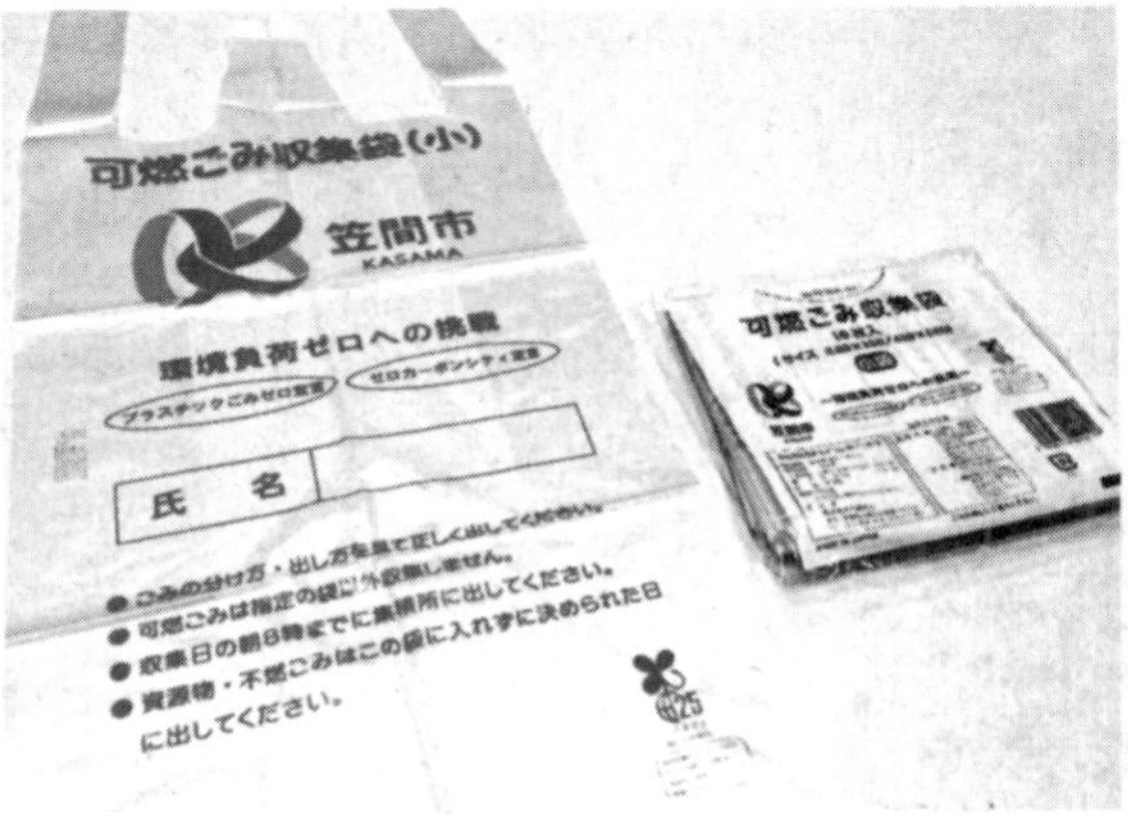


バイオマスプラスチックを使用した指定ごみ袋（笠間市提供）

環境負荷の軽減などを目指し、笠間市は、植物由来のバイオマスプラスチックを使用した指定ごみ袋（小袋20リットル）を本年度、導入する。市によると、県内では初の取り組み。サイズは従来と同じで金額は変わらない。現在のごみ袋がなくなり次第、順次切り替え、6月ごろから販売されるという。一方、大袋（45リットル）はこれまでと同じ仕様となる。

市は2020年7月に「プラスチックごみゼロ」を宣言し、昨年4月には「ゼロカーボンシティ」を宣言しており、ごみ袋のバイオプラスチック化もその一環。

新たな指定ごみ袋はバイオマス配合率25％で、国内製造による品質確保と輸送にかかる環境負荷軽減を実現。サクラの花をイメージした優しい色合いになっている。外装袋も従来サイズの約半分になった。1セット（10枚入り）100円。6月ごろから市内115店舗で販売される予定。

市環境保全課は「バイオマスプラスチックは生産コストが高いとされるが、環境負荷の軽減を第一に考え、導入を決めた。一方、自然環境では分解されないので、可燃ごみ収集袋として、決められた日に地域の集積所に出していただければ」としている。

（沢畑浩二）

# 自殺

厚

祉サービスの利用の有無や、「死にたい気持ちをい

加が懸念されており、対策強化が求められている。

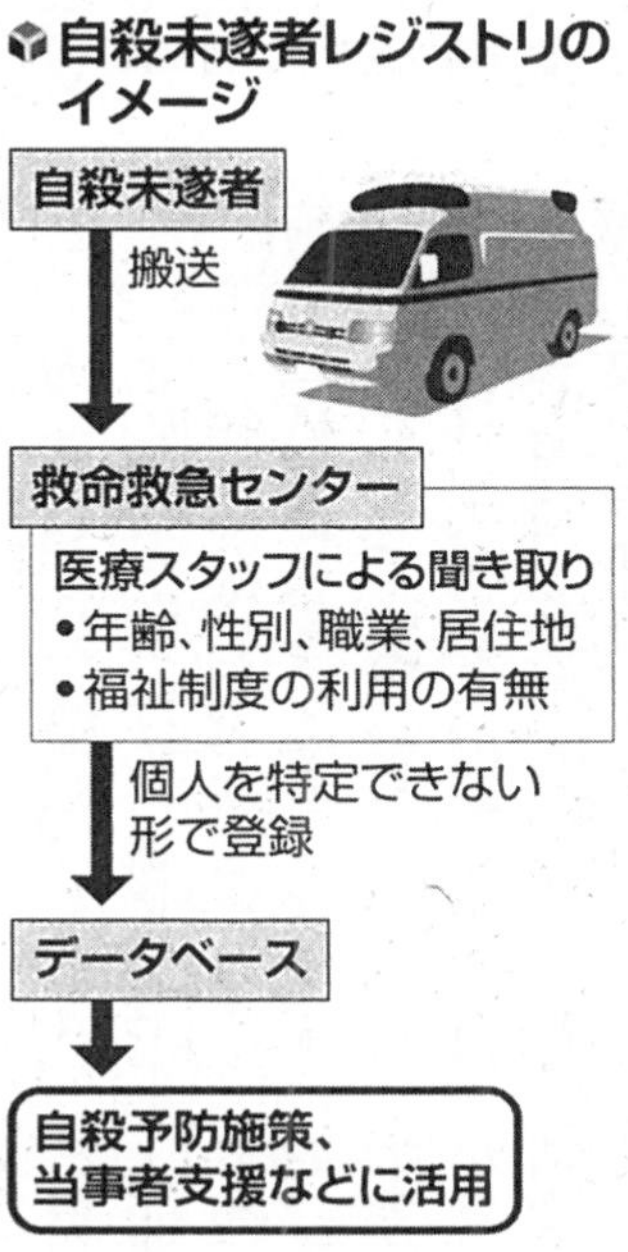


毎日22・4・6

## 都が八王子、町田で実証事業

# 紙おむつ再生に一歩

## 家庭ごみ中の推計量急増

家庭から出る紙おむつを建材の原料などにリサイクルする都の実証事業が八王子市と町田市で行われた。育児や介護に欠かせない紙おむつは主に焼却処理されており、都内でリサイクルの動きにつながるか注目される。

パルプやプラスチックなどで作られる紙おむつは使用後、し尿を含み、燃やしにくい。自治体がごみ収集袋の一部を抽出して中身を確かめる調査の結果、八王子市では家庭ごみに占める紙おむつの推計量が2018年度5675トンと6年間で2倍以上に増加。町田市も推計量が19年度約7700トンと6年間で約1・7倍に増えた。環境省の推計でも全国の家庭ごみの中の排出量は増加傾向が続く。

実証事業は凸版印刷（文京区）など企業4社が参加し、両市が協力した。昨年11月～今年1月の4日間、両市の計約2200世帯の地域で回収した紙おむつ計約910キロを、福岡県大牟田市の参加企業のリサイクル工場に搬送して洗浄、殺菌。建築資材の原料となるパルプや回収袋に再生するプラスチックを取り出すのに成功した。

環境省によると、家庭ごみの紙おむつの再生までを行うリサイクルを実現している自治体は福岡県の2市町程度。八王子市や町田市では乳幼児や高齢者らの世帯に無料で紙おむつの専用回収袋を配り、可燃ごみとして収集している。だが、専用袋での回収や分別収集を行う市区町村は同省調査で全国で81自治体（約5％）のみ。紙おむつ利用を知られたくない高齢者らに配慮する必要もあり、収集面でも課題が残る。

八王子市の真辺薫・資源循環部長は「今回の実証事業で一部世帯だが、紙おむつの実際の排出量を把握できた。今後は紙おむつ専用の回収ルートの構築を想定し、可燃ごみ全体の回収に比べてどの程度効率的に実施でき、かつ二酸化炭素を削減できるかを検証したい」と話す。【野倉恵】

ごみの

だいた。喜んで引き受けたい」と意欲を示した。

（林昂平）

滝沢市役所前の古紙回収ボックス。ごみの減量と障害者福祉の向上につなげる

東京22・4・15

# 国内温室ガス 過去最少

## 20年度確定値 7年連続減 コロナも影響

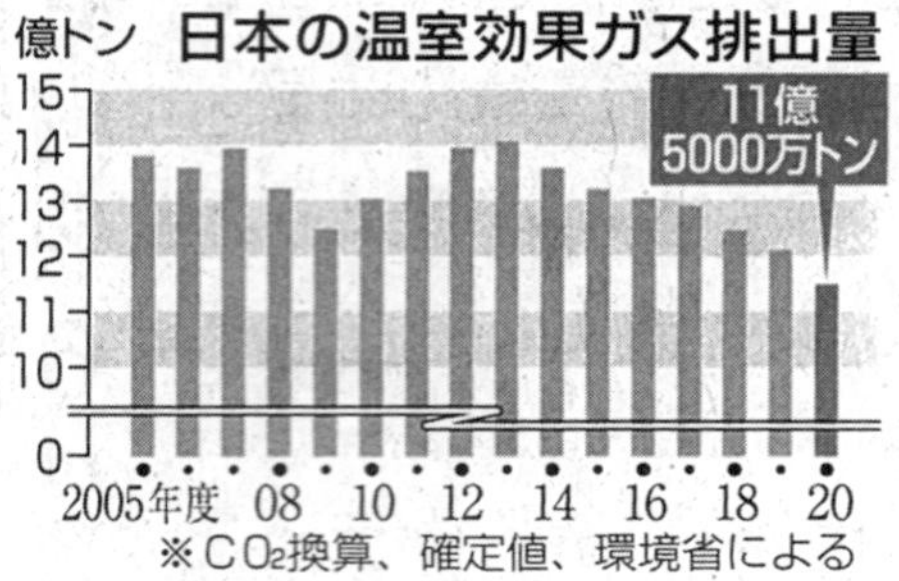

※$CO_2$換算、確定値、環境省による

環境省は十五日、国内の二〇二〇年度の温室効果ガス排出量は二酸化炭素（$CO_2$）換算で前年度比5・1％減の十一億五千万㌧だったとの確定値を発表した。統計を取り始めた一九九〇年度以降で最も少なく、七年連続の減少。新型コロナウイルス感染症の流行に伴う製造業の生産量減少や、再生可能エネルギーの導入拡大が影響したという。

部門別には、産業部門が前年度比8・1％減、運輸部門は10・2％減になった一方で、家庭部門は4・5％増となった。自宅で過ごす時間が増えたためとみられる。

全体の排出量は、日本の削減目標の基準年となっている一三年度比では18・4％減。政府は三〇年度の排出量を一三年度比46％減らすことを目指す。山口壮環境相は閣議後の記者会見で「気を緩めず取り組みを継続する。特にウクライナ情勢を踏まえれば、再生エネ導入や省エネ徹底の加速が重要だ」と述べた。

温室ガスの種類別では、$CO_2$排出量は前年度比5・8％減だったが、高い温室効果がある代替フロンは増加傾向が止まらず、ハイドロフルオロカーボン（HFC）類は4％増。

森林による$CO_2$吸収量は年々減少傾向にあり、二〇年度の吸収量は四千四百五十万㌧。樹齢を重ねて$CO_2$を吸収しにくくなった樹木が増えているためとみられ、政府は植林や間伐を進めるとしている。

京都22・4・1

# 再エネ電気 売却時に補助

## ょうから「ＦＩＰ」

政府は1日、太陽光など再生可能エネルギーでつくった電気を事業者が市場で売却する際、国が補助を上乗せする新制度「FIP」を始めた。固定価格買い取り制度（FIT）からの移行を進め、高止まりする家庭や企業の電気料金の抑制を狙う。発電した電気をためる蓄電池の導入などで発電事業者に工夫を促し、再エネのさらな

力に買い取りを義務付けていた。この原資を賄うため、電気料金と一緒に一般利用者から徴収する「賦課金」が年々増え、家庭の負担となっている。また天候に左右される太陽光などは発電量の調整が困難で、電力需給のバランスを保つ上で課題となっている。

新制度の対象は太陽光や風力、水力など。再エネ事業者が自ら卸

定の補助を上乗せする仕組みにした。蓄電池などを活用し、電力需要の高まる時間に高値で売却できる事業者が有利となる。

需要のピークに合わせて供給できる再エネ事業者を増やすことで、電力需給の安定を図る。日本全体の発電コスト低減につながり、中長期的に電気料金を抑制できると経済産業省は説明した。

FITは住宅の太陽光などで存続させるが、新規の認定では一定

# 温室ガス減「25年までに」

## IPCC報告書を公表

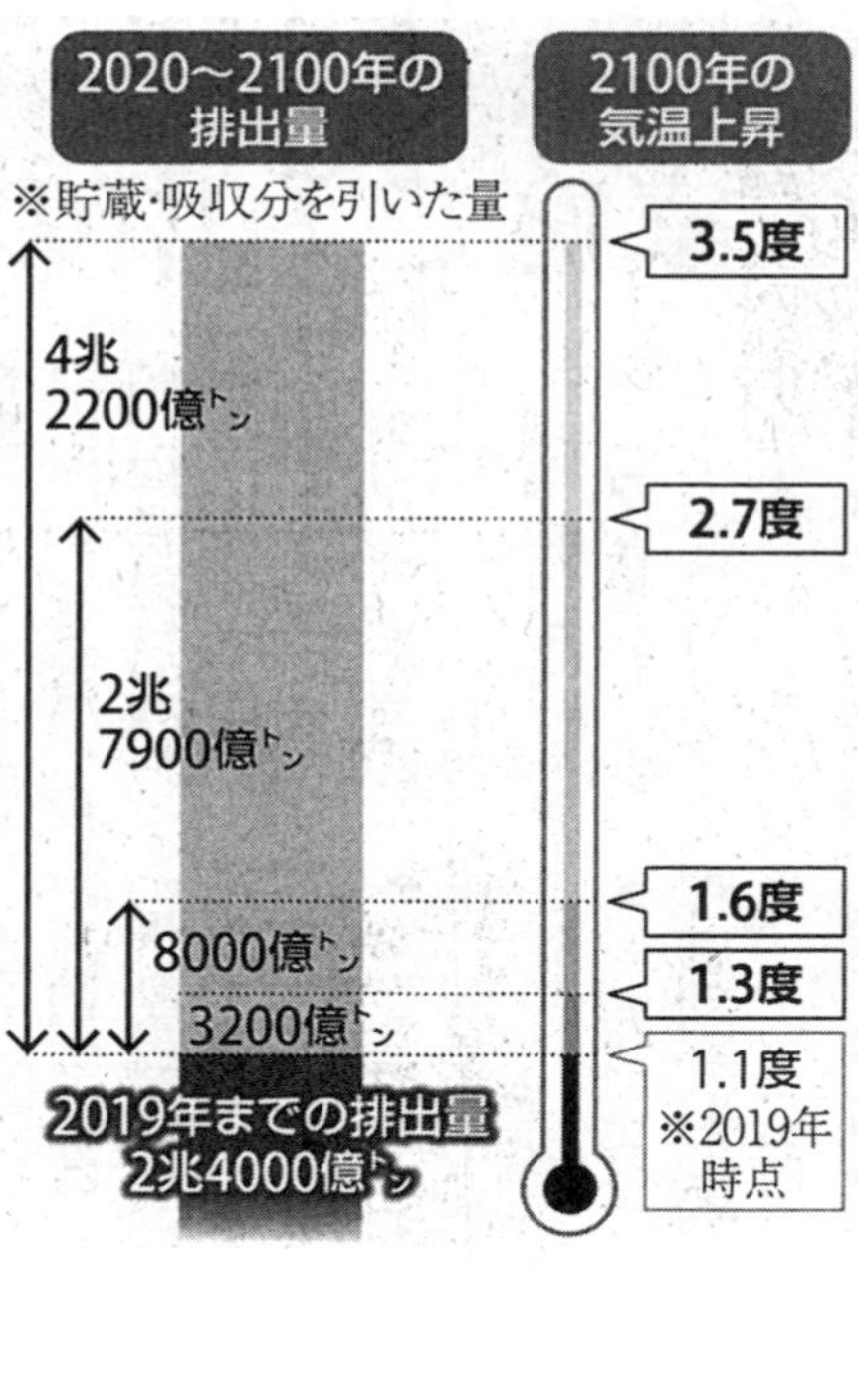

$CO_2$排出量と産業革命前からの気温上昇

国連の気候変動に関する政府間パネル（IPCC）は5日、地球温暖化の緩和策を盛り込んだ第3作業部会の第6次評価報告書を公表した。産業革命前からの気温上昇を1・5度以下に抑えるパリ協定の努力目標を達成するには、二酸化炭素（$CO_2$）などの温室効果ガス排出量を3年後の2025年までに減少に転じさせ、貯蔵や吸収なども進める必要があるという。

第3作業部会の報告書は14年以来8年ぶり。報告書によると、温室効果ガス排出量は増加し続けており、気温上昇は19年に1・1度に達している。

2100年時点の気温上昇を1・5度以下にするには、3年後までに排出量を頭打ちにし、30年に19年比で43％減、50年に同84％減とする必要がある。$CO_2$の貯蔵や吸収を増やし、排出量実質ゼロの「カーボンニュートラル」を実現しなければならないと指摘した。

る普及も図る。
FITでは、再エネによる電気は政府の決めた固定価格で大手電

き

電力市場で売却したり、電力小売り事業者と取引したりすることを促す。その際の売却額に、国が一

の出力以上で新制度しか選べなくするなどして移行を円滑に進めたい考えだ。

読売22・4・5

徳島22・4・1

# 歯ブラシ回収し学習本に交換を

## 佐那河内村と住民グループ

佐那河内村と村民グループ「LOVEさなごうち」が、使用済み歯ブラシの回収を村全域で始めた。歯ブラシを学習本に交換して小学校に配っている、徳島市の住民団体「仲間の会」の活動に協力する。村民のごみ減量化への意識向上も期待している。

地区ごとに設けたごみ集積場24カ所に、LOVEさなごうちのメンバーが2㍑のペットボトルで作った回収容器を設置。村がごみ収集に合わせて定期的に回収し、仲間の会に渡す。

仲間の会は、リサイクルプログラムを進める県外の企業に歯ブラシを郵送。持続可能な開発目標（SDGs）につながる世界の取り組みなどを紹介する本に交換し、県内の小学校に配布する。1冊当たり1200本が必要。活動を始めた2020年9月以降に7冊交換している。

LOVEさなごうちは、キャンドルナイトやフリーマーケットなどの行事を通じてごみ減量化や、地球温暖化防止の啓発に取り組んでいる。松長礼子代表(80)＝同村下＝が仲間の会の取り組みに賛同。同会の木下麻衣代表(42)＝徳島市多家良町宮ノ下＝に村内での歯ブラシ回収を提案した。

### 小学校配布へ 村民協力募る ごみ減量も狙う

昨年12月、木下代表がLOVEさなごうちのメンバーや村の環境担当職員に活動の趣旨を説明した。全村民が取り組めるようにするため、ごみ集積場に回収箱を置くことになった。

歯ブラシの回収箱を作るLOVEさなごうちのメンバー
＝佐那河内村下の村農業総合振興センター

村は広報誌などで村民に周知し、回収を呼び掛けている。松長代表は「毎日使う日用品が生まれ変わって有効活用できると知ってもらい、村民の意識を高めるきっかけになればいい」と述べ、木下代表は「村を挙げて協力してもらえるのは心強い。他の自治体にも同じような仕組みで協力を求めていきたい」と話している。（新居和人）

太陽光や風力などの再生可能エネルギーのコスト削減が進んでいるため、これらをさらに活用して2100年までの追加排出量を3200億㌧にできれば、同年の気温上昇は1・3度に抑えられるという。現状のまま排出を続けた場合は最大3・5度上昇し、酷暑や洪水などで人間を含む生態系に深刻な悪影響が出る。

今回の報告書は、日本を含む65か国278人の専門家らが、昨年10月までに世界で発表された1万8000本以上の研究成果を分析してまとめた。

昨年10～11月に英グラスゴーで開かれた国連気候変動枠組み条約第26回締約国会議（COP26）で各国が追加した排出量の削減目標や、今年2月以降のロシアのウクライナ侵攻による世界のエネルギー事情の変化などは反映されていない。

IPCCには三つの作業部会があり、今年9月をめどに各報告書を統合する。統合報告書は、今年11月にエジプトで開かれるCOP27での議論に使われる。

●環境（大気）

## 宅配ボックス購入費を補助
### 甲州市、$CO_2$削減へ

甲州市は、インターネット通販などで商品を受け取る際に使用する「宅配ボックス」の購入費を補助する制度を始めた。

市環境課によると、宅配ボックスを自宅の玄関前などに設置することで再配達のために車が行き来する回数を減らし、二酸化炭素（$CO_2$）を削減することが目的。新型コロナウイルス感染拡大対策で人との接触機会も減らすことができるため、4月から申請受け付けを開始した。

宅配ボックスの購入金額の2分の1（上限3万円）を補助する。申請は1世帯1台に限り、本年度は約70件の申請を予定している。

市ホームページに掲載している申請書に必要事項を記入し、宅配ボックスの領収書やレシートの写し、宅配ボックス設置前後の写真、振込先情報などの資料を添付して申請する。補助金は1カ月ほどで振り込むという。

同課担当者は「新たな取り組みなのでぜひ利用してほしい」と話している。問い合わせは市環境課、電話0553（33）4404。

山梨22・4・9

## くじで選出「脱炭素」提言

# あなたも候補 気候市民会議

### 取り組み広がる

読売22・4・13

気候変動対策を議論する「脱炭素かわさき市民会議」のメンバーら（昨年10月、川崎市中原区で）＝市民会議提供

無作為抽出（くじ引き）で選ばれた市民が、気候変動対策を議論し、国や自治体に政策提言する「気候市民会議」の取り組みが、国内で広がりつつある。様々な立場の市民の意見を反映させるのが狙い。市民に地球温暖化問題を「自分事」として捉えてもらうため、自治体主導で開催する動きも出てきた。

（伊藤崇）

## 関心薄い人も意見反映

◆市民目線

「気候変動の知識や関心があった人も、なかった人も含め、様々な意見を提言に反映させることができた」。川崎市で昨年、「脱炭素かわさき市民会議」を企画した民間団体・環境政策対話研究所代表理事の柳下《やなした》正治さん(74)はこう振り返る。

会議のメンバーを選ぶ上で取り入れたのが「くじ引き」だった。市の選挙人名簿から無作為に3201人を選び、昨年3月に会議の案内を送付。返信があった247人のうち、「参加したい」「参加を検討」と回答した92人から、年齢、性別、居住地を考慮し、同4月に10歳代後半～70歳代の男女75人を選んだ。

会議の目的は、2050年のカーボンニュートラル（温室効果ガス排出の実質ゼロ）実現に向けた提言を市に行うこと。21年5～10月の目標を達成した家庭に報酬を与えるキャンペーンを展開▽自動販売機の総数の削減——など、市民目線を生かした77項目の提言を取りまとめ、同11月に市に提出した。提案書は、今年3月に改定された市の地球温暖化対策推進基本計画の参考資料の一つとして活用された。

◆世代を超えて

参加者を「くじ引き」で選ぶメリットについて、柳下さんは「公募では、環境意識の高い人や特定の意見を持つ人に偏る傾向がある。気候変動のように将来にわたり、あらゆる人が影響を受ける問題は、無作為抽出の方が様々な意見を反映できる」と話す。

### 脱炭素かわさき市民会議の流れ

| | |
|---|---|
| 2021年3～4月 | 川崎市の選挙人名簿から3201人を無作為抽出し、会議の案内を送付 |
| | 92人が「参加したい」「参加を検討」と回答 |
| | 年齢、性別、居住地のバランスを考慮して75人を選出 |
| 5～10月 | 会合を主にオンラインで6回開催 |
| 11月 | 77項目の提言を盛り込んだ提案書を市に提出 |

# 太陽光、設置無料広がる

## 自治体・企業「PPA」手法活用

企業や自治体の建物の屋根に太陽光パネルを無償で設置し、使用した電力量に応じて電気料金を請求する「PPA（電力購入契約）」の活用が首都圏で進んでいる。建物の所有者は設置事業者と長期契約を結ぶ代わりに初期費用をかけずに再生可能エネルギーを導入できる。補助金などで設置を後押しする自治体もあり、一般住宅でもPPAを利用するケースが増えている。

横浜市は東京ガスと連携し、2021～22年度で市内の小中学校500校のうち65校の屋根に太陽光発電設備を設置する。発電容量は1校平均60キロワットで、本来なら1校あたり5000万円を超す設置費用が必要になるが、PPAにより初期費用・維持費とも実質0円で導入可能となった。

20年間の長期契約は必要だが「設置を進めやすい」と横浜市の担当者。二酸化炭素（$CO_2$）の排出量を2割削減し、削減量は65校で年間1700トンに達する。2050年に温暖化ガス排出を実質ゼロにする「カーボンニュートラル」の実現に向け、同市は「設置対象を残る学校や市営住宅などにも広げたい」としている。

調査会社の富士経済（東京・中央）によると、PPAによる太陽光発電事業の国内市場規模は21年度見込みで277億円。防災やSDGs（持続可能な開発目標）への意識の高まりから普及が進み、35年度に2553億円と9・2倍に成長する見込みという。

国も補助金で後押しする。環境省は22年度にPPA活用の企業向けの補助金など関連予算で約150億円を計上した。

PPAを活用する企業は増えている。イオンは23年に千葉市で開設予定のネットスーパー専用配送センターにPPAを使い太陽光発電を導入する。すでに全国で30を超すグループ店舗にPPAで太陽光パネルを設置した。担当者は「再生エネルギーの取り組みを発信できるメリットは大きい」という。

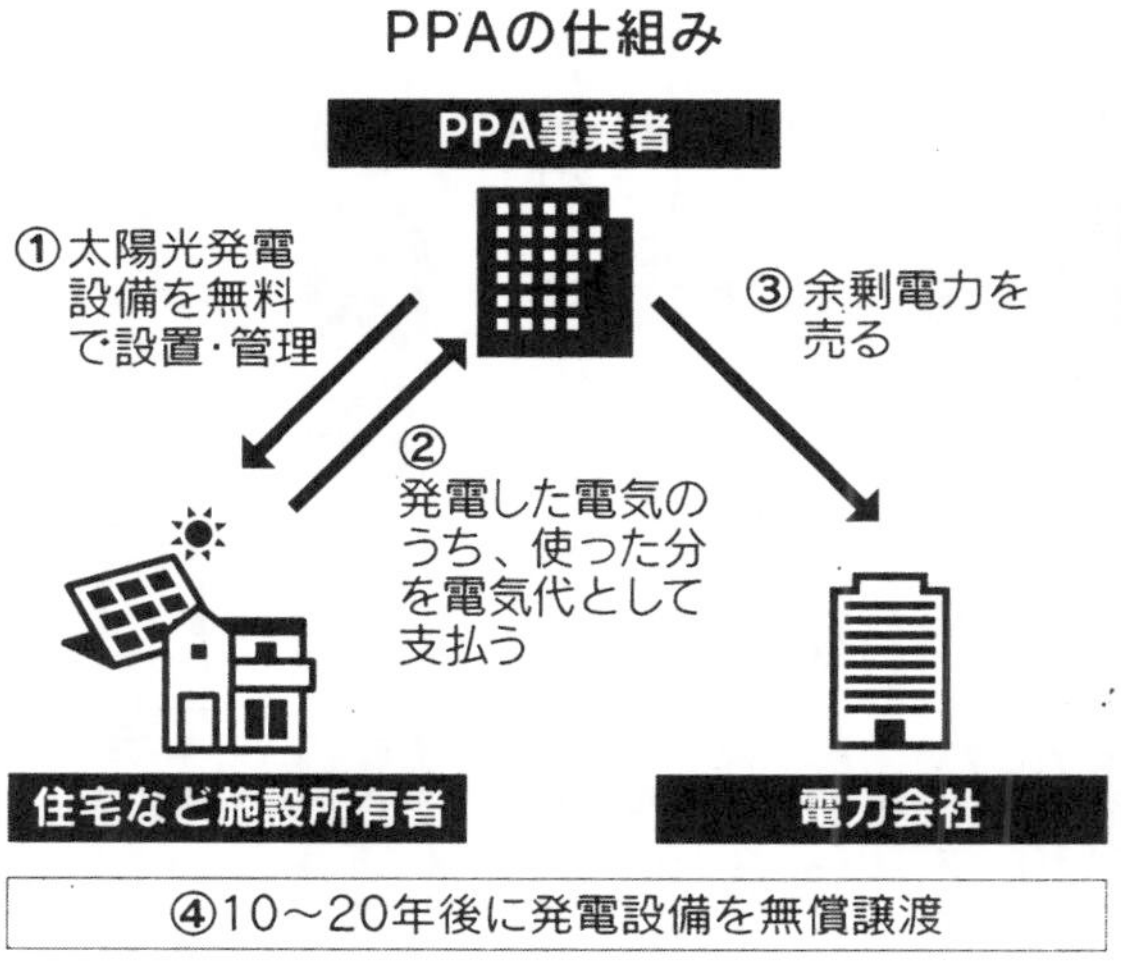

KICアセット・マネジメントは物流施設の屋上にPPA方式による太陽光発電施設を設置した（埼玉県越谷市）

物流施設の開発や資産運用などを手掛けるKICアセット・マネジメント（東京・千代田）は、21年10月に開設した埼玉県越谷市の物流施設「KIC越谷ディストリビューションセンター」に導入した。災害などで停電しても事業を継続できるよう大容量の蓄電池を備え、施設で日々使用する電力需要の約6割を自家発電でまかなえる。

### 都、住宅での普及急ぐ

企業や自治体の利用が中心だったPPAを一般住宅で利用する動きも出てきている。自治体が補助金などで後押ししていることが背景にある。

神奈川県は「0円ソーラー」のふれ込みで一般住宅でのPPA利用を促している。一般住宅のような小規模施設でもPPA事業者が採算をとれるよう、事業者向けの補助金を設けている。電気料金の割引などで住宅所有者にも還元される仕組みで、これまで350件以上の利用があったという。

設置事業者も増えており、21年5月からPPAによる設置サービスを始めたサンエー（同県横須賀市）は「電気代高騰への懸念などもあり最近問い合わせが増えている」という。戸建て建設の建新（横須賀市）も同12月にサービスを始めた。同社は「若い層からの反響が大きく、将来は標準装備にしたい」と話す。

東京都も19年度から一般住宅のPPAに対する助成事業を開始した。22年2月末までに戸建て住宅と集合住宅で合わせて1254件の申請を受け付けたが、19～21年度の助成枠14億円に対し、実際の助成額は2月末時点で累計6億8000万円ほどにとどまった。担当者は「事業の認知度が当初は低かったのが響いた」と話す。

導入にはリスクも伴う。10年以上の長期契約だけに、契約期間中にPPA事業者が事業撤退したり、経営破綻したりする場合も想定される。防災用を想定したが、PPA事業者が売電するため蓄電池の設置を認めない契約となっていてトラブルになる可能性もある。

富士経済の川合洋平氏は「撤去費用はどうなっているのかなど契約の確認が必要」と話している。

（二村俊太郎）

### ハッシュタグ＃ hashtag

＃PPA（電力購入契約）　2017年ごろ本格的に普及し始めた太陽光発電導入の枠組み。PPAの事業者が太陽光パネルを無償で設置し、維持管理費も事業者が負担する。事業者は設置後10～20年間、施設所有者から電気料金や設備のリース料などを受け取り、余剰電力を電力会社に売電して収益を確保する。

契約期間が終わると、発電設備を施設の所有者に無償で譲渡するのが一般的だ。固定価格買い取り制度（FIT）の売電価格が下がり、自家消費を目的にPPAで太陽光発電を導入する企業も増えている。

日経22・4・14

月に計6回（毎回4時間）、主にオンラインで会合を開催。参加者は、専門家らから気候変動問題や市の取り組みの説明を受けた後、「移動」「住まい」「消費」の3テーマ別に議論した。

会議では▽バスなどの公共交通機関の運賃を、集客の恩恵を受ける商業施設と連携して割り引く▽省エネ

参加した市民の意識も変わったようだ。同市麻生区の元機械部品メーカー勤務の奥田英道さん(67)は、環境活動とは無縁だったが、「働いてこられたのも地域の支えがあったから」と参加を決めた。意見を交わすうちに脱炭素は身近な関心事となり、若い世代もまじめに考えていると感じた。

# 島の成り立ち一冊に

## ジオパーク入門書完成

## 3億年の歴史を紹介

佐渡島の成り立ちを紹介する佐渡ジオパークの入門書が完成した。ジオパークの見どころは、島内に点在しているが、入門書はエリアではなく歴史を軸に展開。現在までの3億年を四つの時代に分けて紹介する。編集した佐渡ジオパーク推進協議会は「成り立ちを物語として理解でき、読み応えがある内容になった」とPRしている。

完成した入門書「よくわかる佐渡ジオパーク」

佐渡ジオパークは2023年に認定から10年の節目を迎える。関係者からジオパーク全体を理解できる入門書を望む声があったことから、有識者らによる編集委員会を設置。2年かけて作成した。

完成したのは「よくわかる佐渡ジオパーク　自然とひとの暮らし」。300万年前から現在までの「島の時代」の章では、海底の一部が隆起して島が姿を現す過程を説明。波で削られた海食崖《かいしょくがい》や渓谷など多様な地形だけでなく、ブリ漁や車田植えなど、地形と密接に関わる人々の生活にも触れた。

「大陸の時代」では、佐渡の金銀山の大規模な鉱脈と火山活動の関係を解説。ほかに「太古の時代」「海の時代」の章がある。写真には撮影地を示す地図が添えられており、より現場をイメージしやすくなっている。

市ジオパーク推進室の伊藤智子室長は「観光客だけでなく、ガイドや職員にとっても教科書的な位置づけになる」と説明。今後は小学生向けの副読本を作る予定だ。

A5判171ページ。1650円。ジオパーク推進室やインターネット通販アマゾンなどで販売している。

問い合わせは推進協議会、0259（27）2162。

新潟22・4・7

---

# 空気銃で狙撃　えさ与えず　劣悪環境で飼育

---

京都22・4・9

# 博物館登録対象 民間にも拡充へ

### 改正法成立、来年施行

自治体などが設置した施設に限られている博物館登録制度の対象を、民間企業や私立大などの施設にも広げる改正博物館法が8日、参院本会議で可決、成立した。文化観光の推進などによる地域貢献や他施設との連携強化を促す。来年4月1日に施行する。

現行の登録対象は、学芸員の配置といった要件を満たす自治体や財団法人などの施設のみ。2018年度の文部科学省調査では、全国にある美術館や動物園、水族館を含む博物館施設約5700館の16％しか登録されていない。

改正法では国や独立行政法人を除く全法人が登録対象となる。資料のデジタル保存も登録博物館の努力義務とする。

登録が進まない理由として、一部の税軽減にとどまるなど利点の少なさも指摘されている。文化庁は対象拡大と併せて財政支援や税制優遇を拡充する。

登録済み施設も都道府県教育委員会の審査を新たに受ける必要があるが、経過措置として5年間は登録博物館とみなす。

---

中日（愛知）22・4・15

# 両生類輸入2倍に

### 05年比

二〇一九年、生きた状態で日本に輸入された両生類は一万八千四で、輸入数は〇五年と比べて二・三倍になったとの調査結果を、世界自然保護基金（ＷＷＦ）ジャパンなどが発表した。カエルやイモリといった両

**両生類のペット利用**　世界自然保護基金（ＷＷＦ）ジャパンによると、カエルやイモリ、サンショウウオなどの両生類は世界で約8000種確認されているが、そのうち40％は捕獲や開発による生息

朝日22・4・8

# 動物虐待摘発 最多170件

昨年1年間に警察が摘発した動物虐待の件数は170件で、統計をとり始めた2010年以降で最も多かったことがわかった。逮捕・書類送検した人数も199人で最多だった。警察庁が7日、発表した。

同庁によると、動物の虐待を禁じた動物愛護法に違反したとして摘発した件数は、前年の102件から約67%増加。人数も前年の117人から約70%増えた。これまでの最多は19年の105件、126人だった。

170件のうち最多だったのは猫への虐待で95件。次いで犬が60件だった。馬、鶏、いえうさぎ、フェレット、モルモット、カメなどへの虐待もあった。内容別では、生きたまま捨てる「遺棄」(81件)、えさを与えなかったり劣悪な環境で飼育したりする「虐待」(48件)、「殺傷」(41件)の順に多かった。

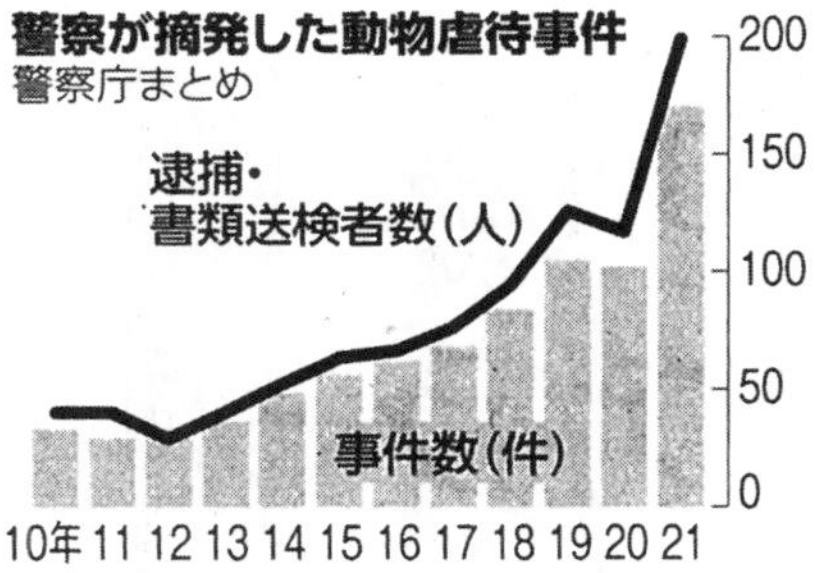


昨年6月には空気銃で猫を撃って死なせたとして千葉市の男が逮捕される事件があった。11月には、販売用の子犬を繁殖させるために飼育していた362匹の犬を虐待したとして、長野県松本市の繁殖業の男らが逮捕された。

## 厳罰化「動物は人と同じ」

動物虐待の摘発が増えた背景の一つとして、警察庁の担当者は動物愛護団体による活動を挙げる。「地道な活動で動物愛護への社会の関心を高めてくれた」

長野県警が摘発した犬の繁殖場で、劣悪な環境での飼育を刑事告発したのは公益財団法人「動物環境・福祉協会Eva」だ。内部からの告発が寄せられたという。Evaの代表理事でタレントの杉本彩さんは「20年に改正動物愛護法が施行され、動物虐待が犯罪だという意識が明確になってきている」と話す。

改正動愛法は、動物殺傷罪の罰則を「2年以下の懲役または200万円以下の罰金」から「5年以下の懲役または500万円以下の罰金」とするなど厳罰化した。杉本さんはその効果について、「市民の間にも『動物虐待も警察に通報していいんだ』という意識が出てきた」と指摘。摘発の増加は「厳正に捜査してもらった結果だと思う」と歓迎する。

そのうえで、杉本さんは「動物は人と同じように老いるし病にかかるし、介護も必要になる。命を預かる覚悟が必要なことを、飼う前によく考えて欲しい」と訴えている。

(鶴信吾)

---

生類がペットとして国際取引されている実態を示す結果。一部は野生から捕獲されたと推測され、「貴重な種の減少に拍車をかけることを知ってほしい」と訴えている。

# 環境団体「種の減少に拍車」

WWFジャパンと野生生物取引監視団体トラフィックが財務省の貿易統計を調べたところ、両生類の輸入数は〇五年の七千八百匹から一九年の一万八千匹に増加。輸入額も千百万円(〇五年)から四千九百万円(一九年)に伸びた。

二〇年の輸入数は、新型コロナウイルス感染症の影響もあって一九年比24%減の一万三千八百匹だったが、分析した担当者は「長期的には増加傾向にある」とみる。

輸入された両生類のうち、最も多かったのはカエルで、ブラジルなどに生息し、国際自然保護連合(IUCN)が準絶滅危惧種に分類したベルツノガエルや、ペルーなどに生息しペット取引が懸念されるアマ

アカメアマガエル=コスタリカで(John Vess提供)

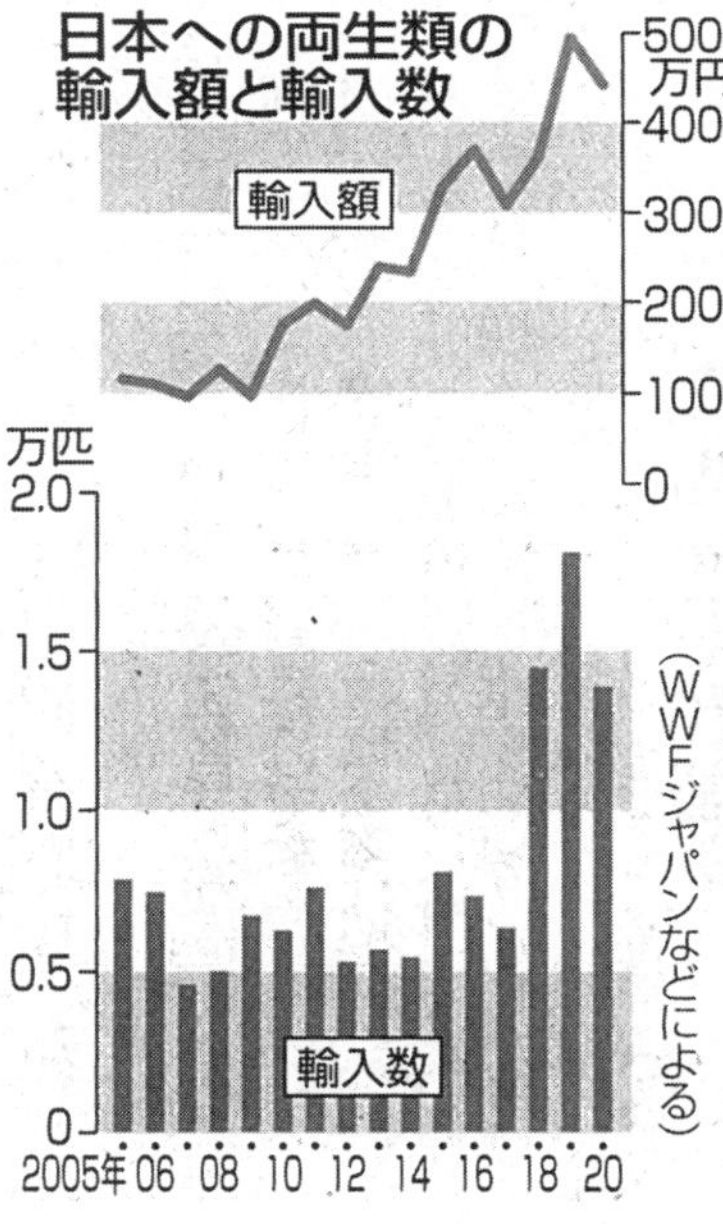


域の減少で絶滅の恐れがある。ただワシントン条約の規制対象になっているのは全体の2%ほどで、規制がない状態でペットとして取引されることへの懸念が高まっている。同団体などの調査によると、2005年から20年にかけ、米国など41の国と地域から生きた両生類が輸入された。

ガエルモドキ科が含まれる可能性が高いという。

両団体は国内の販売状況も調査。二〇年一月～二一年四月、東京都内で開かれた販売会を訪れたり、専門店の情報を確認したりした結果、ベルツノガエルなど少なくとも二百三十種が販売された。

このうち19%は、緑色の体と赤い目が特徴的なアカメアマガエルなどワシントン条約で輸出国の許可証が必要な種だった。日本固有種で、IUCNが絶滅危惧種に指定したシリケンイモリの取引も確認された。

両団体は「取引によって個体数が減少した恐れがある種は、規制強化を検討するべきだ」と提言。日本政府には、両生類を扱う事業者を登録制にすることを求めた。

# 熊本地震6年 記憶の風化防ぐ

# 被災の図書館、資料収集

2016年4月の熊本地震で被災した熊本市の図書館は、風化を防ごうと避難所のポスターなどの関連資料を集めている。対象は「地震に関係するものは何でも」で、「がんばるばい熊本!」などと印字された折り込みチラシや菓子箱も収集。全国的にも珍しい取り組みで、担当者は「地域の資料として役立てたい」と話す。

くまもと森都心プラザ図書館が収集したチラシ（3月、熊本市）

## 避難所ポスターやチラシ

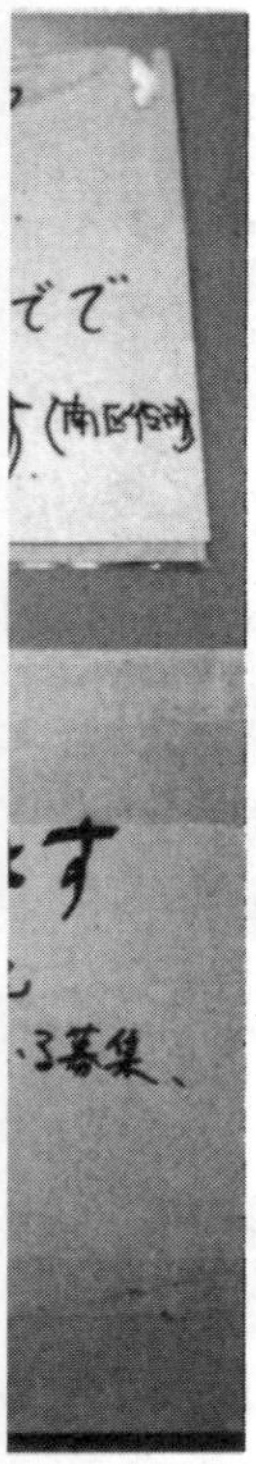

ポスター

「ボランティア情報を案内しています」「自衛隊の風呂は5月10日までです」。手書きされた文字が、地震直後の混乱を物語っている。

今年3月時点で6千点以上が集まった。ほとんどが紙媒体だが、県のPRキャラクター「くまモン」が描かれたチョコレートの箱なども数十点あり多くの企業が復興を後押ししたことが分かる。

「くまもと森都心プラザ図書館」では、震度6強を観測した16年4月16日の「本震」で本が棚から落下。スプリンクラーが故障し、床は水浸しになった。約半月後に一部再開し、直後に資料収集を始めた。避難所や商店街を回り「復興」や「震災」といった文言があるもの全てを保存。現在も全職員約30人が業務の合間に作業する。

プラザ図書館によると、全国で初めて関連資料を収集したのは、1995年の阪神大震災で被災した神戸大付属図書館（神戸市）。11年の東日本大震災で被害が出た宮城県図書館（仙台市）も進めているが、チラシも含め集めているのは熊本のみという。

3月まで収集の中心を担った迫本繭子さんは「背後にあるストーリーも含めて保存する」との思いで臨んだ。譲り受けるときは入手経緯の聞き取りもしている。

地震では迫本さん宅の壁にもひびが入った。最近まで資料を見ると「気持ちが被災当時に戻される」感覚を抱いたが「再び災害は来る。集めた記録がきっと役立つ」と向き合い続けたという。

将来、一般書籍と共に並べようと準備中だ。迫本さんは「被災者と資料を手に取る人をつなげることができればいい」と期待した。

日経22・4・15

# 「高畠家住宅」国登録文化財に

## 文化審3件答申

## 大正期の耐震技術伝える

国の文化審議会は、千代田区神田駿河台の高畠家住宅の母屋、正門、石垣の計3件を登録有形文化財（建造物）とするよう文部科学相に答申した。官報での告示後、正式決定する見通し。

文化庁によると、高畠家住宅は1926年（大正15年）、伊勢丹の創業者一族の隠居屋敷として建てられた。伝統的な入り母屋造りの2階建てで、風格のある和風住宅。都市化が進むビル街に大正期の景観をとどめている。コンクリートの基礎や変形を防ぐための床組など耐震に配慮した造りで、23年の関東大震災の復興建築として貴重な建物という。同庁の黒坂貴裕文化財調査官は「歴史的に貴重でも個人で守り続けるのは難しく、特に都市部では所有者の代替わりの際に更地にされる例が多い。重要性が広く知られる契機になれば」と話す。

ビル群の中で大正期の景観を残す高畠家住宅

同区は2003年、同住宅を区の景観まちづくり重要物件に指定した。区文化振興課の山田将之学芸員は「戦火や再開発による存続の危機を乗り越えた貴重な文化財。誕生と変化が激しい都市の中で、伝統も守っていきたい」とする。

同住宅に住む高畠順子さん(88)は「当時の贅《ぜい》を尽くし、技術の粋を集めた建物。職人の真剣さが伝わってくる。100年という古さは感じない」と笑顔で話す。義理の娘の真紀さん(53)は「これまでの歴史を刻んだ生きた教材のよう。周囲はすっかり変わってしまったが、後世のために大切に守っていきたい」と気を引き締めていた。

読売22・4・6

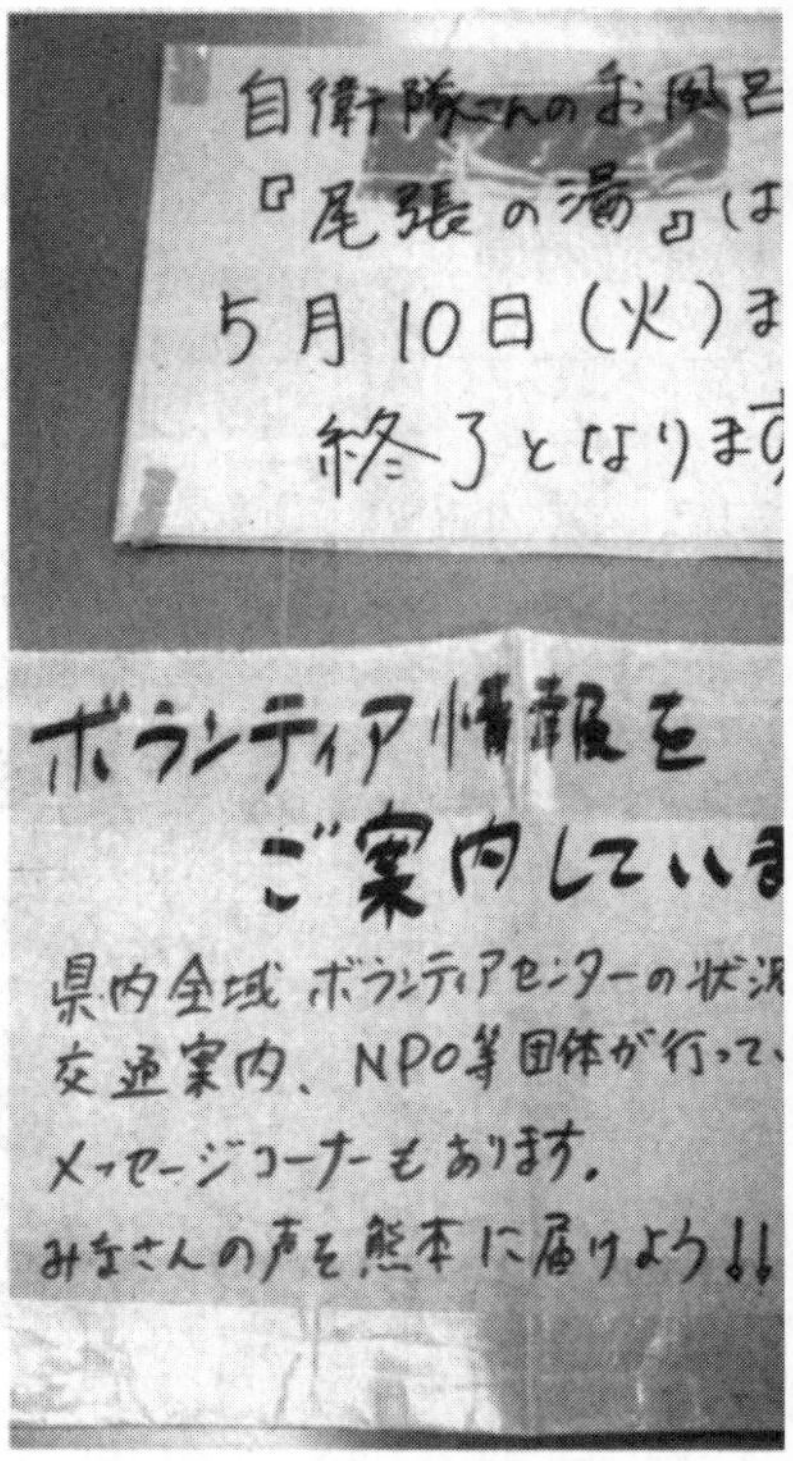

地震直後の混乱を物語る避難所の

## 電子雑誌閲覧 本格導入
### オーテピア 無料で国内外250種

高知市の「オーテピア高知図書館」と「オーテピア高知声と点字の図書館」は1日、国内外の電子雑誌を無料で読めるサービスの本格運用を始めた。250種超（国内約40種）を閲覧でき、音声読み上げや白黒反転の機能もある。「読書バリアフリー」の取り組みの一環。昨年度の試験運用で反響があり導入した。

サービスは米国・コノ社が提供する「コノライブラリーズ」。スマホやタブレットにアプリを取り込み、オーテピアの利用カード番号を打ち込めば、どこでも使える。視覚障害者や高齢者らが読みやすいよう、画面を再構成する機能もある。

オーテピアは昨年7月から試験的に国内図書館として初導入。3月末までの登録者は千人を超えていた。

ベトナムなど東南アジアの雑誌に加え、高知市の広報紙「あかるいまち」も閲覧可に。一部は翻訳可能で、外国人居住者にも役立ちそうだ。

声と点字の図書館の坂本康久館長は「スマホをお持ちで読書に困難のある方は、ぜひ活用してほしい」と話している。（森田千尋）

高知22・4・2

## 本県芸術家「見える化」
### ウェブサイトで情報集約

県内の文化活動を活性化させるため、県は本県ゆかりのアーティストの情報をまとめたウェブサイト「とちぎアーティストバンク」を5月に立ち上げる。6月11日の「県民の日」イベントの中でバンク登録者3組による記念コンサートを企画しており、出演を希望するプロの音楽家を今月15日まで募集している。

県県民文化課によると、アーティストの「見える化」や相互交流などが目的。新型コロナウイルス禍で減っている活躍の場をつくる狙いもあるという。事業費は200万円で、サイト運営は公益財団法人とちぎ未来づくり財団に委託する。

### 来月「バンク」立ち上げ
### 県、8分野の登録者募集

バンクに登録できるのは本県出身者、本県に在住・通勤通学の経験がある人、活動拠点のある人など。対象とするジャンルは、県文化振興基本計画で定める8分野（芸術、メディア芸術、伝統芸能、芸能、生活文化、国民娯楽、文化財、地域の伝統的文化）を基本とする。

バンクではアーティストの公式サイトや会員制交流サイト（SNS）などを掲載し、ジャンル別に検索できるようにもする。登録者は随時募集している。

同課は「県民は地元ゆかりのアーティストの活躍を期待していると思うので、積極的に応募してほしい」と登録を呼び掛けている。

記念コンサートは6月11日、午前10時50分～午後0時20分に県議会棟で開く。応募者の中から①クラシック音楽②邦楽（雅楽など）③ポップス・演歌－の3ジャンルで各1組を選考する。演奏時間は入退室込みで各25分間。出演料は1組10万円。県総合文化センターのホームページから申込書をダウンロードできる。

問同財団028・643・1010。

（田崎智亮《たさきともあき》）

下野（栃木）22・4・7

## 福井の文化発信 芸術催しに助成
### 県、新幹線見据え 最長5年、計1500万円

2024年春の北陸新幹線県内開業に向け、県は地域文化の魅力発信につながる新規のアートイベントを支援する。芸術祭といった大規模イベントを想定。計画期間は最長5年とし、計1500万円を上限に事業経費（実施団体の人件費、飲食費などは含まない）の3分の2を助成する。

県内を活動拠点とする団体が対象。要件は▽歴史や伝統芸能など地域の文化資源を活用し観光、ものづくりと芸術分野が協働する▽新たな関係人口創出の拠点となる▽発展的で実現可能な活動計画－など。新幹線の開業年度を念頭に計画期間は3～5年とし、年500万円を上限に助成する。

地域の魅力向上を目的とした二つの助成金も新設。芸術文化事業には年100万円、スタートアップ支援として試行的に実施する事業に年30万円を上限に助成する。助成率は2分の1。いずれも来年2月末までに開催することが条件。

県文化課のホームページからダウンロードした応募用紙に必要事項を記入し、メールまたは郵送で課に提出する。4月8日まで。問い合わせは同課＝☎0776（20）0582。

（武居哲）

福井22・4・7

京都22・4・1

# 外国籍「不就学」1万人

## 19年比減少 支援で状況改善

### 文科省調査 滋賀は17人

義務教育段階に当たる年齢で国公私立の小中学校や外国人学校などに通っていない不就学の可能性がある外国籍の子どもは、2021年5月時点で全国に1万46人いることが、文部科学省の調査で分かった。調査対象とした子ども全体の7・5％で、19年の前回調査より9425人減少した。

外国籍の子どもを就学させる義務はないが、希望すれば公立小中学校が無償で受け入れている。文科省は、前回調査後に就学支援の促進を教育委員会に通知したことで改善したとみている。自治体側がさらなる実態把握や外国人家庭への働き掛けを進めるよう促す。

調査対象は全1741市区町村の住民基本台帳に登録されている外国籍の子どもで、小学生相当の9万3474人と、中学生相当の3万9836人の計13万3310人。

このうち、学校に通っていないと確認された「不就学」は649人、調査時に不在だったなどの理由で就学状況が確認できなかったのが8597人。住民基本台帳に登録されていたが学籍簿に名前がないなどの理由で調査せずに実態がつかめないのが800人だった。前回と比べ、実態がつかめない人数が大きく減り、学校の在籍者数が増えて約12万人になった。

不就学の可能性がある人数の都道府県別は、東京が3870人で最多。神奈川1746人、大阪1161人、愛知865人と続いた。京都は21人、滋賀は17人だった。

義務教育段階の外国籍の子どもが1人以上いる市区町村は前回より増えて1214自治体。うち85・3％は全ての外国籍の子どもについて学籍簿を作成し、85

の可能性のある
の児童生徒が
い都道府県

| | |
|---|---|
| 京 | 3870人 |
| 奈川 | 1746人 |
| 阪 | 1161人 |
| 知 | 865人 |
| 葉 | 640人 |

21年5月時点、
科学省調査による

西日本22・4・1

# 公立夜間中学 全国に続々

## 未就学者ゼロへ教諭ら活動

学齢期を過ぎた人たちの学び直しの場になる公立夜間中学が4月、福岡市に誕生し、全国でも設置が相次いでいる。不登校や家庭の事情で義務教育を受けられなかった若年層や来日外国人の増加と、現場の教諭らによる長年の運動が背景にある。

2010年の国勢調査で

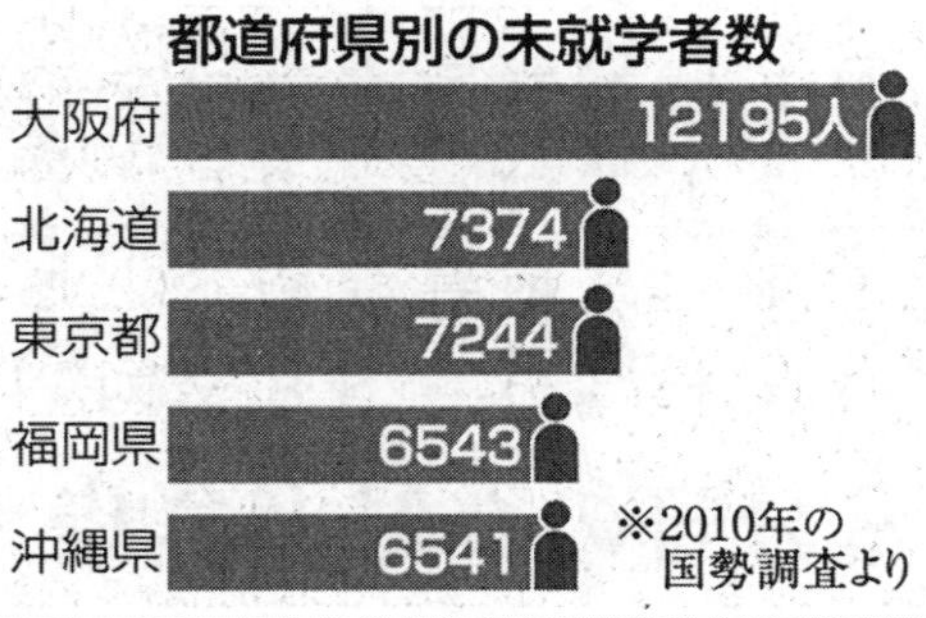


87人。九州7県で福岡が全国4位の6543人と最も多く、鹿児島、熊本と続く。中学校中退者まで含めた「義務教育未修了者」は

るなど全体では減少傾向。だが、ボランティアで運営する自主夜間中に関わる福岡大の添田祥史准教授は「15～24歳の若年層ではむしろ増えている」と指摘する。15～19歳に限れば、10年前に比べ2倍近いという。

公立夜間中は戦後、生活困窮家庭の子どもが昼間働いた後に学ぶ場として生まれた。1954年に全国で89校となった後は減少した。福岡市にも設置されたが60年代に廃止された。

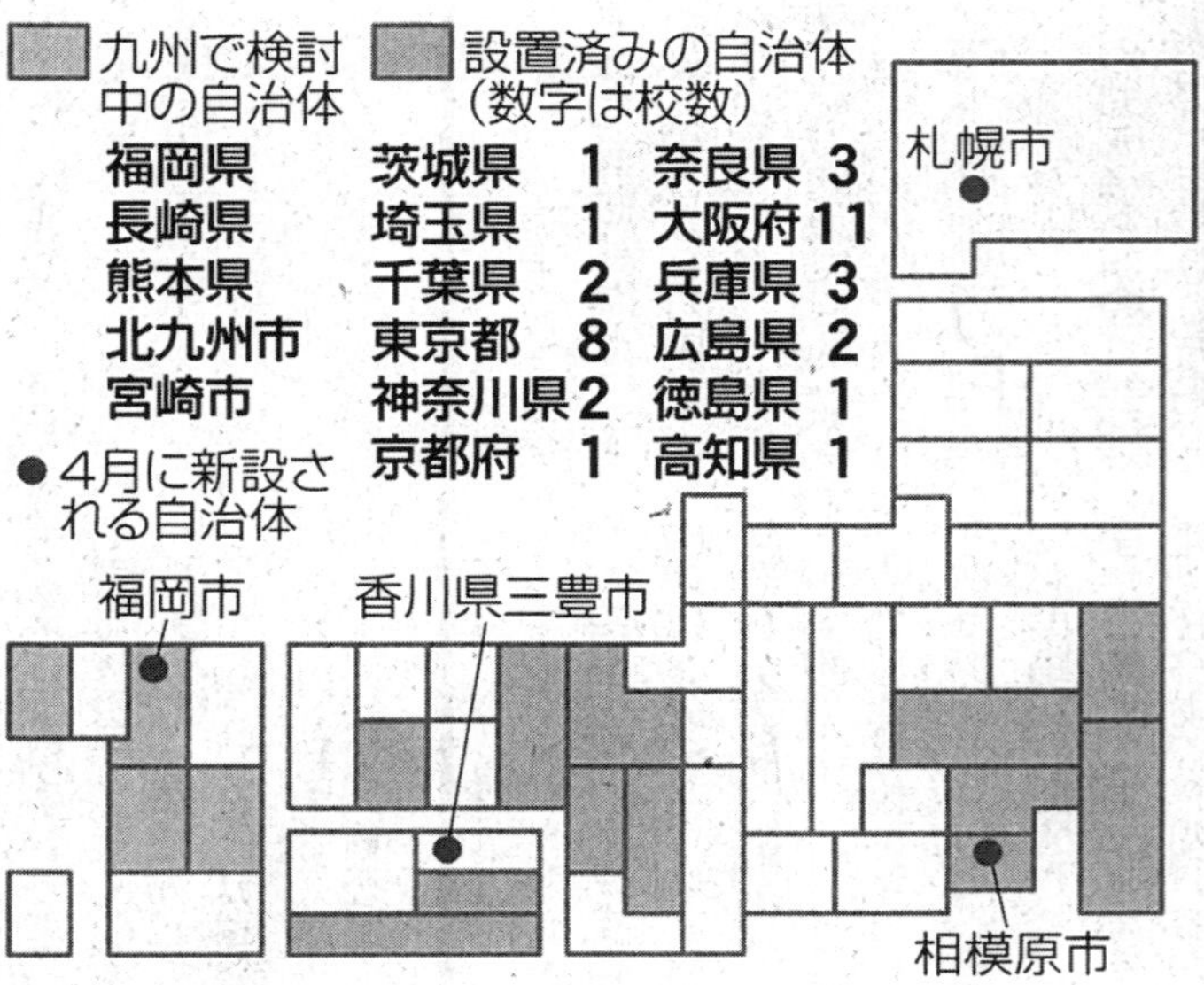


夜間中学の設置状況と九州の設置予定・検討自治体

学籍多 就国 不外

| | |
|---|---|
| 1 | 東 |
| 2 | 神 |
| 3 | 大 |
| 4 | 愛 |
| 5 | 千 |

※20 文部

・9％は小学1年になる前に就学案内を送付していた。

は、「在学経験なし」と「小学校の中途退学」という未就学者は全国で約12万81

さらに多くなる。

戦後、家庭の事情で学べなかった高齢者が亡くな

# 家庭訪問 竹田市で廃止

## 県内初「教員の負担軽減」

## 環境把握の機会減も

竹田市教委は本年度から、市内全ての小中学校17校で家庭訪問を廃止する。家庭を知り、保護者と接する機会が減ることへの懸念もある中、準備や移動に多大な時間を取る慣例を見直して「教員の負担軽減につなげる」として踏み切った。県内市町村で全小中学校での家庭訪問廃止を決めたのは初めて。

市教委によると、家庭訪問の実施に法的根拠はなく、始まった時期は判然としない。目的は▽児童生徒の通学路の確認▽家庭事情の把握▽保護者との信頼関係構築―など。

同市では毎年4月下旬を中心に年1回実施。教員は各家庭の希望日時調査から、訪問日時の調整、ルート設定、一覧表作成まで準備に1週間以上を要していた。

竹田中の渡辺文也校長(59)は「家庭訪問で子どもを取り巻く環境を知り、対応したケースもあった。意義はあると思うが、教員の負担はそれ以上に大きかった」と話す。

コロナ禍に見舞われた2020年度以降は、中止や玄関先であいさつを交わすのみになっていた。今年1月に市教委が廃止の方針を打ち出し、各校や校長会などで検討を重ねて決定。3月下旬、保護者に文書で伝えた。

小学3年と中学1年の息子がいる母親(39)は「先生を出迎える準備もなくなり、負担が減る。形式的な行事より、普段から継続して関係性を築くことの方が大事では」と歓迎する。

各校では春休み期間に担任が児童生徒の自宅や通学路を確認した。今後は保護者に学校に出向いてもらい、面談をする予定。時期や方法は各校で判断する。

志賀哲哉教育長(62)は「家庭訪問は時間外勤務の要因にもなっていた。働き方を見直して教育の質の向上につなげ、教員が子どもたちと向き合う時間を増やしたい」と話している。

一方で、教育現場に詳しい別府溝部学園短期大の山岸治男教授(75)は「普段の生活環境を知ることができ、家庭と学校で協力して子どもを育てる上で貴重な機会になる」と家庭訪問の効果を指摘している。

（原田宏一）

竹田市教委は本年度から、全17小中学校の家庭訪問を廃止する。市教委が入る市庁舎＝７日午後、同市会々

大分22・4・8

高度経済成長期を迎え、経済や家庭生活が安定したことが減少の要因だが、大きく作用したのは行政管理庁（当時）が66年に文部省(同)に出した「夜間中学校早期廃止勧告」だ。「義務教育の建前からも認めることは適当でない」と早期廃止を求めていた。

実際には、義務教育でも未就学者をゼロにはできず、夜間中の増設を求める教諭らの運動は続いた。2016年、ついに議員立法で「教育機会確保法」が成立。昨年1月、当時の菅義偉首相も国会で答弁し、「今後5年間で全都道府県と政令市での設置を目指す」と後押しした。

関東、関西を中心に12都府県計36校の公立夜間中に、今月、福岡市や札幌市などの4校が加わった。九州では福岡、熊本、長崎県や北九州、宮崎市も設置を検討する。添田教授は「設置が進んで社会での認知度が上がれば、これまで義務教育を受けられなかった人に光を当てられる」と期待する。

（塩入雄一郎）

# 「日本語不自由な子」最多

## 5万8300人 外国籍や海外暮らし

### 昨年度、文科省調査

外国籍や、日本国籍でも海外での暮らしが長いなどの理由で十分に日本語を使えず、特別な指導が必要な児童生徒が2021年度、過去最多の5万8353人に上ったことが、文部科学省の調査で分かった。18年度の前回調査から、7227人増加した。

調査は全国の公立小中学校や高校、特別支援学校が対象で、21年5月時点の数字をまとめた。

日本語の指導が必要な児童生徒のうち4万7627人は外国籍で、母語はポルトガル語が25・1%と最も多く、中国語20・9%、フィリピン語15・7%と続いた。日本国籍は1万726人だった。

このうち、外国籍と日本国籍の計2704人が、小中学校の特別支援学級に在籍していた。日本語が不自由な児童生徒が特別支援学級に通う割合は5・1%で、国内全体の割合（3・6%）をやや上回っていた。

通常の授業とは別に、初歩的な日本語の指導を受けたり、母語を話せる支援員らのサポートを受けたりするなどの配慮を受けている外国籍の児童生徒は、前回調査から11・4ポイント増え、90・9%に上った。

また今回、日本語が不自由な中学生の進路状況も初めて調べたところ、89・9%が高校に進学し、2・4%が就職していた。高校生の大学や専門学校への進学率は51・9%で、前回の調査（42・2%）より9・7ポイント上回った。中退率は5・5%で、前回（9・6%）から改善した。

文科省では17年度から、日本語が不自由な児童生徒を専門に指導する教員らを増やしている。こうした教員を26年度までに、児童生徒18人に1人の割合で都道府県に配置する計画だ。さらに今年度は、自治体が日本語指導を補助する外部の人材を配置できる予算も確保している。担当者は「今後も、自治体に必要な支援を行っていきたい」と話した。

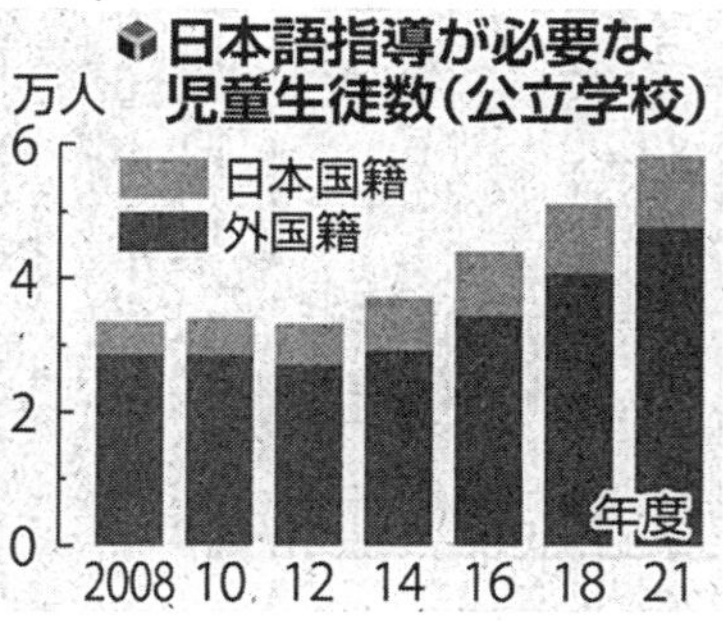


読売22・4・8

# 特別支援教育 全教員に

## 新規採用者 2年以上の経験課す

### 文科省通知

読売22・4・1

13万人（19年度）と10年前から2・5倍に増えた。

特別支援学級では、知的障害や自閉症・情緒障害が96%を占め、通常学級でも障害のある子供を指導する場面が多くなっている。そ

# 学生の保護者に10万円

## 川北町 地元出身者の支援拡充

北國（石川）22・4・13

川北町は12日までに、新型コロナ感染拡大に伴い、就学や生活に影響を受けている町内出身学生の保護者を支援するため、学生1人当たり10万円を給付する新たな制度を設けた。申請があれば速やかに給付を実施し、安心して学業に励める環境を整える。

給付対象となるのは、4月1日現在で大学、短大、高専、専修学校、大学院に通う19歳以上25歳以下の学生を持つ町内在住の保護者。学生の通学先は県内外を問わない。コロナ下でアルバイトができなくなるなど全国で生活に困窮する学生が続出する中、保護者らの声を受けて、地元出身学生への経済的支援の拡充を決めた。

6月30日までに、在学証明書などの必要書類を貼付した申請書を町役場に持参または郵送する必要がある。問い合わせは町総務課まで。

# 不登校の学びの場に

## 大和市、特例校分教室開設

「学校らしくない」をコンセプトに整備した不登校特例校分教室の学習スペース＝大和市柳橋

大和市は4日、中学生を一校では初めての開設。生徒

文部科学省は今年度から、障害のある子供への教育を充実させるため、新しく採用された全教員に2年以上、特別支援教育の経験を求める。同省が3月31日、全国の教育委員会に2024年度までに開始するよう通知した。

通知では、新任教員に、採用後約10年以内に特別支援学級や特別支援学校の教員を2年以上、経験させるよう教委に努力義務を課した。

特別支援学級や通常の学級に在籍する障害のある子供は急増している。教員に特別支援教育の知識や経験があれば、障害のある子供が学級内にいても、障害の特性を踏まえた適切な指導や対応が期待できる。

現在、小中学校の8割以上に特別支援学級があり、在籍者は21年度、約33万人で10年前の2・1倍に増えている。通常の学級に在籍しながら、一部の授業で特別な指導を受ける子供も約の一方で、特別支援学級担当教員の特別支援学校教諭免許状の保有率は3割にとどまり、非正規の臨時教員の割合も高い。

小中学校で障害のある子供を指導する場合、特別支援学校教諭免許状は必須ではないが推奨されている。

# 県教委、教職員向けハンドブック作成

## 不登校 理解し支援

## 効果上げた実践例も

山形22・4・2

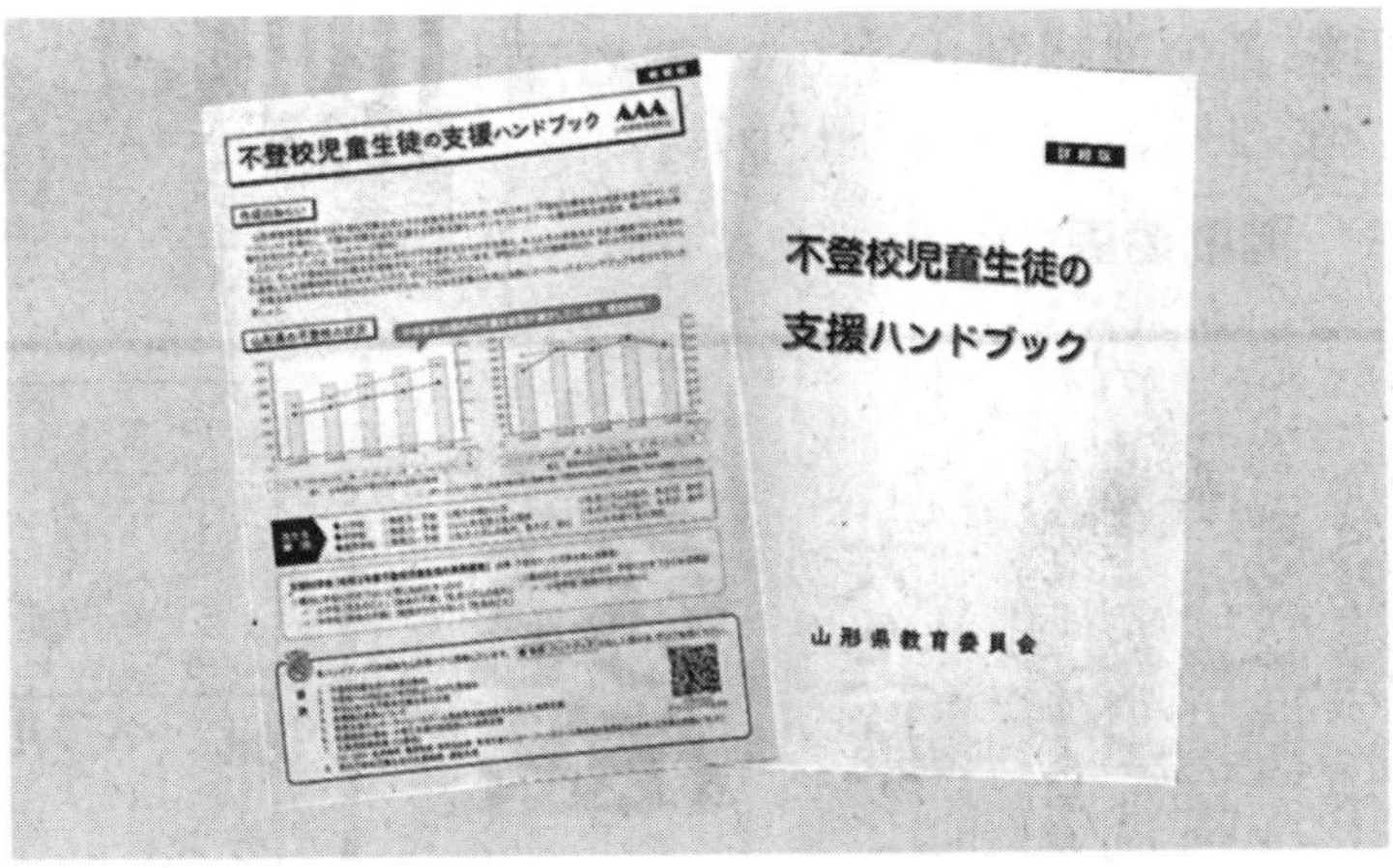


県教委が作成した支援ハンドブックの概要版（左）と詳細版（右）

県教育委員会は教職員らに向けた「不登校児童生徒の支援ハンドブック」を作成した。教職員や学校が取るべき対応や、子どものニーズに応じてフリースクールと連携する方法などを掲載。より具体的に理解できるように、支援によって効果を上げた実践例も盛り込んだ。

◇　◇

本県の不登校は近年増加傾向にある。2020年度は小学校344人（19年度比66人増）、中学校882人（同7人増）、高校373人（同72人減）だった。ハンドブックは専門家らでつくる「不登校児童生徒の自立支援ネットワーク構築検討会議」が内容を検討してきた。

不登校を防ぐ未然防止から初期対応、学校がチームとして関わるべき方針などを詳細に紹介している。教育支援センター（適応指導教室）や医療、福祉分野との連携にも多くのページが割かれている。

実践例として、スクールカウンセラーやスクールソーシャルワーカーと連携したケースや、医療機関も加わって発達に障害がある児童をサポートした事例などが取り上げられている。民間団体であるフリースクールの学習支援を通し、生徒が自信を取り戻した事例も紹介されている。

「コラム」として、識者や専門家からのアドバイス、フリースクールやフリースペース、支援団体の取り組みなども伝えている。

106㌻の詳細版と8㌻の概要版を作成した。詳細版は県内の学校に1、2冊、概要版は県内の全教職員にそれぞれ配布している。どちらも県のホームページからダウンロードできる。県教委は校内の支援体制づくりの参考資料や、校内研修会のテキストなどへの活用を呼び掛けている。

（玉虫秀明）

神奈川22・4・5

対象にした「不登校特例校分教室」を市立柳橋小学校（同市柳橋）敷地内の一角に開設した。不登校の生徒児童が増え続ける中で、従来の学校復帰を目標にしない新たな学びの場を目指す。

不登校特例校は、文部科学省の認可を得て県内公立は男女13人で内訳は1年1人、2年4人、3年8人で、隣接する引地台中学校の在籍になる。専任教諭を4人配置し6日にスタートする。

同分教室は3階建ての教育研究所・理科センターを改修して学習スペースや相談室、休憩室を設けた。「学校らしくない」をコンセプトにカーペット敷きにするなど居場所的な雰囲気を工夫したという。

市教育委員会によると、1月に開催した親子を対象にした説明会に39組60人が参加。定員30人に対して面談などを進めて13人の入学・転校が決まった。

生徒一人一人の状況に合わせた学習計画を立てて運営する。時間割は作成するが、登校は必須ではなく、デジタル端末を活用したリモート学習も併用していくという。

同日開かれた開室式で柿本隆夫教育長は「学び方の選択肢を増やす試みになる。子どもたちが自分らしく輝いて社会的自立を目指してほしいとの願いを込めて愛称を『WING（翼）』とした」とあいさつした。

（山口　譲一）

記者イチ押し 注目事業

●教育一般

一関

# 高校生世代の家賃補助

## 市、月額5千円上限

一関市は本年度、市内の下宿やアパートで暮らす高校生世代への家賃補助を始める。佐藤善仁市長が昨秋の就任から掲げる若年層支援の一策。親元を離れ、勉学やスポーツに頑張る生徒を経済面から支える。

対象は市内の下宿、アパートなどの賃貸住宅や学生寮に住み、市内の高校や特別支援学校、専修学校、一関高専に通う生徒の保護者。共益費や食費、光熱水道費、敷金、礼金などの経費を除いた家賃の月額1万円超過分に対し、同5千円を上限に入学から18歳になる年度まで交付する。

市は2022年度一般会計当初予算に、少なくとも150人分に相当する事業費900万円を盛り込んだ。

これまでも保護者と学校から、下宿生への支援を求める声があった。希望者は28日までに申請書や証明書を市教委教育総務課に提出する。申請書類は市のホームページからダウンロードできる。

問い合わせは同課（0191・21・8823）へ。

岩手22・4・14

河北（宮城）22・4・7

# 多様な学び支える

## 東北初の不登校特例校

東北初となる不登校特例校の開設を記念し実施した式典

## 富谷中・西成田教室スタート

東北初の不登校特例校として文部科学省の指定を受けた富谷市富谷中（生徒241人）の西成田教室が2022年度新設され、同教室を併設する市西成田コミュニティセンターで6日、記念の式典があった。

関係者約60人が出席した式典で、若生裕俊市長が「多様な学びを求めて集う子どもたちを、温かく迎えてほしい」とあいさつ。及川芳彦教育長は「生徒が自分に合った歩幅で歩みを進められるよう、多くの関係者と連携したい」と述べた。

西成田教室は富谷中の分教室で、生徒は3年生7人、2年生5人、1年生3人。市が21年度、小学校校舎を前身とする木造平屋の市西成田コミュニティセンターを一部改修し、三つの教室と職員室、相談室などを整備した。

授業は年1015時間。一般的な中学校と比べ、国語など一部教科の時間を減らし、総合的な学習の時間を1年時で約2倍となる年105時間とした。

市内のNPO法人などと連携し、周辺の自然を生かした体験活動を実施。情報通信技術（ICT）機器を活用した学習も手掛ける。

教室の高校の元校長ら5人の教職員とスクールカウ

白鷹町

## 荒砥高生支援策を拡充

# 修学旅行費を全額負担

ンセラーらを配置し、複数で各学級をサポートする。市のデマンド型交通で運行するワゴン車を生徒の送迎用に使う。

不登校特例校は文科省の指定を基に、通常の基準によらない教育課程や一定の範囲内で授業時間を独自に設定できる。富谷中は21年7月に指定を受けた。宮城県内では、仙台市の学校法人と白石市が23年4月に特例校の小中学校を新設する準備を進めている。

定員割れが続いている荒砥高。白鷹町は新たに五つの支援策を上乗せし、入学者の確保を図る　＝同町

白鷹町は本年度、町内にある荒砥高の入学者確保に向けた支援を拡充する。修学旅行経費の助成など、新たに5項目を上乗せし「これ以上は難しい」（担当者）ほどの手厚い内容となった。

新入生を対象とするのは、修学旅行と自動車運転免許取得の費用補助。2年時の修学旅行は1人10万円を全額、3年時の免許取得の際には、町内事業所への就職内定または卒業後に町内に居住（最低1年以上）の生徒は3分の1、いずれにも該当すれば2分の1を町が負担する。保護者の経済的負担を軽減するとともに、卒業生の町内就職や定住を後押しする。

在校生を含めた支援策では、弁当を町内業者から安く購入できるデリバリー型学食事業を展開する。週2回の事前注文制で、生徒は1個当たり300円を支払い、差額分を町が負担する。加えて、オンライン教育サービスの年間利用料全額を全校生徒分計上。1人1台の電子端末を有効活用し、学習環境の充実を図る。

さらに、町が小中学生向けに運行しているスクールバスを、町内の生徒も利用できるようにする。自宅との距離が3㌔以上が対象。乗り慣れたバスを利用してもらい、保護者の送迎負担減につなげる。

本年度の入学者は16人（定員40人）。募集停止の危機回避に向け、2020年度に始まった魅力アップに向けた3年間の取り組みは、まさに正念場を迎えている。入学者増を期待しつつ、生徒たちには各種支援を生かして充実した高校生活を送ってほしい。

（上妻大晃）

山形22・4・8

# 先生の困り事解決へ冊子

## 高知市教委　子の行動と背景解説

小中学校教員らの困り事や、その解決策などをまとめた冊子「ほんの少し変えるだけでうまくいく」を高知市教育委員会が作った。子どもの困った行動の背景を解説し、保護者も子育てに活用できる内容となっている。同市の全教員に配布した。

市教委は2014年度から、高知大学と高知工科大学の学級経営や特別支援教育の専門家ら8人を「あったか学級づくりアドバイザー」として、各校の依頼に応じて派遣。8人は8年間で延べ181学級を訪れ、教員と児童の関係づくりの方法などを提言してきた。

冊子（A5判、144ページ）は、「指示が通らない」「私語が多い」「マイナス発言が多い」など、現場で出た55の困り事を紹介。子どもの心理や教師が取りがちな誤った対応例を示し、解決に至るための「秘策」を収めている。

例えば、「何に対しても反抗する子」への〝あるある対応〟として、「なめられないため厳しくする」などを例示。反抗するのは「教師から注意された経験が多く、言う通りにすると自我を失う感覚がある」「自我を取り戻そうとあらがっている」からだと分析し、解決には「悪いところに目を向けるのではなく、良い面を伝え存在承認につなげる」「一人の人間として『私は〇〇してほしい』と伝える」などの案を提示した。

冊子をまとめた市教育研究所の吉本恭子副所長は「子どもへの接し方を顧みるきっかけや、指導の引き出しの一つとして活用を」としている。冊子は同市ホームページで無料ダウンロードできる。

（新田祐也）

高知22・4・14

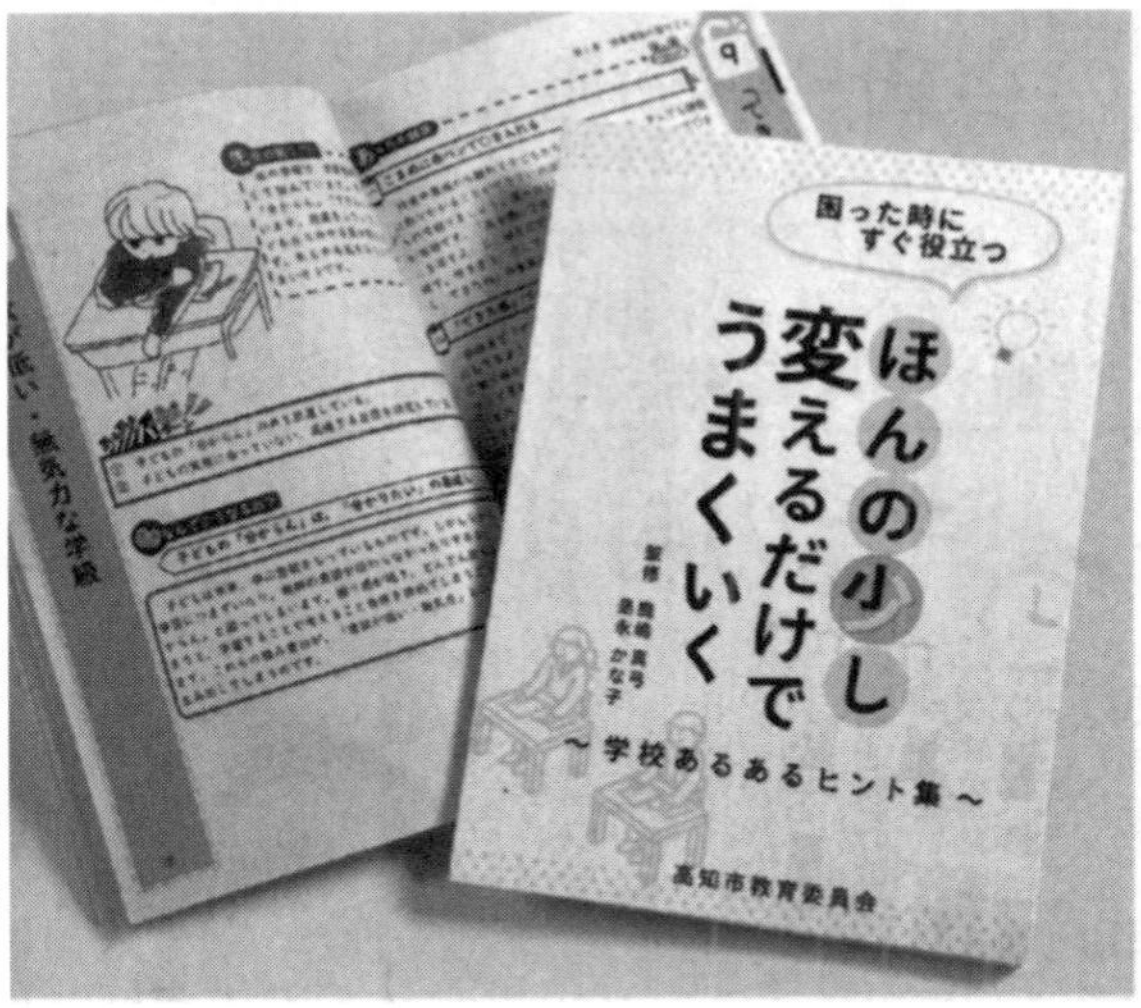


高知市教委が制作した教師の困り事対処の手引

宇都宮市教委21年度調査

# 動画視聴 読書の3倍

## 小中学生、平日1時間半

【宇都宮】市内の小中学生が平日に動画を見る時間は平均1時間30分で、平均読書時間29分の3倍に当たることが、市教委がこのほどまとめた2021年度の「学習内容定着度調査」と「学習と生活についてのアンケート」で分かった。スマートフォンなどの利用時間が長いほど、同調査で実施したテストの正答率が低下する相関関係があることも確認された。（宗像《むなかた》信如《のぶゆき》）

### スマホ利用、テスト影響も

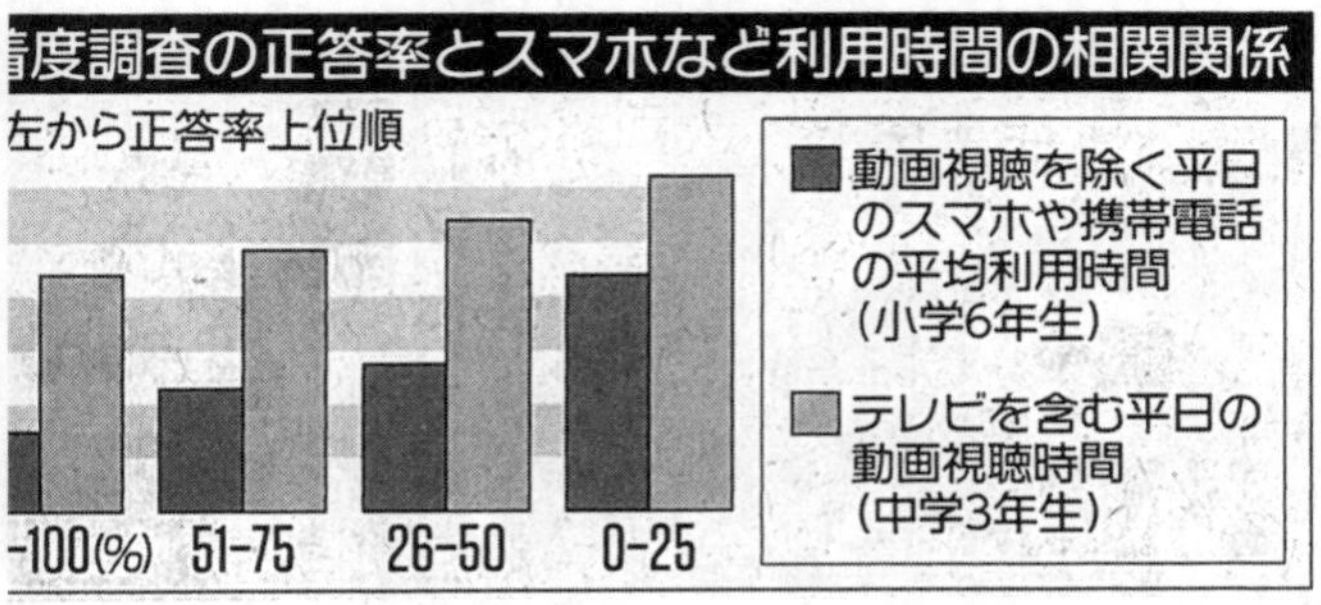


同調査は昨年12月、市内の小学6年生と中学3年生を対象に実施。アンケートは同時期に市内の全小中学生に対して実施した。

動画の視聴手段はテレビやスマートフォン、タブレット、パソコンなどを含む。学年が上がるほど視聴時間が長くなり、平日平均で最も長時間だったのは中学2年生の1時間55分。休日の平均時間は2時間34分だった。

教科書や漫画を除く読書時間は、逆に学年が上がるごとに短くなる傾向にあ

にも及んだ。

市教委はこれらのアンケート結果に学習内容定着度調査の正答率を重ね、正答率の高い順に25%刻みで4層に分けて分析した。小学6年生で最も正答率の高い層は、平日に会員制交流サイト（SNS）などでスマートフォンを利用する平均時間が30分だった。最も低い層は1時間22分。中学3年生が平日に動画を視聴する平均時間は、正答率が最も高い層が1時間28分だったのに対し、最も低い層は2時間4分だった。

一方、パソコンなどICT（情報通信技術）機器の学習への活用は、習熟度が

---

# 県、読書補助具を共同開発

# 視点集中で読みやすく

教科書や本の文字列に沿えて文章の内容を読み取りやすくする読書補助具「リーディングトラッカー」を、佐賀県が民間業者と共同開発した。商品名は「楽よみ！しおり」。県内の図書館や学校などに配布し、障害の有無にかかわらず誰もが読書を楽しめる「読書のバリアフリー」につなげる。

### 特別支援学級の意見取り入れ

リーディングトラッカーは、読みたい行に補助具を合わせ置き、隣の行を隠すことで視点を集中でき、読みやすくなる。既存品は司書の手作りも多く、市販品は読む文字の大きさが制限されるなどの課題があった。県は2021年度、教材製作会社オフィスサニー（東京都）に製作を委託し、神野小（佐賀市）の特別支援学級に通う児童たちの意見を取り入れながら開発を進めてきた。

「楽よみ！しおり」は長さ18㌢、幅4㌢、厚さ0・5㍉で、子どもの筆箱に入る大きさに収めた。従来品は2本入っていたラインを1本にして、いろんな大きさの文字に対応できるようにした。優しい色合いのオレンジ、黄緑、空色の3色がある。ペットボトルの再生素材を用い、表面に細かな凹凸を加えてずれにくくなっている。

県内の図書館、学校、特別支援学校など383カ所に計2800枚を配る予定で、視覚障害のほか、文字の読み書きが苦手と感じる学習障害の一種、ディスレクシア（読字障害）の人たちへの貸し出しを想定する。同社のウェブサイトから1枚500円（税別）で注文できる。

県まなび課の担当者は「今まで読書を諦めていた人に使ってもらい、本を読むことを楽しんでもらえたら」と話す。（大橋諒）

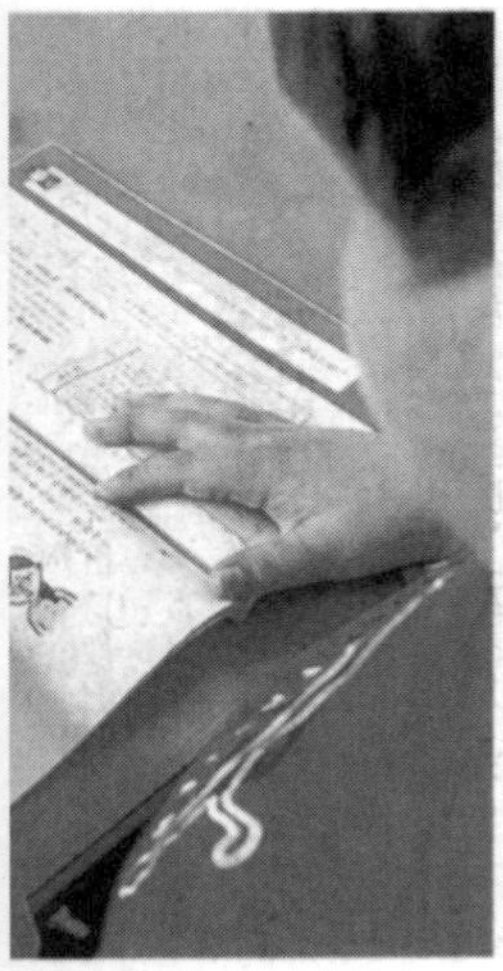

読みやすくするリ
ッカー「楽よみ！
県提供）

る。平日の平均時間は小学1年生が38分、中学3年生は23分だった。読書時間は休日でもさほど差はない。結果的に休日の読書と動画視聴時間の差は、4倍近く高まる傾向にある。市教委ではICT機器の活用について「より良き情報の使い手となるための教育を体系的、継続的に行いたい」としている。

下野（栃木）22・4・13

# 性暴力対策の授業 9割評価

## 福岡で初試行 本年度、全公立校に導入

熊本22・4・7

福岡県は3月23日、性暴力根絶のため「性暴力対策アドバイザー」を小中高校に派遣する全国初の取り組みに関し、2020～21年度の試行で授業を受けた児童・生徒の9割超が「良かった」「まあ良かった」と評価したとするアンケート結果を公表した。回答者は計約3万9千人。22年度から予定通り公立の全小中高で開始する。

小学生向けの授業では、人には相手に踏み込んでほしくない「境界線」があるとの考え方を教え、中高生には性暴力の実態についても話す。アンケートでは「分かりやすかった」との回答が多い一方、「抽象的」「男性被害の事例も紹介してほしい」との意見も出た。

自由記述欄などで被害経験を打ち明けるケースもあり、23日の県専門委員会では、学校で性暴力が起きた際の初期対応を明確にするため、情報共有体制や相談先をまとめたマニュアルを整備すべきだとの声も上がった。

19年制定の「性暴力根絶条例」に基づく制度で、県の養成講座を受けたアドバイザーが授業を行う。県によると、都道府県内の学校に性暴力対策の専門講師を一斉派遣する取り組みは全国で初めて。

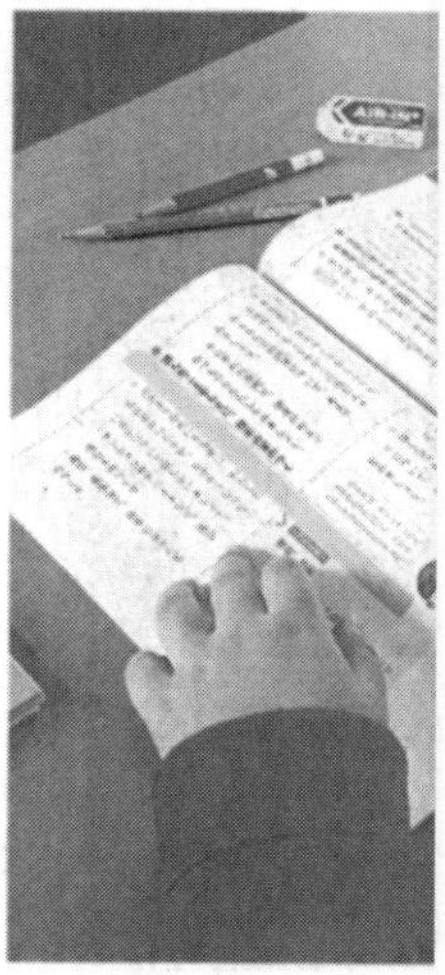

文字列に添えて
ーディングトラ
しおり」（佐賀

佐賀県が民間業者と共同開発した読書補助具「楽よみ！しおり」

佐賀22・4・6

下野（栃木）22・4・5

## 弁護士、日商簿記、TOEIC…114種類

# 資格試験料、全額を助成

## 佐野市 学生らの就業機会増へ

【佐野】金子《かねこ》裕《ゆたか》市長は4日の定例記者会見で、中高生、大学生などを対象に、弁護士や司法書士などの資格試験受験料を全額助成する制度を本年度スタートさせたと発表した。就業機会の拡大が目的で、社会に出た後に学び直しのため学生になった市民にも年齢に関係なく補助金を交付する。金子市長は「全額助成の制度は全国でも例がないのではないか。資格取得できる環境を継続して作っていきたい」としている。

（柴田《しばた》正人《まさと》）

この制度は、昨年4月の市長選で金子市長が掲げた公約の一つ。就業機会の拡大を図る一つの方策とし て、さまざまな分野で活躍するための資格取得を後押しする。

対象となる資格試験は、医師や不動産鑑定士、気象予報士など108の国家資格のほか、県資格の准看護師と調理師、民間検定試験の日商簿記、TOEIC（トイック）など計114種類。

受験料は5万円代から数千円とさまざまだ。

今年1～3月にはすでに美容、理容師など40近くの試験が実施されており、これらの受験者もさかのぼって助成の対象に含まれる。

市は初年度の受験者を計約350人と見込んでおり、本年度の一般会計当初予算に事業費として265万円を盛り込んだ。

補助金は不合格の場合も交付されるが、申請は最初に交付された年度から5年間で3回に限られる。

# 住宅耐震化補助 部分改修に拡充

## 宇都宮市

### シェルター、防災ベッドも

【宇都宮】住宅の倒壊による人的被害を防ぐため、市は今月から住宅の耐震化のための補助制度を拡充した。耐震不足の木造住宅に対し、室内を部分的に補強する部分改修に最大50万円、防災ベッドや耐震シェルターの設置に最大25万円を新たに補助する。高齢化や単身世帯化に伴い、建て替えや全面的な改修が難しいケースに対応する狙い。

市はこれまで、建て替えや全面的な改修による耐震化に対し最大100万円を補助し、昨年度までに計686件の利用があった。しかし多額の費用がかかるため、特に高齢で単身世帯の場合、改修を諦めるケースもあるという。

こうした所有者でも比較的軽い負担で行える対策を促すため、補助制度を拡充。柱や壁を補強する工事や、室内に設置する箱形の耐震シェルターや防災ベッドに対し、費用の8割を補助する。県内初という。

対象は1981年5月以前に建てられた2階建て以下の一戸建て木造住宅。耐震診断を受ける必要がある。診断費用の一部は別途、補助する。市建築指導課は「耐震化率の向上には直結しないが、命を守る方策として活用してほしい」と呼び掛けている。(問)同課028・632・2573。

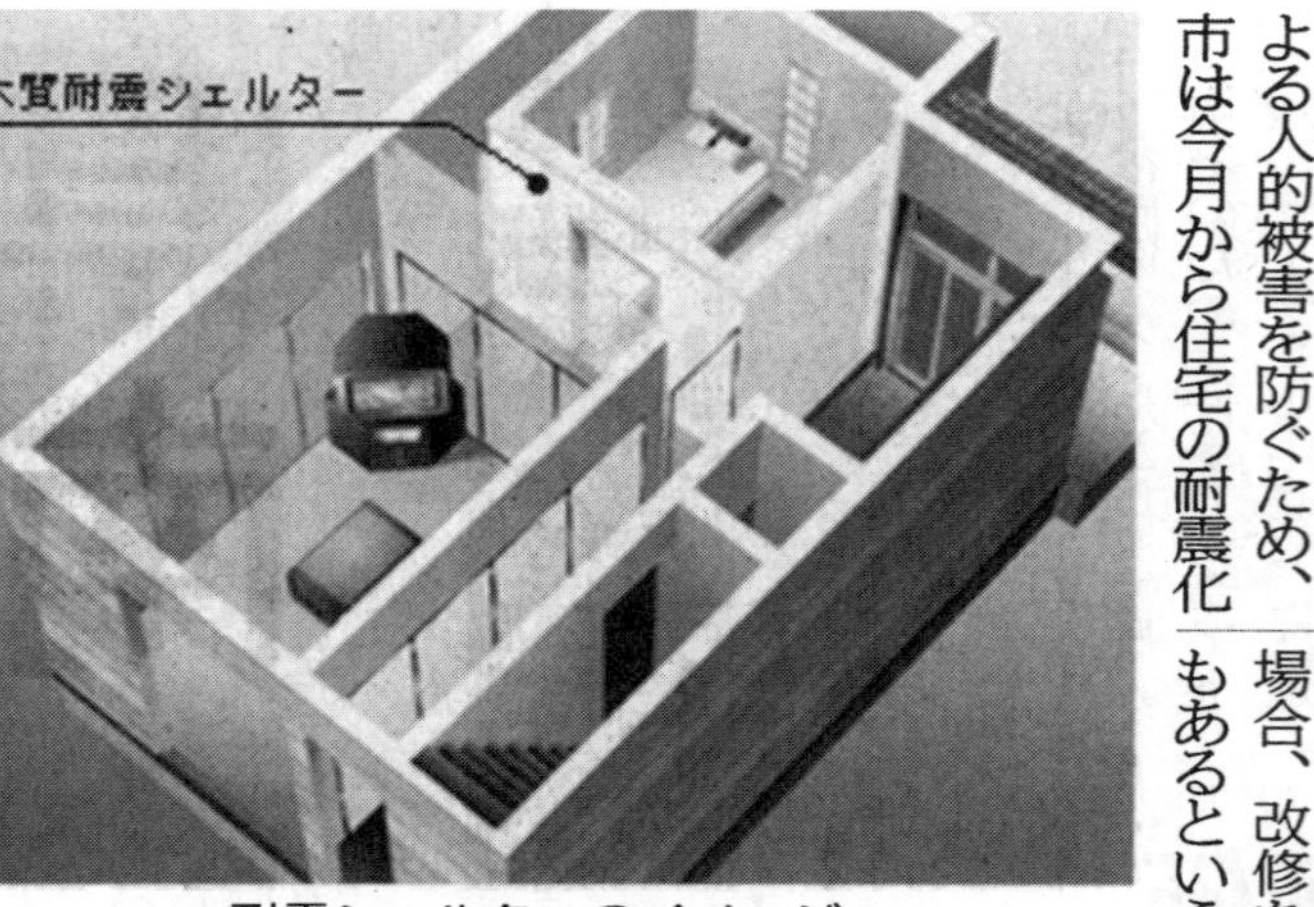

耐震シェルターのイメージ

防災ベッドの一例

下野（栃木）22・4・8

# 省エネ住宅に助成金

## 甲斐市 脱炭素化推進へ

甲斐市は本年度から、省エネ住宅を建築または購入する市民に対し、最大で80万円を助成する事業を始めた。事業を通じて市内での脱炭素化を推進する狙い。

市建設課によると、断熱材や太陽光発電などを組み合わせ、年間に住宅で消費するエネルギーの収支をゼロにする「ZEH」（ゼロ・エネルギー・ハウス）と集合住宅の「ZEH－M」、消費するエネルギーよりも発電量が多い「LCCM」（ライフ・サイクル・カーボン・マイナス）住宅の3種類が対象。ZEHは20万円、ZEH－Mは60万円、LCCM住宅は80万円を上限に助成する。

申請にはZEHやLCCM住宅であることを示す認定書の写しや対象住宅の外観写真などが必要。申請書は市のホームページでダウンロードできる。申請後、市による審査で認可された住宅の所有者に書類が送られ、必要事項を記入すると助成金を受け取れる。

6日現在、8件の申請があったという。担当者は「事業を通じて、市内の省エネ住宅普及の後押しをしたい」と話している。

問い合わせは市建設課、電話055（278）1668。

山梨22・4・14

# 賃貸住宅移住に補助金

## 神戸市

### 空き室活用、子育て世帯支援

人口減少に歯止めをかけ、空室のある団地を有効活用しようと、神戸市は6月、市内の賃貸住宅に移住してきた若年夫婦や子育て世帯に補助金を支給する事業を始める。市の担当者は「まずは賃貸で神戸の暮らしを具体的にイメージしてもらい、将来の定住につながれば」と期待を込める。（名倉あかり）

市は若い世帯の転入、定住促進のため、2016年度に住み替え費用の補助を開始。22年度は、中学生以下の子どもがいるか、合計年齢が80歳以下の夫婦に対し、リノベーション工事を施した中古住宅の取得や、旧耐震基準の住宅を購入して建て替える場合など、市内で住む家の要件ごとに最大45万～95万円を支給する。

これまでの一戸建てやマンションの購入を対象にした補助に加え、新たに取り組むのが賃貸住宅への住み替え支援。市外から兵庫、北、長田、須磨、垂水、西の6区の賃貸に転入する世帯には最大25万円、市内外から4階建て以上のエレベーターのない共同住宅に入居する世帯には最大35万円を補助する。

いずれも、未就学児がいるか、夫婦の年齢の合計が80歳以下の世帯に限定。夫婦2人なら30平方㍍以上と

神戸（兵庫）22・4・15

# 国造の史跡でトレイルラン

## 能美市 今月2コース整備

能美市は4月中旬、国造地区にある市史跡の遣《やり》水《みず》観《かん》音《のん》山《やま》と虚《こ》空《く》蔵《ぞう》山《やま》の散策路にトレイルランの2コースを新設する。一帯は市街地からのアクセスが良く、年間通じて多くの愛好者でにぎわっており、豊かな自然を堪能できる8・7キロと7キロの周回コースを整える。隣接する二つの史跡を巡りながら安全に散策を楽しめるルートとしてもファンの裾野拡大を図る。

新たに整備されるトレイルランコース＝能美市仏大寺町

トレイルランは舗装されていない林道や山道など自然の中を走る競技。新設するのは、仏大寺町にある遣水観音山（標高402メートル）の麓から頂上につながる8・7キロと、和気町の虚空蔵山（同137メートル）の7キロの2コース。いずれも既存散策路につながる林道の雑木の伐採や草刈りをして新たなルートを整備する。

### 8.7キロと7キロ 自然や歴史発信、散策路にも活用

遣水観音山は白山信仰の霊場として知られ、山城跡が残る虚空蔵山との一帯が里山公園となっている。現在は遣水観音山に7・2キロ、虚空蔵山に5・5キロの散策路が設けられている。

市によると、いずれも加賀産業道路の近くにあり、気軽にトレイルランや散策が楽しめるコースとして人気を集め、週末には100人以上が訪れる。新型コロナ下で屋外レジャーの関心が高まる中、地元の豊かな自然や歴史を生かして活性化を図ろうと、コースの新設を決めた。

既存散策路では3年前から愛好者グループによるトレイルラン大会が行われており、散策に利用する家族連れらの安全のため、愛好者の意見も取り入れ、幅員を2メートルから3メートルに広げる。

今後は二つの新設コースを組み合わせた約20キロの周回ルートを設けることも検討し、里山空間の魅力を高める取り組みを推進する。市産業交流部の谷田直樹部長は「トレーニングやハイキングに適したコースを多くの人に利用してもらい、地域活性化につなげたい」と話した。

北國（石川）22・4・7

---

いう「最低居住面積水準」と、耐震基準を満たした住宅が対象となる。所得要件は設けない。

ニュータウンの「オールドニュータウン化」が問題になる中、6区を中心に残る団地を活用し、若い世代を呼び込むのが狙い。エレベーターがなくても、耐震性に優れた建物が数多くあるという。

補助制度の受け付け開始は6月を予定。市は22年度当初予算に関連費約5億5千万円を盛り込んでいる。

子育て世帯などに向けた移住支援の対象となる団地の一例＝神戸市須磨区（UR都市機構提供）

## り土課」熱海土石流受け新設

土造
どを
し1
、熱

海市で発生した大規模土石流は、起点での不適切な盛り土が被害を拡大させたとみられており、専任で対応する部署の設置で再発防止を図る。

職員は13人。県内をパトロールし、監視に当たる班を課内につくった。法令違反が疑われる盛り土があれば、業者に聞き取りを行うなどする。

発足式で望月満課長は「二度と同じ災害を起こさないために課が設置された。県民の生命、財産を守り、安心に暮らせるよう全力で取り組もう」と職員らに呼び掛けた。

同県では3月に新条例が成立。盛り土を届け出制から許可制に変更し、悪質な業者に対する罰則も強化する。

東京22・4・1

## 水道・ガス使用量 スマホで確認

### 大津市、サービス開始

京都（滋賀）22・4・6

大津市はスマートフォンやパソコンから水道・下水道・ガスの料金と使用量をチェックできるサービス「未《み》るみる」を4月から開始した。過去の使用状況もさかのぼって確認できる。

県内初の取り組みで、県外では堺市も同様のサービスを導入している。登録し、毎月の検針後に通知メールが届くと、専用ページで料金と使用量を確認できる。双方とも過去2年にさかのぼって表示が可能。過去1年のデータを前年同月分と比べるグラフや、漏水時などに市からのお知らせを見ることもできる。

登録者に検針票は発行せず、ペーパーレス化につなげる。市は「電子マネーで決済できる機能を追加するなど、サービスをさらに広げたい」としている。

市のホームページからつながる専用ページで登録できる。大津市料金収納課077（528）2014。

（葦原裕）

上下水道・ガスの料金がオンラインで照会できる大津市の新サービス「未るみる」の画面

# 若い世代の定住化 住宅整備し促進へ

## 賃貸、民間事業者と連携

### 小坂町

### 来年3月の入居目指す

秋田22・4・15

小坂町は、若い世代の定住を目的とした賃貸住宅を民間事業者と連携して整備する。小坂鉱山字栗平に2棟（計8戸）を12月末までに整備し、来年3月の入居開始を目指す。町は建設と維持管理を担う事業者を公募型プロポーザル（企画提案）方式で募集している。

定住化促進住宅「ディユ・コサカ」の名称で、町役場の南約600㍍の町有地に建設する。1棟に1LDKと2LDKを2戸ずつ設け、2棟とも熱源はオール電化。

完成後30年間、事業者は町にリースする。1戸当たりの月額リース料は1LDK7万円以内、2LDK8万円以内。リース期間終了後は町へ無償譲渡する。

住宅完成後に内覧会を開催し、入居者を募る。家賃の基準は1LDK5万円、2LDK6万円。世帯主の年齢や同居する子どもの人数などにより控除がある。

プロポーザルに応募する事業者は、今月27日まで申込書を町総務課企画財政班に提出後、住宅のデザインやコスト低減などの趣旨を分かりやすくまとめた企画提案書を5月11日まで提出する。提案には、町に住む魅力を感じられる生活環境の提供や、周辺環境と調和した整備を打ち出すことが求められている。

町は5月16日に審査委員会を開き、応募者のプレゼンテーションを行い、企画提案書の内容を踏まえて事業を担う候補者を決める。

町内には非鉄大手のDOWAグループ、養豚のポークランドグループなど多くの従業員を抱える事業所があり、町外からの通勤者が多い。町総務課の担当者は「民間の多様な提案を受け、より良い住環境を整備することで町外から通っている人の移住定住を促したい」と話している。

問い合わせは町総務課企画財政班☎0186・29・3907

（髙橋秀明）

秋田22・4・7

# 下水道事業支援へ新会社

## 市町村の人手不足、収入減に対応

## 県、24年度業務開始へ

人手不足や収入減が課題となっている県内市町村の下水道事業を支援しようと、県は、市町村単独では対応が難しい業務を請け負う株式会社を設立する方針を決めた。県と市町村、民間企業が出資する形を想定。2022年度から設立準備に着手し、24年度に本格的に業務を開始する考えだ。

県下水道マネジメント推進課によると、群馬県の一部市町や北九州市などがそれぞれ民間企業と連携し、下水道事業のサポート組織を運営しているが、都道府県全域を対象とした組織は全国でも例がない。

県内では、下水道の老朽化に伴い改築や更新が必要な施設が増加している。一方で、人口減を背景に使用料収入は減少。担当職員も減り、事業継続が困難になってきている市町村もあるという。

担当職員は05年度、全県で計326人いたが、19年度は計192人。約15年間で40%以上減少した。

県は事業の効率化に向け、20年度から有識者による検討委員会を開催。委員の意見を踏まえ、新たに株式会社を立ち上げる方針を決めた。

計画によると、新会社では、市町村からの委託に基づき、単独では難しい経営戦略や点検・調査計画の策定を担う。工事の設計書作成や業務全般に関する相談にも対応。下水道の使用料改定や維持管理は従来通り、各市町村が担当するという。

22年度は市町村との協議を進め、新会社設立に向けて協定を締結する予定。その後、新会社に参画する民間企業を募り、23年度中に会社を立ち上げる。本格的な業務開始は24年春の見込み。一部の市町村や民間企業からは人材を派遣してもらうことも想定している。

県下水道マネジメント推進課の担当者は「人口減が深刻な本県だからこそ、全国に先んじた対応が必要。全25市町村に参加してもらえるよう、丁寧に説明していきたい」と話す。

（菊地隆秀）

下水道事業に関する新たな株式会社のイメージ

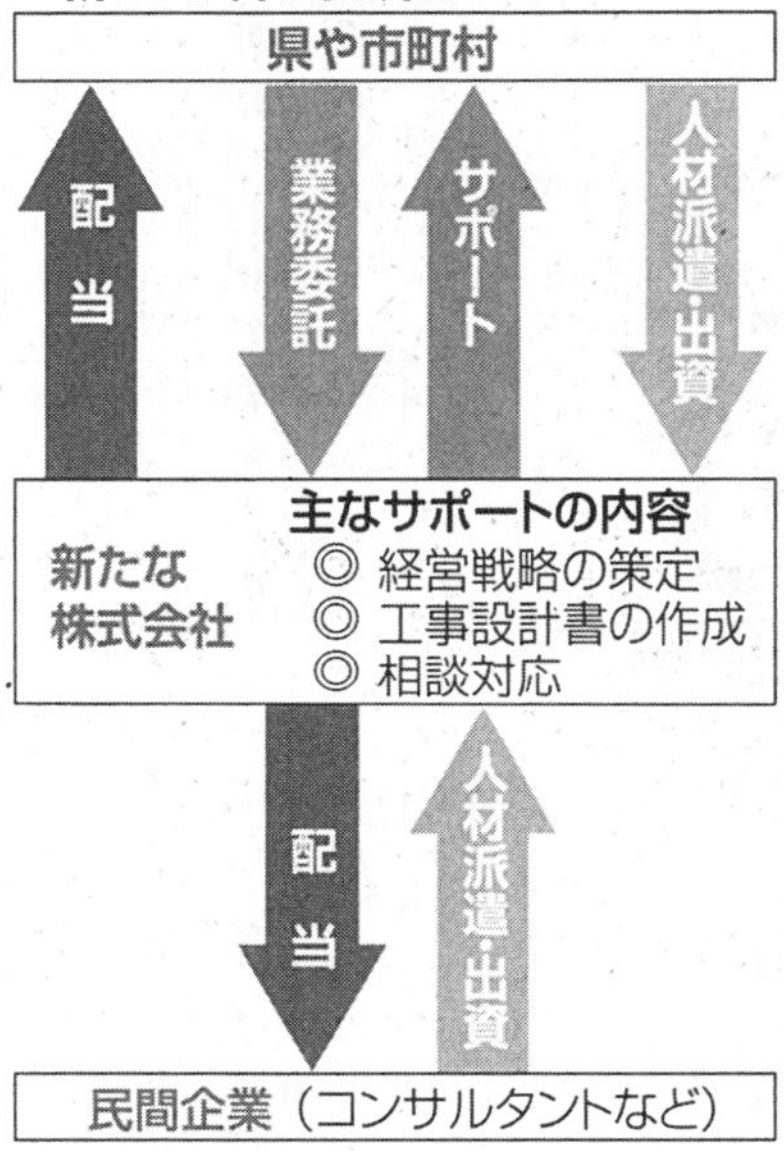


# 静岡県に「盛

静岡県は、不適切な盛り
成の監視や業者への指導な
担う「盛土対策課」を新設
日、発足式を開いた。昨年

# 宮城、20年で337億円削減へ

## 水道 初の一括民営化

### 上下水と工業用

宮城県は1日、水道事業運営の民間委託を開始した。委託期間は20年間で総事業費337億円の削減を見込む。人口減による水需要の減少や老朽化施設の更新などによる水道料金の上昇を抑えられるという。水道事業運営を一括で民間に委ねるのは全国で初めてだ。

民間委託の対象は、上水道2事業、下水道4事業、工業用水道3事業の計9事業。水処理大手「メタウォーター」（東京）など10社で構成する特別目的会社「みずむすびマネジメントみやぎ」に売却した。県が所有権を持ったまま、運営権を売却する「コンセッション方式」を導入、民間のノウハウを活用することで経費削減や運営効率化を図る。

水道施設は高度経済成長期に整備されたものが多く、耐用年数を超えた管路の更新も必要となる。水道料金の値上げが避けられない状況で、県は7年前から民間委託を検討し、コンセッション方式を可能にする水道法改正を国に働きかけてきた。

特別目的会社が管理するのは浄水場などの施設で、水質検査や水道管の維持管理、各家庭への配水は従来通り自治体が担う。3月16日深夜に発生し、最大震度6強を観測した地震では、県内の水道管などに被害が出た。村井嘉浩知事は3月28日の定例記者会見で、「今後の災害でも県がコントロールし、民間事業者任せにはしない」と述べ、従来通り自治体が復旧を担う姿勢を示した。

村井知事は「事業効果は300億円以上。県民に少しでも安価な水道を供給するための施策で、日本のモデルになる」と意義を強調した。特別目的会社の酒井雅史社長は「消毒に必要な薬品や電力などを一括購入することでコストが削減できる」と説明している。

読売22・4・1

# 水道管 進まぬ耐震化

## 全国 昨年まだ4割

岩手、宮城、福島県で計約7万戸が断水した先月の福島県沖地震で、主な水道管約100か所が損壊し、2か所以外は耐震化されていなかったことが読売新聞のまとめで分かった。全国で耐震性が確保されている水道管は約4割にとどまっており、専門家は減災のため、普及の必要性を訴える。

■5日間断水

「洗い物ができず、トイレの水にも困った。何より給水所に通うのが大変だった」。先月16日深夜、最大震度6強を観測した福島県南相馬市の農業、原成孝さん(77)は、断水した5日間を振り返った。

20㍑）を5個持って市施設に出向き、長い時は2時間、給水待ちの列に並んだ。雨水をためてトイレに使ったり、風呂の水を替えずに入ったりもした。

福島県の被害は同市、相馬市、新地町に約6割が集中し、2万3092戸で最

福島県沖地震の翌日、給水を受けるため列を作る住民ら（3月17日、福島県南相馬市で）

相馬地方広域水道企業団によると、浄水施設から配水池につながる送水管と、各家庭への配水管約40か所が損壊していた。

厚生労働省は振動に強く、管と管のつなぎ目に特殊な部品を付けて外れないようにした製品を敷設する自治体に促している。福島県の水道管の耐震化率は56・3%で、今回損壊したのは、未交換の管だった。

この地域は、昨年2月にも最大震度6強の揺れに見舞われ、約630戸が断水した。同企業団の鈴木智之・施設課長(50)は「壊れた水道管の修復で精いっぱいで、耐震化まで手が回らない」と肩を落とす。

■人口減

読売新聞が、断水が起きた3県27市町村の自治体や水道企業団に取材したところ、今月5日時点で、岩手県1か所、宮城県51か所、福島県約50か所で、水道管の損壊が確認された。1682戸が断水した宮城県角田市

## 福島沖地震 損壊100か所中 2か所のみ

主な水道管の耐震化率

（2021年3月、厚生労働省調べ）

| | | |
|---|---|---|
| 1 | 神奈川県 | 72.8% |
| 2 | 東京都 | 65.3% |
| 3 | 千葉県 | 59.8% |
| 4 | 愛知県 | 59.3% |
| 5 | 福島県 | 56.3% |
| 6 | 大阪府 | 48.4% |
| 7 | 岩手県 | 48.1% |
| 8 | 埼玉県 | 48.0% |
| 9 | 兵庫県 | 47.5% |
| 10 | 宮城県 | 46.4% |
| 11 | 山口県 | 46.1% |
| 12 | 青森県 | 45.7% |
| 13 | 北海道 | 45.3% |
| 14 | 茨城県 | 44.8% |
| 15 | 奈良県 | 44.6% |
| 16 | 福井県 | 43.5% |
| 17 | 山形県 | 43.0% |
| 18 | 静岡県 | 42.5% |
| 19 | 群馬県 | 41.9% |
| 20 | 富山県 | 40.8% |
| 21 | 福岡県 | 40.1% |
| 22 | 岐阜県 | 39.7% |
| 23 | 京都府 | 39.6% |
| 24 | 長野県 | 38.4% |
| 25 | 大分県 | 37.4% |
| 25 | 栃木県 | 37.4% |
| 27 | 香川県 | 36.8% |
| 28 | 広島県 | 36.4% |
| 29 | 新潟県 | 36.3% |
| 30 | 石川県 | 36.2% |
| 31 | 山梨県 | 36.1% |
| 32 | 三重県 | 32.5% |
| 33 | 愛媛県 | 31.7% |
| 34 | 滋賀県 | 31.5% |
| 35 | 和歌山県 | 31.0% |
| 36 | 熊本県 | 30.6% |
| 37 | 長崎県 | 30.4% |
| 38 | 沖縄県 | 30.0% |
| 39 | 宮崎県 | 29.0% |
| 40 | 鹿児島県 | 28.8% |
| 41 | 島根県 | 28.5% |
| 42 | 佐賀県 | 27.7% |
| 42 | 徳島県 | 27.7% |
| 44 | 鳥取県 | 25.9% |
| 45 | 岡山県 | 25.7% |
| 46 | 秋田県 | 24.7% |
| 47 | 高知県 | 23.8% |

耐震性のある水道管。伸縮性と強度に優れた素材で、◀つなぎ目に特殊な部品を付けて外れにくくしている＝日本ダクタイル鉄管協会提供

は増える可能性がある。

震度6弱の宮城県山元町は、病院を含む約700戸で断水。2011年の東日本大震災でも全域が断水したが、今回も被害が出た。

10年末、人口1万6735人だった山元町では、震災で637人が死亡し、移住する人も多かったことから、先月末は約3割減の1万1909人になった。町の担当者は「水道利用者が減り、収入が以前のように得られない。一気に耐震化

る」としている。

■財政難

1995年の阪神大震災の被災地で約130万戸が断水した教訓を踏まえ、東京都は98年度から耐震化を進めている。主な水道管の耐震化率は、神奈川県（72・8%）に次ぐ65・3%だ。

それでも想定では、首都直下地震が起きれば、35%前後が断水する。都は、重要度が高い避難所や駅、医療機関への供給ルートを優先して耐震化を進めている。

東日本大震災では、19都道県計約256万戸の水が止まった。全国平均で31%だった耐震化率の向上を求める声が上がったが、厚生労働省によると、昨年3月時点で40・7%にとどまる。

水道事業の多くは、自治体が独立採算で行う。南海トラフ巨大地震で大きな被害が想定される高知県の耐震化率は全国最低の23・8%。県の担当者は「財源が乏しい市町村に耐震化費用の捻出は難しい」と話す。

◇

福島県沖地震で現地調査を行った宮島昌克・元金沢大教授（防災工学）の話「耐震化された水道管の効果は

車で毎日、ポリタンク(約
長1週間、水が止まった。
など、耐震化を進めるよう
が調査中のため、損壊箇所
はできない」と嘆く。
宮城県が管理する大崎市と大和町の耐震化された水道管では、部品の一部がずれて水が漏れた。川をまたぐ水管橋で、県は「なぜ断水したのか、原因を精査す
明白で、国は財政難の自治体への補助金を増やすべきだ。水道料金の値上げで工事費を確保する場合、住民に災害への備えだと、丁寧に説明する必要がある」

読売22・4・3

# バス乗降 町内どこでも

## 予約型 おいらせ町が運行

おいらせ町は1日から、予約型の公共交通「デマンド型乗合バス（愛称・おいらバス）」を運行する。乗降場所は自由。利用率の低い既存の町民バス網の縮小を補い、タクシー感覚で細やかな要望に応える試み。県や県タクシー協会によると「自治体内全域が対象で、乗降場所が自由な公共交通」は県内で初めて。（山口秀一郎）

おいらせ町が1日から運行を開始するデマンド型乗合バス

町内では、十和田観光電鉄の路線バスと、3系統の町民バスが併存してきたが、「バス停が遠い」「ダイヤが不便」などの意見が多く寄せられ、町は2019年から抜本的な改革に着手。町民バスはコストが負担になっていた事情もあり、2系統に再編成して本数を減らす一方、デマンド型バスを導入し、利用の自由度を高めた。

町は8人乗り車両4台を用意。うち1台は車いすが乗れるリフトを備える。運行は毎日午前8時～午後6時。料金は1回500円で、乗り合いになれば300円。予約は利用日の1日前から可能で、電話やスマートフォン・パソコンから受け付ける。運転は三八五交通、百石、円徳のタクシー3社が請け負う。

町政策推進課は、自家用車を持たない高齢者の通院や買い物目的が主要層と想定するが、町外へは出られず、これまで大人一律200円だった町民バスに比べてやや割高となるため、今後、運用実績や反響を基に、「課題は改善していきたい」としている。

31日に町役場本庁舎前で行われた式典で、成田隆町長は「気軽に出掛ける機会が増えてほしい」と期待を寄せた。運行に関する問い合わせは町政策推進課（電話0178(56)4273）へ。

東奥（青森）22・4・1

大分22・4・15

# 貸し切りバスに助成金

**新型コロナ**

### 臼杵市、市内事業者支援へ

【臼杵】新型コロナウイルスの影響を受けた市内バス事業者を支援しようと、臼杵市は本年度、「貸切バス利用促進事業」を導入する。貸し切りバス料金の半額を市が助成する。

市によると、利用できるのは市民と市所在の団体・事業者。臼津交通が所有する貸し切りバス（24人乗り以上）の料金が半額（1日1台当たり・上限5万円）になる。

予約時に本事業の利用を伝え、利用後に助成額を差し引いた額を支払う。その後、バス事業者が市に請求する。ガイド料や高速道路利用料などの実費は対象外。期間は22日から9月30日運行分まで。予算（300万円）に達し次第、終了する。

コロナ禍での外出自粛の影響により、交通需要は大幅に減少している。市秘書総合政策課は「事業を通して市内バス事業者の経営が改善され、地域公共交通の維持につながれば」と話している。

問い合わせは同課（☎0972・63・1111）。

（衣笠由布妃）

# 飲料水 3日分備えを

地震などでの断水に対し、どう備えるべきか。

最優先は飲料水の確保で、成人1人につき1日約3㍑を3日分、用意するのが望ましい。生活用水の備蓄にはポリタンクが便利だ。場所を取らない折りたたみ式もある。給水を受ける際、運搬用の台車やカートが役立つ。簡易トイレも1週間分、用意しておくと心強い。

災害危機管理アドバイザー和田隆昌さん(56)は「災害が起きると、いかに水道に依存しているか、身をもって知る。風水害や停電でも断水は起きるので、身近な問題という認識を持って備えをしてほしい」と話す。

# 管理者不明の橋 調査

## 広島県、所管の1級河川上流など

## 危険なら撤去検討

広島県は、川に架かっていて管理者が分からない橋の実態調査を進めている。管理者を確定するとともに、いない橋では所在する市町や近隣住民に管理者となるよう働き掛ける。引き受け手がなく崩落などの危険性がある場合は順次、県の簡易代執行による撤去を検討する。（城戸良彰）

調査対象は、所管する1級河川の上流や支流、2級河川の計約2700キロにある橋。2月に着手し、3月中に地図や航空写真を使って対象区間にある全ての橋のリストアップを終えた。6月中旬までに県が持つ設置申請のデータなどで管理者の有無を調べる。

河川法は、橋の設置者を管理者と定める。設置時に自治体への申請を義務付けているが、設置から時間がたった小規模な橋を中心に管理者が分からない事案が相当数あるとみられる。

北広島町川戸の国道433号沿いの江の川上流に架かる長さ33メートル、幅3メートルほどのコンクリート橋は、管理者不明の橋の一つ。設置の経緯は分からず、表面のひび割れなど劣化が目立つ。

農業生産法人ハートランドひろしま（北広島町）は、近くの畑を耕すためにこの橋を利用。2018年の大雨で橋のたもとの斜面が崩れた際は48万円をかけて復旧した。町の補助金は20万円で、残る28万円を負担したという。世良伸一郎所長（51）は「橋がないと事業が立ちゆかないが、維持管理の全責任まではとても負えない」と話す。

調査に当たり、県議会には「県がある程度修繕して新たな管理者に渡すのを検討すべきだ。撤去する場合も市町や住民としっかり協議してほしい」との声がある。呉高専（呉市）の河村進一教授（橋梁《きょうりょう》工学）は「行政は橋の必要性を精査し、管理に補助金を出すなど落としどころを探る必要がある」と指摘している。

中国（広島）22・4・5

---

# 混雑具合や接近状況など バス情報ネット配信

## 数十秒ごとに案内更新

### 伊丹市交通局 試験運用開始

伊丹市交通局は、利用者が乗りたいバスの混雑度や接近情報をインターネット上で配信する「いたみバスナビ」の試験運用を始めた。バスに取り付けたセンサーで数十秒ごとに更新される仕組みで、5月から本格導入する。（久保田麻依子）

「いたみバスナビ」では、出発地と目的地のバス停や地図などを検索すると、車内の混雑状況とバス停への接近情報が案内される。車載されたGPS機能を活用して数十秒間隔で最新情報を更新。英語、中国語、韓国語にも対応している。

混雑情報では、市バスの全93台にカメラセンサーを取り付けており、1台約75人の定員に対し「空《す》いています」「やや混雑」「混雑」の3段階を人型の記号で表示する。

接近情報では、バス停の乗り場案内やバスが到着する時間、乗り換え方法などを地図や表で見ることができる。バス停の時刻表近くにQRコードを掲載し、スマートフォンで読み取るとそのバス停への接近具合が即座に分かる。

市交通局によると、新型コロナウイルスの外出自粛やテレワーク普及などの影響を受けて、バスの利用者数はコロナ禍前より2割以上減少しているという。

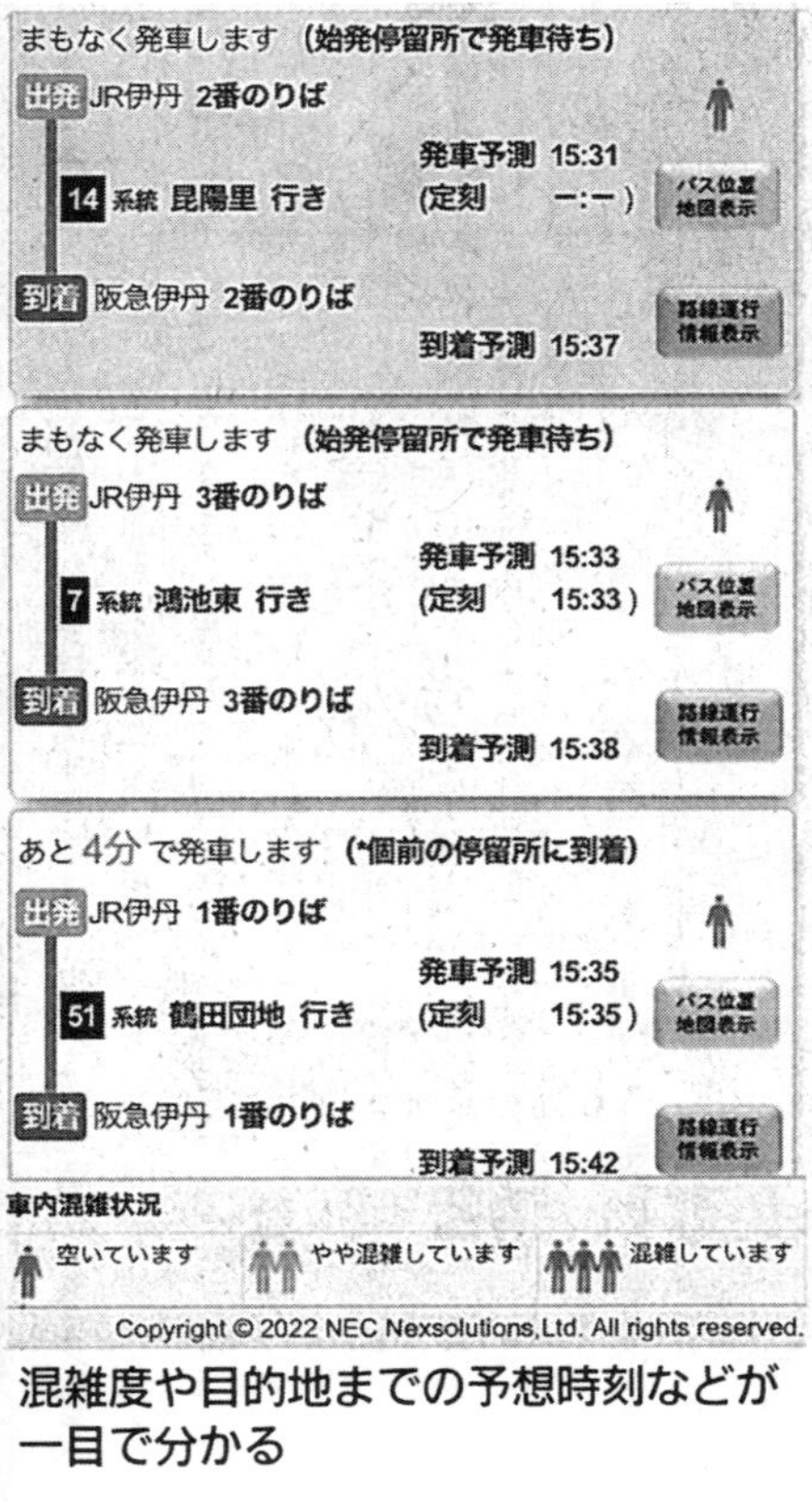

混雑度や目的地までの予想時刻などが一目で分かる

神戸（兵庫）22・4・5

# 町民互助 車乗り合い移動

## 世羅町が実験へ

中国（広島）22・4・1

広島県世羅町は今秋までに、住民同士による無料のボランティア輸送の実験に取り組む。車を持たない高齢者たちがスマートフォンのアプリで希望の日時や目的地を伝え、近隣住民と乗り合う仕組み。地区内の買い物などの利便性を高めるのが狙いで、県内の市町で初めての試みという。

山間部の黒川地区で試行し、無料通信アプリＬＩＮＥ（ライン）のグループ機能を活用する。希望者がスーパーやグラウンドゴルフ場といった目的地などを伝えると、近くを走る予定の登録ドライバーが迎えに行く。スマートフォンを持たない高齢者には町が貸与する。登録ドライバーの保険料など事業費として2022年度一般会計当初予算に130万円を計上した。

町西端にある黒川地区は高齢化率が50％を超え、現在も近隣住民が車に乗り合って移動しているケースがあるという。町内の広域を走るデマンド交通「せらまちタクシー」と異なり、地区内での移動を想定する。

町は23年度の本格運用を目指し、対象地域を広げていく方針。高齢者に分かりやすいアプリの開発も検討する。町企画課は「全国モデルになる制度をつくりたい」とする。

（矢野匡洋）

---

# 「ほこみち」で活気創出

## 道路へのカフェやテラス 条件緩和

岐阜市、大垣市、高山市

岐阜22・4・1

道路空間を活用し、まちのにぎわいづくりにつなげる「歩行者利便増進道路（通称・ほこみち）」に、県内では岐阜市神田町の国道157号（長良橋通り）など3カ所が初めて指定された。指定区域ではオープンカフェやテラスなどの設置条件が緩和され、日常的な占用が可能になる制度。歩いて楽しいまちづくりを進められるとして、地元商店街や住民は期待を寄せている。（稲葉亮）

「ほこみち」に指定された長良橋通り ＝岐阜市神田町

### 住民や商店、高まる期待

3カ所は、岐阜市神田町の長良橋通り（約540㍍）、大垣市高屋町～郭町の県道大垣停車場線（約520㍍）、高山市花岡町～総和町の県道高山停車場線（約220㍍）。地元商店街や住民の要望を受け、県が管理する道路を指定した。

国土交通省道路局や県道路維持課によると、近年、自動車交通量の減少や都市部のにぎわいづくりのため、道路空間の利活用が各地で進められてきた。新型コロナウイルス感染拡大以降、店内の飲食が敬遠されるようになり、2020年6月に飲食店などの道路の占用基準を緩和する「コロナ占用特例」が導入され、全国420カ所以上が指定されている。ほこみちは条件がより緩やかなため、コロナ占用特例から移行する道路が増えているという。

岐阜市神田町のピザ店「ダ・アチュ」はコロナ占用特例を利用して、店の前にテーブル席を設けている。オーナーの若原敦史さん（49）は「コロナが広がってからは屋外で食べる来店客は増えてきた。他の店もやってくれたら、きっと通りに活気が生まれる」と期待を膨らませている。

ただ、ほこみち制度の認知度には課題もある。岐阜市商店街振興組合連合会は長良橋通り沿いの商店街アーケードにPRの旗を設置するなど周知に努めている。理事長の北川均さん（74）は「指定された道路の近くでは大型マンションができている。新しい住民に商店街へ来てもらえるよう楽しい通りにしていきたい」と話した。

**歩行者利便増進道路** 2020年成立、同年11月に施行された改正道路法に基づく制度。通称ほこみち。昨年末時点で全国49カ所が指定を受ける。国や各自治体などの道路管理者が指定し、道路空間活用の許可基準を緩和する。テーブルやベンチ、看板などが設置しやすくなり、民間の創意工夫あふれる空間づくりができる。占用者は最長20年間使用が許可され、テラス付きの飲食店など初期投資の要る施設も参入しやすい。道路の維持管理に協力することを条件に、占用料が１割に減額される。

# 上場までの道のり紹介

## 起業家向けガイドブック

### 県と県産業創造機構

県と県産業創造機構は新規株式公開（IPO）を目指す起業家らに向けてガイドブック（24㌻）を公開した。創業を支援する機関「おおいたスタートアップセンター」（大分市）などのホームページにデータを掲載。社の成長を目指す上で一つの目標になるIPOを網羅的に説明している。

▽IPOはどのようなものか▽東証の市場区分の見直し▽上場までのスケジュール―など、知っておきたいポイントをまとめた。

ＩＰＯを目標とする起業家らに向けてガイドブックを作成。おおいたスタートアップセンターなどのホームページで公開している

県出身の先輩起業家へのインタビューも掲載。モバイルクリエイトなどの持ち株会社FIG（大分市）の村井雄司代表取締役、ITサービス業Kotozna（コトツナ、東京都）の後藤玄利代表取締役に、起業の経緯や事業の成長、上場までの道のりなどについて聞いている。

県の投資環境整備事業の一環。資金調達の各手法に関するパンフレットを2020年度に発行しており、第2弾はIPOに特化した。県産業創造機構の委託で大分ベンチャーキャピタル（大分市）が作成した。

県経営創造・金融課は「IPOは企業の理想を実現する手段の一つ。将来的に目指したい起業家にはぜひ読んでほしい。先行事例を目標に、挑戦する人が次々出てくるような流れをつくれれば」と話している。

問い合わせはスタートアップセンター（☎097・534・2755）。（宇都宮祥恵）

IPOガイドブックのデータを掲載しているホームページのQRコード

大分22・4・6

---

河北町

## 町内起業に最大500万円補助

# 地域振興へ「熱意を重視」

河北町は「国内最大級の企業支援」と銘打ち、町内で起業する事業所に対して最大500万円を給付する取り組みを行っている。町内の篤志家の寄付を受けて立ち上げた基金などを財源としており、町の活性化へ向けて一丸となって起業家たちを支援する。

町企業支援事業費補助金として、2017年度に始まった。町内に事業拠点を置き、来年2月末までに起業することが条件。今月中に募集を始め、審査会を経て7月上旬に交付対象を決める。起業後は町商工会などの経営支援を継続して受けてもらう。

補助金は事業所の内外装の工事費や広告宣伝費などで活用できる。これまで、この補助を受けて飲食、製造の分野で4人が起業し、このうち1人は町外から移住した。このほか、1法人が町の特産品を開発するなど、地域振興に向けて積極的に事業を展開している。

若者の転出が相次ぎ、人口減少が進む町にとって、地域経済の活性化と雇用の確保は大きな課題だ。町が2015年に町内在住の高校生や専門学校生、大学生に実施したアンケートによると、4割以上が将来的な町内定住を希望しており、働き口などの受け皿が求められている。

町商工観光課の担当者は「地元で職に就いてもらうことが人口減少への対策にもなる」とし、「審査は起業家の熱意を重視している。町の活性化のため、起業の準備資金として活用してもらいたい」と話している。

（上村耕平）

山形22・4・12

---

# 奨学金返還支援 枚方市が補助金

### 就職氷河期世代対象

枚方市は、市内の中小企業で働き、現在も奨学金を返還している就職氷河期世代を対象に、最大5万円を補助する独自の支援制度を始めた。

対象は1993年から2004年に高校や大学を卒補助する。詳しい条件や申請方法は、同市商工振興課（072・841・1325）まで。

読売（大阪）22・4・8

---

# 北区、小事業者向け融資の利子補助

東京都北区は日本政策金融公庫の「小規模事業

日経22・4・1

山形22・4・15

## 中山町 町内開業に初期経費を補助

# 地域経済の活性化図る

中山町は本年度から、町内で開業する人に初期経費の一部を補助する「開業支援事業補助金」制度を創設した。基本的には上限150万円だが、加算要件を満たせば最大で180万円の助成が受けられる。町民のサポートはもちろん、町外からも創業予定者を呼び込み、地域経済のさらなる活性化を図る。

町産業振興課によると、町商工会への創業相談件数は年々減少し、2021年度は3件にとどまった。1人でも多くの人から町内での開業を考えてもらうため、新たな補助金制度の導入を決めた。

助成を受けるには、町内に本店や主たる事業所を構えることや、町商工会へ加入することなどが要件になっている。店舗内外装の整備、機械装置や備品の購入、官公庁への各種申請書類の作成費など事業を始める際に必要な経費を助成対象とし、経費の5分の4、上限を150万円として助成する。

さらに、UIJターン者に20万円、申請者の年齢が30歳未満の場合に10万円を加算し、最大で180万円を交付する。定住人口の増加と、若者から町内で長く事業を続けてもらうことが狙いだ。

町産業振興課の担当者は「町の活性化のために、年齢を問わず創業を志す人を支えたい。町商工会と連携して最大限バックアップするので、まずは積極的に相談してほしい」と呼び掛けている。

（斎藤貴文）

業した世代で、日本学生支援機構や日本育英会の奨学金、ひとり親家庭に貸し付けられる修学資金などの返還残額がある市民。中小企業の人材確保支援のため、市内の中小企業での勤務が6か月以上5年以内で、前年の年収がおおむね325万円以下であることなども条件になる。

21年10月以降に返還した最大6か月分の額のうち、2分の1（上限5万円）を

者経営改善資金（マル経融資）」の利子補助を4月1日から始める。長期化している新型コロナウイルス禍の影響を受ける事業者の資金繰り支援を強化する。

対象は東京商工会議所北支部にマル経融資（通常枠）を申し込む区内の小規模事業者。利子補助期間は3年間で、事業者が負担する支払利息の3割を区が補助する。年間で200件程度の補助を想定している。

マル経融資は商工会議所の推薦があれば無担保、保証人不要で融資を受けられる制度。利子補助の開始に向け、区は同支部、同公庫上野・板橋両支店と連携協定を締結した。制度の説明会を開催することも検討している。

毎日22・4・4

# 道路損傷 アプリで通報

## 都内で本格導入

### 写真つき投稿⇩自治体が補修

この道のでこぼこ、危ないけれどどうしよう――。こんな声を受け止めるスマートフォンアプリが、都内で4月から本格的に使えるようになった。通行人が発見した道路のひび割れなどを写真つきで投稿すると、都や自治体が補修するという仕組みだ。【竹内麻子】

アプリは東京大の研究者が開発した。都は2020年2月に連携を始め、葛飾、品川両区で試験的に実施。徐々に対象範囲を広げ、4月からは島しょ部を含む都内全域の都道で対応が可能となった。千代田区や八王子市など都内11区市（3月時点）では区道と市道も対象となる。

使い方は簡単だ。スマホ向けアプリ「マイシティレポート」をダウンロードし、問題のある場所の画像と位置情報、コメントなどを登録。その投稿を見て、都や区市の職員が現地を確認し、必要に応じて補修などを行う。対応したかどうかもアプリで確認することができる。道路の陥没のほか、側溝の詰まりや不法投棄、道路上の白線の薄れ、カーブミラーのゆがみといった事故などにつながる恐れのある問題を早く知らせることができる。

道路の陥没などが投稿されたアプリの画面＝アプリ「マイシティレポート」より

試行期間の2年間では約1600件の情報が寄せられ、ほとんど2～3日以内に対応を行ってきたという。都の担当者は「これまで行政が気付きにくかったものを投稿してもらっている。都民と協力することで道路の安全性を高めていきたい」と話す。都内の自治体との協力も広げていく予定。

# 無人店で買い物スイスイ

## 長井市が実証実験

## 過疎地、高齢者の生活支援

## スマホで入退場&商品購入

地域の買い物機能の維持に向け、伊佐沢コミュニティーセンターの敷地内に新設された無人店舗

長井市が、スマートフォンを使って入退場の管理や電子決済で商品代金の支払いができる無人店舗（スマートストア）を開いた。人口減で採算面から有人店舗の経営が困難な地域で高齢者の買い物を支援するなどの活用を目指し、デジタル化の効果を検証する。

オープンは3月30日。山形鉄道フラワー長井線の長井駅に隣接する同市役所と、山あいにある伊佐沢地区のコミュニティーセンターの2カ所に設置した。市デジタル推進室の平宗正係長は「自治体が主体で無人店舗の事業に取り組む例は全国でも珍しいのではないか」と話す。

両店舗とも、手持ちのスマホで起動したアプリに表示されるQRコードを入退場口にかざすとゲートが開閉。購入したい商品のバーコードをアプリで読み取り、スマホに登録したクレジットカード決済か店内のセルフレジを使って電子マネーで代金を支払う。

市役所の店舗は平日の日中のみ店員が応対し、現金支払いと併用。来庁者や長井線の利用客ら幅広い客層を想定し、菓子類や弁当、特産品などを販売する。

伊佐沢の店舗は終日無人で、スマホがない高齢者には備え付けの専用スマホを貸し出す。冷凍食品や乾物などの食料品を多めに置く。

同市は、NTT東日本の協力を得てデジタル技術を活用した地域課題の解決に取り組む。国の地方創生推進交付金を元にした実証実験は2025年度までの予定で、蓄積した顧客データを分析して売れ筋商品を絞るなどの運営の効率化や利便性の効果を確かめる。

少子高齢化に伴う地方の買い物機能の維持は全国的な課題。市によると伊佐沢地区には個人商店が1軒しかなく、車を持たない高齢者らは家族を頼るなどしているという。

平係長は「買い物できない不便さを理由に市外へ転出することなく、住み慣れた地域で生活を成り立たせる手法になれば。他地域の声も聞きながら事業を広げ、いずれは民間参入を促したい」と話す。

市役所の無人店舗に設けたゲートにスマートフォンをかざして入店する来店客

河北（山形）22・4・◆

自治体直営 共同オフィス

県内初 四万十町 あす開所

電子債権担保に円滑融資

㊨16日に開所するコワーキングスペース
㊧1階のワークスペース。個人でも利用できる（写真はいずれも四万十町本町）

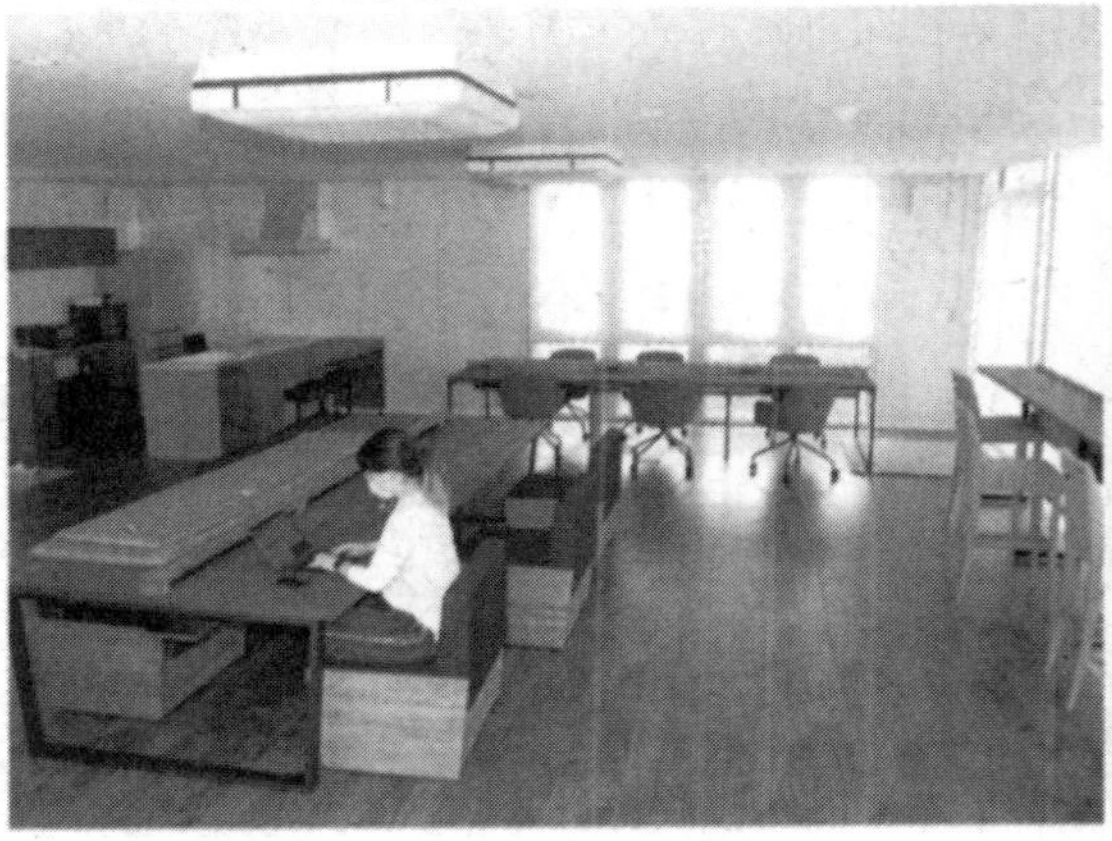

【窪川】異なる職業の人たちがオフィスを共同利用する施設「四万十町コワーキングスペース」が16日、高岡郡四万十町窪川地域の中心街で開所する。県内市町村が直営するコワーキング施設は初。

新型コロナウイルス禍で柔軟な働き方が注目される中、IT企業や地元事業者などの交流で経済活性化を図る狙い。同町本町の町商工会館跡地に鉄骨造り2階建て（延べ床面積212平方メートル）を整備した。事業費は約1億770万円（解体費含む）。

1階は、個人が事務や学習などに利用できるワークスペース（18席）や個室ブース（1室）、シェアキッチンなどを設置。2階は、主に事業者向けのオフィススペース4区画と会議室、ロッカーなどを備えた。フリーWi－Fiも利用でき、テーブルなどの家具は町森林組合のスギ、ヒノキ製品を使っている。

町にぎわい創出課は「個人利用のほか、セミナーや料理教室、イベント会場など気軽に利用してほしい」と話している。

料金は、1階が1人1時間200円（月1万1千円）などで、18歳未満は無料。2階は4人用スペースが月3万8500円、2人用は月3万800円など。

利用時間は午前9時半～午後6時。土日祝日と12月29日～1月3日は休館（土日祝日は貸し切り利用可）。予約、問い合わせは町コワーキングスペース（0880・22・3533）へ。（小林　司）

高知22・4・15

# 伊豆の国市 新システム
## 受注の中小業者支援

伊豆の国市は1日、市の業務の受発注情報を登録した電子記録債権を担保に、受注した中小事業者などが金融機関から円滑に融資を受けられる新システムを本年度から試行導入すると発表した。受注事業者が市から代金を受け取る前の資金繰りを支援する。

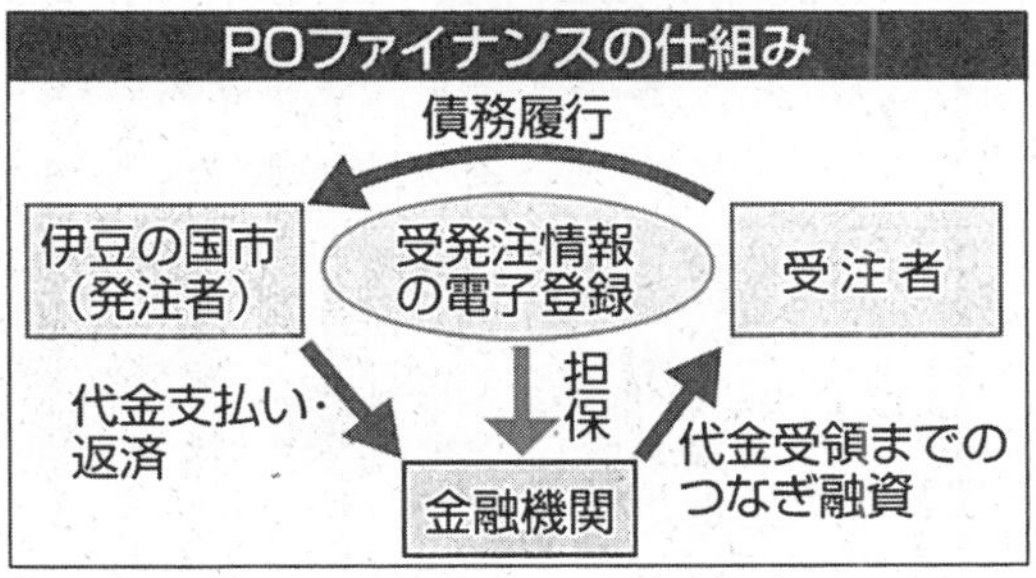


金融とITを融合したフィンテック企業のトランザックス（東京）が提供する受発注の電子記録債権を担保にした資金調達サービス「POファイナンス」を活用する。対象は測量、建築・土木関係建設コンサルタント、地質調査などで、競争入札によって契約を締結した業務。金融機関の審査を経て、業務の契約金額を上限に融資を受けられる。

市の業務の受注者は現在、業務委託料が300万円以上であれば3割以内の前払い金の請求ができるが、新システムを活用すれば早い段階で全額分の資金調達が可能になる。取扱金融機関は静岡銀行、商工中金、セゾンファンデックスで、今後拡大する可能性もあるという。

トランザックスによると、岡山、京都の両市で導入事例があるが、県内自治体では初めて。

（大仁支局・小沢佑太郎）

静岡22・4・2

# 非正規女性の23%「コロナで収入減」

## 連合調査 21%は勤務日減

新型コロナウイルスの感染拡大がアルバイトや契約社員など非正規雇用で働く女性に与えた影響について、「収入が減った」と答えた人の割合が23％だったことが31日、連合のアンケート調査で分かった。21％が勤務日数などの減少を挙げ、雇用や収入へのマイナスの影響が浮き彫りとなった。

調査は2月8～10日にインターネットで実施。1000人が回答した。年収は100万～199万円の人が最多（35％）で、300万円以上は8％にとどまった。主な家計収入が「自分の勤労収入」と答えた人の平均年収は214万円だった。

新型コロナの感染拡大で収入が減ったと答えた人を雇用形態別でみると、アルバイト（35％）や派遣社員（27％）で比較的割合が高かった。年代別にみると、20代（28％）▽30代（23％）▽40代（20％）▽50代（18％）――と若い世代ほど収入減の影響を大きく受けていた。

「勤務日数や労働時間の減少」は21％。このうち雇用形態別ではアルバイトは35％で最も高く、収入減と同様に若い人ほど割合が高い傾向が出た。他にも、「業務内容の変更」（7％）や「雇用や就業形態の変更」（4％）といった影響が出ていた。【石田奈津子】

毎日22・4・1

# 若者のネットトラブル防げ

## 県がウェブサイト開設

## 高額課金や性被害 対処法を紹介

県は、インターネットでの困り事の解決方法や相談窓口を紹介する若者向けウェブサイト「信州ネットトラブルバスターズ」を開設した。スマートフォンの普及を踏まえ、高額課金や性被害、ネット依存といった七つのネットトラブルについて注意喚起し、相談先など対処法を紹介。4月の改正民法施行で成人年齢が20歳から18歳に引き下げられ、課金トラブルなどの若年化が懸念される中、小中高生や保護者らが適切に対処できるよう活用してもらう。

「ワンクリック詐欺」「高額課金」などトラブルに応じた対処法を紹介しているウェブサイトの画面

サイトやメールに記載された案内を一度クリックしただけで多額の料金支払いを求められる「ワンクリック詐欺」の対処法では、「心当たりがなければ何もしないで。メッセージが届いても相手にしないで」「相談窓口に電話を」などと説明。画面をクリックすると最寄りの相談窓口を紹介する消費者ホットラインに電話がつながるようにした。

サイトは県教委と、県や青少年育成団体などでつくる県将来世代応援県民会議、県次世代サポート課が作った。同課によると、新型コロナウイルスの感染拡大を受け、小中学校に1人1台のタブレット端末を整備する文部科学省の「GIGAスクール構想」が加速。配備された端末を自宅に持ち帰って使うなど、小中学生らのネット利用のハードルが下がっていることを踏まえ、被害に遭った時に一人で抱え込まず、身近な人や窓口に相談してもらおうとサイトを立ち上げた。

トラブルに遭った際に端末からすぐにサイトを確認できるよう、県教委を通じて各校に協力を求めていく。同課はトラブルの当事者になると被害を言い出しにくいとし、「相談を後押しできるようにしたい」と説明。サイトは県将来世代応援県民会議のホームページからアクセスできる。

信毎（長野）22・4・6

定

# ドローン配送 実証実験も

河北（福島）22・4・15

かくて感激した」と、満足げにピザを頬張った。

水路は全長約38キロで、同町と福島市、国見町、伊達市にまたがる。

# バッテリー発火 非純正品注意を

## 直近3年事故急増

製品評価技術基盤機構

# フリーランスの37%減収

## コロナ影響 長期化

毎日22・4・2

自営業者らでつくる一般社団法人「プロフェッショナル&パラレルキャリア・フリーランス協会」（東京都）は、フリーランスで働く人の収入や勤務時間についてのアンケート結果を発表した。新型コロナウイルスが流行する前に比べて収入の減少が見込まれると答えた人は全体の37%で、長引くコロナに伴い収入の減少が長期化している実態が浮かんだ。

同協会は、昨年11～12月にフリーランスを対象にインターネットでアンケートを実施（有効回答数1236件）。収入については、年収200万円以上400万円未満が最も多く29%。次いで200万円未満（22%）▽400万円以上600万円未満（18%）――だった。

コロナが流行する前の2019年度に比べて収入の減少が見込まれる人は37%いて、「従来の取引先からの受注量が減少した」などの回答があった。平田麻莉代表理事は「コロナの影響で、人と会って新規案件を獲得するのが難しくなっている」と話した。

ウーバーイーツなど飲食の宅配で働く人を対象にしたアンケート結果も公表（有効回答数1万3844人）。飲食の宅配は、個人事業主が主な生計手段にして働くケースや、会社員が副業として働くケースなどがある。職業を「個人事業主」と答えた人でみると、1週間の平均報酬額は5万円以上10万円未満が最も多く30%だった。副業として働くケースでは、報酬額は1万円以上3万円未満が最も多く39%だった。配達を始める前の働き方の課題を複数回答で尋ねたところ、「収入が低い」が最も多く42%。「コロナで収入が減った」も21%あった。【石田奈津子】

# 農業用水路上をルートに設

自宅の庭に着陸したドローンから商品を取り出す蓬田さん

## 福島・桑折町など

# 水利施設維持管理に利点

地方が抱える課題解決を図ろうと、福島県桑折町などは14日、ドローンを使ったデリバリーの実証実験に着手した。県北地方に江戸時代に造られた農業用水路を配送ルートに設定、水利施設の活用も図る。町は来年以降の導入を目指している。

実験は、水路を管理する伊達西根堰《ぜき》土地改良区と同町、ドローンサービス会社トルビズオン（福岡市）、建設コンサルタント会社日本工営（東京）の4者が共同で実施。

同町のピザ店「レガーレこおりPizza Sta」が協力し、実際に商品をドローンに載せて店から約1・8キロ離れた町民宅に届けた。配送時間は約10分。注文に協力した主婦蓬田タイ子さん(75)は「まだ温

現時点では、うち約20キロがルートに登録され、ドローンは自動でルート上を航行する仕組みだ。トルビズオンによると水路を活用した航路としては全国最長規模だという。

ドローン航行に関しては12月に改正航空法が施行予定で、航行を監視する人員の配置が不要になる。災害時の物資供給にも活用でき、人口減少が進む地方では新たな物流の担い手として期待が高まっている。

加えて、農家減少により水利施設維持管理の課題を抱える伊達西根堰土地改良区にとっては、ドローンへのセンサーやカメラ設置で、施設や農地の情報収集ができる利点があるという。

町商工振興係の安藤智章係長は「安全面、技術面の動向を見守りつつ、積極的に活用していきたい」と期待した。

（NITE）は、掃除機や電動工具などに取り付けるバッテリーの非純正品による発火事故が二〇二一年までの五年間に百三十四件あったと明らかにした。直近の三年間で急増し、その原因となった製品は昨年からリコール対象になっており、改めて注意を呼び掛けている。

非純正バッテリーは機器本体のメーカーと無関係の事業者が取り扱うもので、「互換電池」や「交換品」として販売されることが多い。電気用品安全法の基準を満たしていないのに、適合製品に表示される「PSEマーク」を付けた粗悪品もある。

兵庫県の五十代男性は二〇年十月、インターネット通販で購入した電動工具用のバッテリーパックを充電していたところ、異常音がして出火。周辺が焼損した。電気回路に不具合があり、充電されすぎて発熱したとみられる。

NITEは「異常発生時に安全保護装置が作動しないなど品質管理が不十分で、純正品より事故に至るリスクが高い」と指摘している。

東京22・4・4

●雇用／農林水産

## 就活セクハラ防止策を強化

### 厚労省、学生に周知へ

厚生労働省は、大学生らの就職活動が本格化する中、企業関係者のセクハラから学生を守るため対策の強化に乗り出した。新たに、大学に職員を派遣して被害に遭わないための方法や相談先を説明する。具体的な被害事例についても学生向け就活サイトで周知する。

厚労省の2020年調査によると学生の4人に1人が被害に遭っており、対策が急務となっている。

新たな対策では、厚労省が、希望する全国の大学や専門学校に職員を派遣またはオンラインで、個室での1対1の面談を避けるなどの被害回避策や、関係法令のポイントを解説する。被害に遭った人から意見を聴き、就活生に周知するほか、行政の相談対応に生かす。

企業への啓発として、学生によるOB・OG訪問時

巡っては、厚労省は19年に関連指針を改正。企業に、就活やインターンシップ中の学生へのセクハラ防止に努めるよう規定した。

京都22・4・6

**就職活動中の大学生らをセクハラから守る新対策のポイント**

- ■厚生労働省が大学に職員を派遣またはオンラインで被害に遭わないための方法や相談先を説明
- ■具体的な被害事例を学生向け就活サイトで周知する
- ■防止策に取り組む企業の事例集を2022年度中に厚労省のホームページで公表する
- ■悪質事案を起こした企業への行政指導を徹底

---

長浜市

## 10平方から耕作OK

### 農地取得・賃借 大幅に要件緩和

長浜市は4月から、農地取得や賃借に関する要件を緩和した。これまで最低必要としていた面積の200分の1に当たる0・1㌃（10平方㍍）から耕作を始められる。要件の大幅緩和で、移住者だけでなく農業に興味のある市民が新規就農などに取り組みやすい環境をつくり、遊休農地の解消につなげる。

新規就農や家庭菜園の希望者は、居住地域や近隣地域の農地であれば最低耕作面積10平方㍍から耕作を始められる。ただ当初の3年間は農地を賃借して耕作し、耕作状況によって4年目以降から取得可能とする。ほ場整備された優良農地は対象外となっている。

これまで市は、農地の売買・贈与や賃借する場合の最低耕作面積を20㌃（2千平方㍍）から50㌃（5千平方㍍）としており、農業に興味がある移住者や新規就農希望者には厳しい要件となっていた。このため市農業委員会は今年3月に最低耕作面積に関する要綱を改正し、気軽に農業を始められるようにした。

移住・定住による新規就農を促すため、空き家バンクに登録された物件に付随する農地取得は2019年4月から10平方㍍に引き下げている。

京都（滋賀）22・4・13

---

## ハラ対策向け指針

### 厚労省作成 店頭対応、2人以上で

顧客が従業員に威圧的な言動や理不尽な要求を突き付ける「カスタマーハラスメント」（カスハラ）について、厚生労働省が企業向け対策マニュアルを作成した。事前準備に加え、実際に起きた場合の基本動作に関して事例を交えて紹介。担当者は「マニュアルを活用し、それぞれの企業に応じた対策を作ってほしい」と呼び掛けている。

**カスハラに発展させない対応**

問題が発生したら…

**店　頭**
- ◆個室に招く
- ◆2人以上で対応

**電　話**
- ◆専用電話設置、録音
- ◆たらい回しにしない

**顧客への訪問**
- ◆早朝、夜間を避ける
- ◆まずは相手の言い分を聞くだけ

厚労省が2020年に実施した職場ハラスメント調査では、過去3年間にカスハラの相談があったと回答した企業は19・5％。パワハラ（48・2％）、セクハラ（29・8％）に次ぐ。労働者の15％が経験があると答え、健康不良や休職に追い込まれるなど深刻な事態につながっている。

20年施行の女性活躍・ハラスメント規制法に基づく指針で、企業はカスハラ対

のルール作成など、セクハラ防止策に取り組む企業の事例集を22年度中に厚労省のホームページで公開。悪質事案を起こした企業への行政指導を徹底する。就活中のセクハラ被害を

## カス 企業

「店頭で対応せず個室に招いて2人以上で対応」「電話をたらい回しにしない」「冷静になりにくい夜間、早朝の訪問を避ける」。マニュアルではカスハラに発展させないために、クレームがあった場合の初期対応についてシーン別にポイントを示した。

このほか企業トップによるカスハラ対策の基本方針策定、従業員向け窓口設置といった相談体制の整備の必要性を強調。被害を受けた従業員に対して安全確保や精神面への配慮が必要とも訴えた。

策に取り組むことが望ましいとされ、厚労省はマニュアル作りに着手した。ホームページで閲覧できる。

岐阜22・4・5

# 都市農地 7割以上存続

## 税優遇延長 地価下落を回避

京都22・4・8

2022年から税制優遇の期限を順次迎える都市部の農地「生産緑地」のうち、少なくとも7割程度は農地として存続する見通しであることが7日、国土交通省の調査で分かった。税制優遇の期限到来で多くの農地が宅地に転換され、都市部の地価が急落する「2022年問題」が不動産業界で懸念されていたが、税優遇が延長される都市農地の新制度が奏功したとみられる。

国や自治体は防災などの観点から都市部に農地を残したい考え。まだ態度を決めていない地主も多いもようで、新制度の適用を後押しする。近畿大総合社会学部の石原肇教授は「農地を維持する地主が意外に多い。新制度の効果に加え、都市の中にも農地があるべきだという認識が広がってきたのだろう」と指摘した。

国は防災だけでなく、景観保護の観点や、学校教育などで農業を体験する場として都市部の農地を重要視。新制度は税制優遇が10年延長される「特定生産緑地」と呼ばれ、期限終了後の受け皿として整備していた。

現行の生産緑地は1992年に指定が始まった制度で、営農を義務付ける代わりに、30年にわたり固定資産税や相続税を宅地より優遇する。昨年末時点では、東京、名古屋、大阪の三大都市圏を中心に京都など19都府県で約1万2千㌶あった。

生産緑地全体の約8割に当たる9412㌶の期限切れが22年の1年間に集中している。これを対象に実施した国交省の調査によると、昨年末時点で特定生産緑地に「指定済み」「指定見込み」は86%（8048㌶）を占めた。一方、宅地などへの転換につながる「指定の意向なし」は7%となった。

国は、農業を営む第三者に貸しても優遇措置を受けられるといった規制緩和も実施した。23年以降に期限を迎える地主にもメリットを説明し、都市農地の存続を訴える。

**生産緑地の現状** ※2021年12月末時点

**生産緑地** 急速な都市化が進む中で、市街地の良好な生活環境を確保するため、1992年から指定が始まった農地。市街地にある農地は固定資産税が住宅並みに課税されるが、指定されると通常の農地と同様の低い税率が適用される。相続税も猶予措置がある。国は農地存続のため、税制優遇が延長される「特定生産緑地」制度を新設。建築規制も緩和し、農産物の加工施設などを設置可能にした。

## 甲斐市、ビニールハウス農家支援へ

# 燃料費 最大20万円補助

甲斐市は、ビニールハウスを所有する市内の農業や花卉《かき》などの事業者を対象に、20万円を上限に燃料費を補助する。燃料価格の高騰で打撃を受ける事業者を支援する。

市農林振興課によると、100平方㍍以上のビニールハウスを所有する市内の農業、果樹、花卉事業者が対象。昨年10月〜3月、ビニールハウスの加温に使用した灯油かA重油について、1㍑当たり10円を補助する。上限は20万円。

市は今後、市ホームページで申請に必要な書類を紹介する。補助を希望する事業者は書類をダウンロードして領収書などを添付し、同課に申請する。担当者は「燃料価格の高騰が深刻化し、事業者に大きな影響が出ている。事業継続に役立ててもらいたい」と話している。

山梨22・4・2

●農林水産

和牛のゲノム解析　ゲ
ムは４種類の塩基と呼
物質が連なるＤＮＡの
、牛には30億個の塩基
ある。但馬牛（うし）
では、おいしさや成長
関わる約３万～５万カ
象に分析する。近年、
みを始めている鳥取、
では、子牛価格が上昇。
血統やおいしさを左右
質の科学的な分析とと
遺伝情報も取引の参考
して注目される。

には、種雄牛以外も含
頭を解析する。24年度
、種雄牛の出産のため
している約千頭の母牛
の子牛など計約５千頭
する計画。集まったデ
これまでの情報を分析
配にも活用する。
産課の担当者は「肉質
に、肉付き、生産能力
引き上げ、より優れた
の生産を続けられる体
きたい」と話している。

## 多様性守る

# 地域循環型へ 耕畜連携

## 酒田・鳥海高原実証実験

## ふん尿から液肥、水田活用

酒田市などは、鳥海高原で畜産・酪農大手のノベルズグループ（北海道）が本格稼働させる「鳥海高原デーリィファーム」の乳牛が出したふん尿から液肥を作り、飼料生産の畑や水田で活用する実証実験を始める。ふん尿から得た液肥を活用する手法は他でも取り組んでいるケースはあるが、水田での利用は珍しい。市は、地域の水稲生産などでの広がりにもつなげたいとしている。

今後、本格稼働する牧場では約25㌶の敷地でホルスタイン種900頭を飼育し、生乳を生産する計画。ふん尿は集積し混合した後、加熱、発酵させ、発生したメタンガスをバイオガス発電の燃料として活用する。さらにふん尿を分離させて得られた液体を取り出し、液肥にする。液肥は飼料となるデントコーンの畑や稲を発酵させて作るホールクロップサイレージの水田にまく予定だ。固形分はカントリーエレベーターでコメを乾燥調製する過程で大量に発生するもみ殻と混ぜ、牛舎の敷料として活用する。

記写あれこれ

新たな牧場での各種事業は鳥海高原デーリィファームの他、県や市、JA庄内みどり、地域の営農法人などで構成する「鳥海八幡畜産振興クラスター協議会」が協力して進める。乳牛の「借り腹」で肉用の黒毛和種の繁殖と生乳生産の両立、耕畜連携などに力を入れる。液肥の活用はこうした取り組みの一環で、最大900頭を飼育した場合、1万9100㌧の液肥が得られる見通し。自給飼料の生産を強化し、市などは飼料農家だけでなく、一般の水稲生産での液肥活用も目指す。同協議会は、使い道が少なくなっているもみ殻をノベルズグループの北海道の牛舎で、敷料などで利活用する取り組みも進める。

鳥海高原デーリィファームの完成予想図。大雪の影響で建設工事は一部が遅れているが、本年度中の本格稼働を目指している

鳥海高原は1945（昭和20）年、敗戦で外地から引き揚げてきた農家の次男、三男らの入植地として開拓された。手作業で荒野を切り開き、当初は「鳥海高原大根」を生産。東京方面の市場での評判が良く、その後、酪農などに経営を多角化した。牧場は当初は地元の組合が経営し、旧八幡町の畜産公社、酒田市などが引き継いで経営。近年は第3セクター・鳥海やわた観光（和田邦雄社長）が運営していたが、2019年に撤退し、鳥海高原での酪農はいったん途絶えた経緯がある。

借り腹での黒毛和種の繁殖、肥育による「山形生まれ、山形育ち」の肉牛生産と酪農振興だけでなく、牧場を中心とする持続可能な地域循環型農業の確立に向けても大きな期待が寄せられている。

（酒田支社・秋葉宏介）

山形22・4・13

大分22・4・1

# 需要少ない部位利用

県産食肉を取り扱う県畜産公社（豊後大野市犬飼町田原）は、需要の少ない部位を活用したペットフードの製造・販売を始める。第1弾は豚レバーを使

神戸（兵庫）22・4・5

# 但馬牛 質向上へ
# ゲノム解析 導入

## 血統、倍の15グループに細分化

兵庫県は2022年度、県産高級牛肉「神戸ビーフ」や「但馬牛《ぎゅう》」になる「但馬牛《うし》」のゲノム（全遺伝情報）を解析し、生産への活用を始める。但馬牛は県内で代々優れた肉質の牛を選抜し、品質を高めてきた一方、純血を保つために病気の発生や繁殖力低下のリスクも伴ってきた。県は、遺伝情報に基づく交配を取り入れて、生産性の安定やさらなる品質の向上を図る。（山路 進）

県は22年度当初予算で、研究や育種改良事業として約2400万円を計上した。牛の鼻の粘膜から検体を採取し、研究機関に解析を依頼。全国和牛登録協会（京都市）とともに解析やデータ管理を進める。その結果を基に種雄牛の改良などに生かしていく。

但馬牛は100年以上、代々県内でのみ育てた牛だけを交配する閉鎖育種を貫く。その父牛は、県が管理、飼育する５歳以上の基幹種雄牛12頭と、その候補となる２～５歳の待機種雄牛28頭のみ。畜産農家は、基幹牛の精液を購入。雌牛に種付けし、毎年生まれる１万頭余りの子牛や肥育牛を生産している。

遺伝的な多様性が失われると、遺伝性の病気が増え、交配も難しくなるとされる。このため県は04年度から、血統を可能な限りさかのぼり、８グループに分類、管理してきた。新たに導入するゲノム解析を使えば、15グループにまで細分化できるという。

系統によって肉質や体の大きさ、妊娠のしやすさ、乳量の多さなどの特長がある。しかし、高い肉質の牛を育てようと、使われる精液が偏ることも課題となってきた。

県はこれまでの基礎研究で、種雄牛のゲノムを解析。

兵庫県が管理、飼育する基幹種雄牛＝朝来市和田山町安井、県北部農業技術センター

## 県内でのみ育成 交配に活用

ノ
ばれる
配列で
の対が
の解析
などに
所を対
取り組
岐阜県
親牛の
する肉
もに、
情報と

22年度
め1650
までに
に選抜
や、そ
を解析
ータと
し、交
県畜
ととも
なども
但馬牛
制を築

---

# 豚レバーで犬用おやつ

## 県畜産公社が販売へ

需要の少ない部位を使った豚レバージャーキー「レバトン」

った犬用おやつ。売上金の5%は野良猫に不妊・去勢手術をしている「おおいた さくら猫プロジェクト」に寄付する。

第1弾の商品名は豚レバージャーキー「レバトン」（50グラ）。同公社が企画し、製造は熊本県宇土市の工場に委託している。添加物は含んでおらず、常温で半年間保存できる。価格は500円程度を予定し、4月中旬に同公社の通販サイトで売り出す。製造能力は年間7千～8千パック。

豚レバーはもともと需要が少ない。新型コロナウイルス禍による外食産業の低迷で豚の内臓類全体の売り上げも4割程度減少し、在庫が増加している。今後は豚の鼻や舌を使ったドッグフードの展開も計画しているという。

動物の命を扱う同公社の社会的責任を果たすため、「おおいた動物愛護センター」（大分市廻栖野）が中心となって取り組むさくら猫プロジェクトへの支援を決めた。県獣医師会の協力を得て、動物病院にも商品サンプルを置いてもらう。

3月28日に同センターで発表会があった。同公社の関係者が商品の特徴を説明した後、センターアンバサダー（広報大使）の保護犬「モップくん」がジャーキーをおいしそうに食べた。

同公社の近藤信彦専務は「頂いた命を最後まで有効活用することが、犬猫の幸せにつながる」と話した。（佐藤章史）

# 県、無花粉ヒノキ品種登録 全国初

【厚木】県自然環境保全センター（厚木市七沢）は、同センターが発見した無花粉ヒノキが3月15日付で「神奈川無花粉ヒ1号」として農林水産省に品種登録された、と発表した。無花粉ヒノキの品種登録は全国初。

同センターによると、この花粉を飛ばさない個体は2012年春に秦野市内で発見。花粉を飛散せず種子も形成しないが、挿し木で増やすことが可能。18年に品種登録を出願していた。

県内の苗木生産者組織の県山林種苗協同組合と契約して19年5月から、240本を配って苗木の生産を開始。21年春に愛称を「丹沢森のミライ」と名付け、同年7月に秦野市寺山に132本を植えた。

県では27年までに花粉症対策苗木（少花粉と無花粉のスギ、ヒノキ）の年間生産目標を15万本と設定しており、このうち1割を無花粉のスギ、ヒノキにすることを目指している。同センターでは「無花粉ヒノキを安定的に生産し、根本的な花粉症対策にしていきたい」としている。

（石本　健二）

県が品種登録した無花粉ヒノキ「神奈川無花粉ヒ１号」の苗（県自然環境保全センター提供）

神奈川22・4・2

産地偽装

# アサリ取引記録 義務化

県条例案骨子「蓄養」脱却支援も

# 自転車旅 後押し加速

## 休憩・整備施設を登録

県は自転車を活用した観光振興に乗り出す。新型コロナウイルス禍で密を避けられるなど全国的にサイクリングの需要が高まる中、休憩所や工具が整った施設を「いわてサイクルステーション」として登録し、愛好者を呼び込む。東北6県では初めての取り組みで、豊かな自然を生かして地域の活性化につなげる。

### 県観光振興策

登録を呼びかけるのは県内の飲食店や道の駅、宿泊施設などで▽男女別のトイレ▽ベンチなど休憩所▽自転車を掛けて駐輪するサイクルラック▽修理用工具▽空気入れポンプ—を備える施設が対象。施設にはステッカーやのぼり旗を配るほか、県のホームページで紹介する。

県によると、県内34カ所ある道の駅のうちサイクルラックを備えるのは、くずまき高原（葛巻町）や雫石あねっこ（雫石町）など4カ所のみ。県自転車活用推進計画（2021～25年度）では、受け入れ環境を整える道の駅を11カ所とする目標を掲げる。

盛岡市下ノ橋町の自転車店グリンズの西田浩二店主(38)は「コロナの流行を機にサイクリング需要が全国的に高まった」と説明。その上で「休憩所などが整った施設は特に初心者にとってうれしい。岩手は信号や交通量が少なくサイクリングに向くコースもあり、県内外からの観光客の呼び込みにつながるのではないか」と期待する。

国の宿泊旅行統計調査（速報値）では、21年の本県の延べ宿泊者数は454万9830人（前年比5・5％増）で、コロナ前の19年比は27・5％減。インバウンド（訪日客）が激減する中、国内需要の掘り起こしを目指す。

県道路環境課の亀田健一維持担当課長は「登録施設が目的地になることで、人が集まる仕組みや観光振興に結びつけたい」

岩手22・4・10

県は6日、輸入アサリを「熊本県産」と表示する産地偽装の防止を目指す条例案の骨子を発表した。漁協や業者に取引記録の作成を義務付けることを検討。偽装の温床と指摘される「蓄養」をやめた海域を「あさり資源特別回復区域」に指定することも盛り込む。

国は国産表示のルールを厳格化したが、輸入アサリを1年半以上「養殖」した場合は、国産表示することは例外的に認めている。

これが偽装の抜け道にならないよう、県は流通経路の追跡調査を強化。条例で、漁協や流通業者に取引記録の作成と3年間の保存を義務付ける方向で調整する。違反した場合は是正を勧告し、名前の公表も検討する。

一方、県は産地偽装につながる恐れがあるとして、輸入アサリを一時的に県内の海浜にまく蓄養を問題視。漁場を貸し出した漁協に補助金を交付しない方針を決めている。

条例案は、蓄養を続けてきた県内4漁協による資源特別回復区域指定を想定。蓄養からの脱却を促し、回復計画を立てて申請してもらう。蒲島郁夫知事は記者会見で「漁協が蓄養に頼らないビジネスモデルに移れるよう、後押しする」と、アサリの増殖や漁場の改善を支援する意向を示した。

蓄養に関与していない漁協の海域も「あさり資源育成促進区域」に指定し、関係漁協を支援する方針。県内のアサリ漁獲量は2021年が35トンと、1977年の2千分の1に落ち込んでおり、行政による支援でその底上げを図る。

条例案は意見公募を経て、県が6月定例県議会に提出する予定。9月の施行を目指す。（高宗亮輔）

**アサリの産地偽装防止に向けた条例案のポイント**

- 養殖に伴う産地偽装を防ぐため、漁協や流通業者に取引記録の3年間保存を義務付ける
- 蓄養を続けてきた県内漁協の海域を「あさり資源特別回復区域」に指定し、漁場改善を支援
- 蓄養していない漁協の海域は「あさり資源育成促進区域」に指定

熊本22・4・7

登録施設のステッカーロゴ

と語る。

宮崎22・4・7

# 市有林公売にデジタル活用

## 串間市、県森連、NTT西

串間市と県森林組合連合会（県森連）、NTT西日本宮崎支店は6日、市有林の公売説明会を同市内で開いた。市有林に生えているスギの本数や高さなどの情報をデジタル解析し、データを業者に紹介。伐採前に業者が実施する調査の省力化などが期待され、県森連によると、こうしたデータを公売に活用する事例は県内で初めてという。公売は19日に実施する。

デジタル解析を活用して作成した地図を見ながら、市有林の状況を確認する公売説明会の参加者ら＝6日午前、串間市市木

同市が昨年度、県森連に約13㌶の市有林の調査を委託。近年、普及している森林のデジタル計測技術を活用しようと、NTT西日本と連携し、1月にドローンで市有林の上空からレーザー計測するなど調査を実施した。その後、得られたデータをデジタル化し、3D地形図などを作成した。

## 県内初 業者へデータ示し説明

説明会は同市市木の市有林近くであり、参加者に3D地形図などを示した。県森連の担当者らは「実測調査と比較し、材積の誤差は5%未満だった」などと解説。参加者は市有林にも入り、収集したデータを基に作った地図をタブレットで確認しながら実際の様子と見比べていた。

日南市南郷町の製材業「吉田産業」原木調達部の山下賢二さん(60)は「木の一本一本まではっきりと認識できるので、境界も確認しやすい」と入札の参考にしていた。

同市農地水産林政課の川崎典和林政係長は「伐期を迎えている市有林はまだ多い。デジタル計測の技術を用いて市有林の調査を省力化し、公売につなげたい」と話している。

（河野文顕）

データで読む
# 地域再生

地方の観光振興の支え手としてNPO法人の存在が重要になっている。人口あたりの観光NPOの数で全国最多の鹿児島県は旅行消費額の伸び率が全国平均の3倍だ。民間企業が採算面で参入しづらい地域で、独自の観光資源を磨きあげようとするNPOの知恵と熱意は、新型コロナウイルス禍で注目を集める「マイクロツーリズム（近場の旅行）」時代に生きてくる。

NPO法人は特定非営利活動促進法（NPO法）に基づき活動する非営利の民間法人。医療や教育、災害救援など活動分野は20あり、全国に5万超の団体がある。観光振興を目的に活動する法人のうち、事業目的を定めた定款に「観光」の記述がある団体を「観光NPO」と定義した。

3月1日時点で観光NPOは全国に761団体。都道府県別に人口あたりの数が最も多いのは鹿児島で、高知や大分、徳島、秋田が続く。民間投資を呼び込みにくく、観光振興を担う自治体の財政余力も限られる過疎の地域ほど、観光NPOの存在感が大きい実態が浮かぶ。自治体にとって民間企業より認証を得たNPO法人の方が連携しやすい。

鹿児島県出水市のNPO法人「出水麓街なみ保存会」は、武家屋敷の指定管理団体としての業務のかたわら地域の歴史を発信するイベントに力を入れる。特に甲冑（かっちゅう）の着付けは外国人にも人気が高い。

文化庁の「日本遺産」などに選定された市内の武家屋敷の入館者数は2018年に20年前の1・4倍に増えた。地元で生まれ育った同保存会の河添建志理事長は「地域全体が観光資源だ。生まれ故郷の歴史や文化を残したい」と話す。

同県を主な目的地とした日本人客の旅行消費額は19年に3820億円と10年比で2割増。伸び率は全国平均（7%）を大きく上回る。民間企業も集客力に着目し、一部の武家屋敷は今年6月末に1人1泊2万5000円以上のホテルに生まれ変わる。

## 鹿児島 人口比で首位、消費増

## 観光資源 NPOと磨く 企業参入少ない自治体で

地域に眠る自然を観光資源に変貌させたのが、高知県越知町を拠点に仁淀川支流でのカヌー体験を手掛けるNPO法人「仁淀ブルー」だ。底が見えるほどの透明度を誇る清流は「SNS映え」のスポットとして人気を集め、21年度の参加者は18年度の50倍の約2000人に増加。9割が県外客だ。参加費には地元のカフェ「池川茶園」の飲食代も含む。池川茶園の担当者は「活気が戻ってきた」と笑顔だ。

自然を生かした体験型観光に取り組むNPOも多い。和歌山県紀の川市のNPO法人「サイクリング王国わかやま推進協議会」は様々なサイクリングイベントを企画して誘客につなげる。イベント参加者には地域の飲食券を配る。井口和彦理事長は「地域の食文化につなぎ顧客満足度が上がった。ここの魅力を一人でも多くの人に知ってもらいたい」と語る。

行政を動かす例もある。町家を主役に地域に伝わる文化を発信する盛岡市のNPO法人「盛岡まち並み塾」。明治時代に八百屋を営んでいた同市鉈屋町の商家を観光案内所や喫茶スペースに再生し、地域振興につなげる活動を推進する。市もこうした取り組みに呼応し、町全体を「重点保存地区」に指定。歴史的建造物の改修費を補助する制度も創設した。

NPO法人は財政規模や活動内容も多様だ。内閣府の21年8月の実態調査では経常収益が10億円を超える法人がある一方、ほとんど収益のない団体の存在も明らかになった。新型コロナ禍で深手を負った観光産業の再生に、地域に根付くNPOの知恵が欠かせない要素となっている。

（上林由宇太、山下宗一郎）

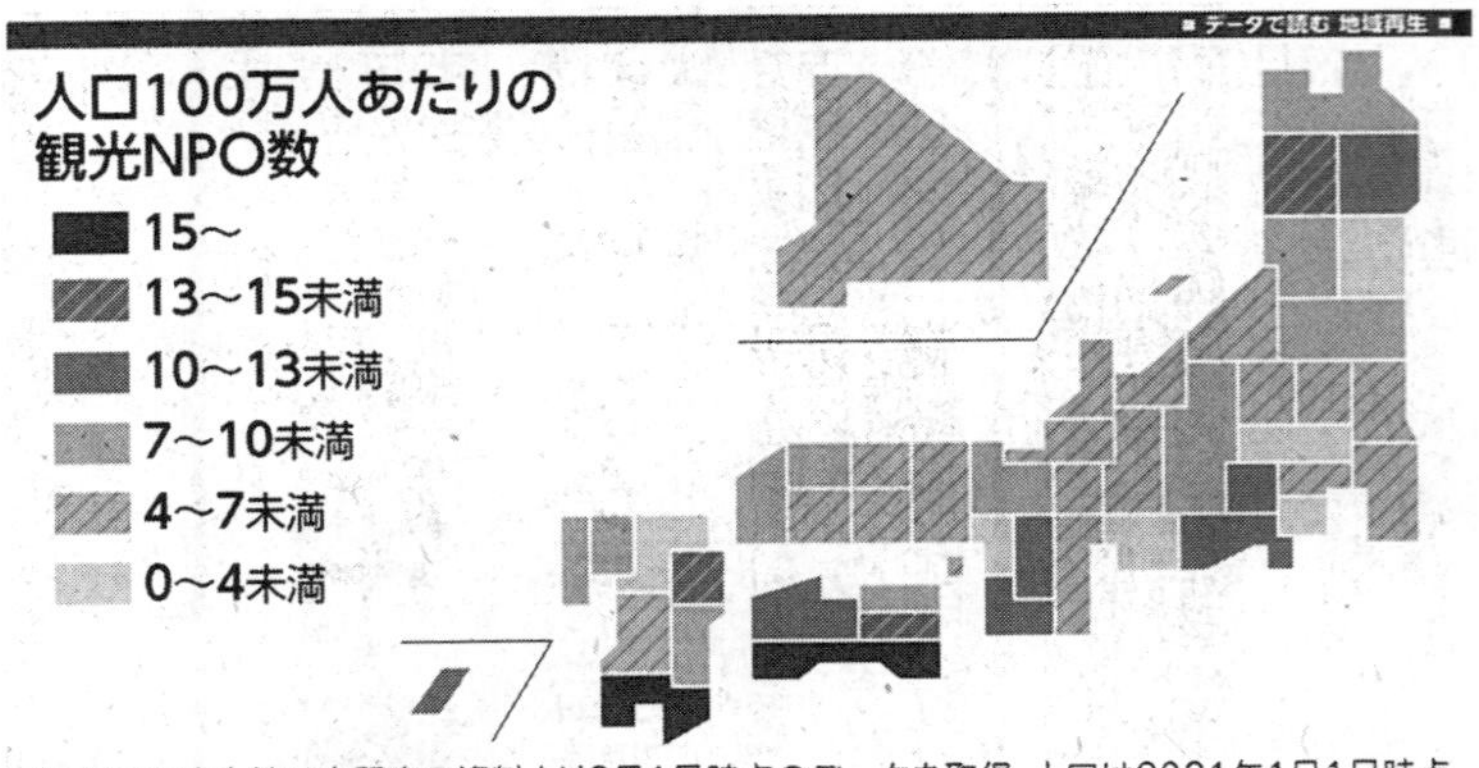

（注）NPO法人数は内閣府の資料より3月1日時点のデータを取得。人口は2021年1月1日時点

人口減が進む自治体ほど観光NPOは多い

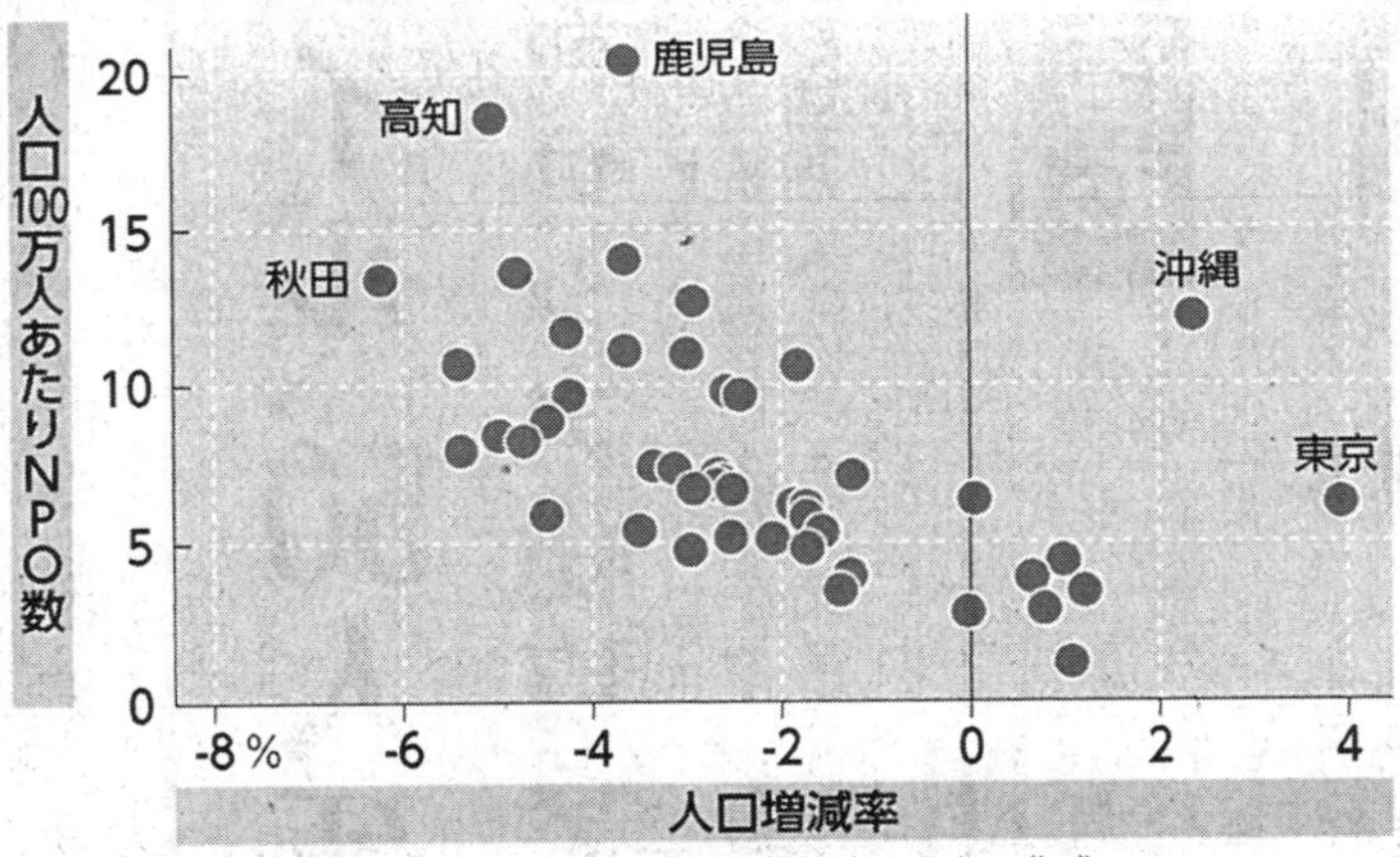

（注）人口増減率は2020年と15年の比較。国勢調査をもとに作成

カヌーがまるで宙に浮いているような光景が人気だ（高知県仁淀川町）

# 貸し電動車いすで散策を

## 高齢者など対象、常設も視野

### 大津駅観光案内所で実証実験

高齢者や体力に不安がある人に気軽に散策を楽しんでもらおうと、大津市などは2日、外出用電動車いすをJR大津駅にある大津駅観光案内所で貸し出す実証実験を始めた。さっそく利用者が市内の観光エリアを周遊し、春の大津を堪能した。市は常設することも視野に、使い勝手を検証する。

外出用電動車いすで大津駅観光案内所を出発する燕木さん夫妻（大津市春日町）

活用するのは、2014年に開発された「ウィル」という電動車いす。ほかの製品に比べ小回りが利くほか、重心の低さや太いタイヤを生かし砂利道や芝生なども走行できる。

大津駅の2～3キロ圏内は、大津港やなぎさ公園、三井寺などの観光拠点が点在するが、市によると、高齢の観光客からは駅からの交通手段が少ないとの声が上がっているという。移動途中の店舗に立ち寄ったり、風景をゆっくり楽しめたりできるのも電動車いすの特徴という。車両を開発した東京の企業などが協力して実証実験を行い、ニーズや使われ方を調べることにした。

### 小回り利き砂利道もOK「操作簡単、爽快」

案内所には3台を設置。この日、三井寺まで往復約4キロを散策した燕木豊さん（79）香子さん（60）夫妻＝さいたま市＝は「操作が簡単ですぐに慣れ、走行していて爽快感があった。これから普及してほしい」と話した。大津市観光振興課は「潜在的な需要は多いはず。利用者に好評なら常設も考えたい」とする。

実証実験は5月末まで。期間中は午前10時～午後1時、午後2時～5時の1日2回、最大3時間貸し出す。無料。予約は大津駅観光案内所077（522）3830。空きがあれば当日申し込みも可。

（門田俊宏、葦原裕）

京都（滋賀）22・4・3

---

# 訪日客消費 過去最低

## コロナ入国制限 昨年1208億円

観光庁が発表した2021年の訪日外国人旅行消費額（試算値）は、前年比83・8%減の1208億円だった。新型コロナウイルスの感染拡大に伴う入国制限により、2年連続で過去最低となった。

調査は、全国の空港で訪日客に行った聞き取り調査と、日本政府観光局が公表する訪日客数から算出している。21年は感染防止策として、10～12月期のみ実施し、結果を基に試算した。

訪日客の消費額が最も多かったのは、コロナ禍前の19年で4兆8135億円。この時点と比べると、3%に満たない水準になっている。政府は、今年3月から外国人の新規入国者数を段階的に引き上げているが、観光目的の入国は認めていない。

収束後を見据え、富裕層を地方に呼び込む戦略の構築を進めている。30年に消費額を15兆円に引き上げることを目指す。

訪日外国人の旅行消費額

※2020、21年は試算値

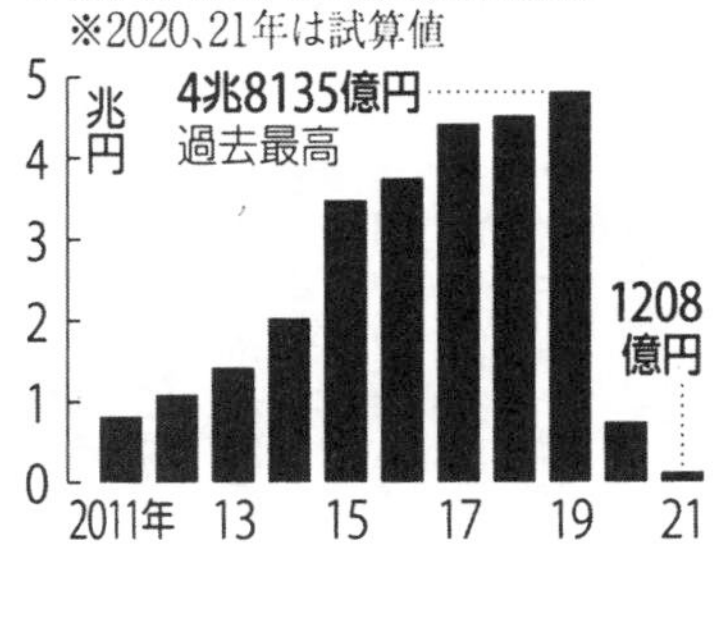


読売22・4・4

●観光

# SDGs学ぶ修学旅行提案

## 県内3団体がワークシート

## 自然生かし誘致推進

越前町について学ぶワークシート

SDGs（国連の持続可能な開発目標）について体験学習する修学旅行の誘致に向けて、県内3団体が学習用のワークシートを作成した。新型コロナウイルスへの対応で行き先を見直す学校が増えており、自然学習がしやすい特長などを生かして県内への取り込みを目指す。（宇野和宏）

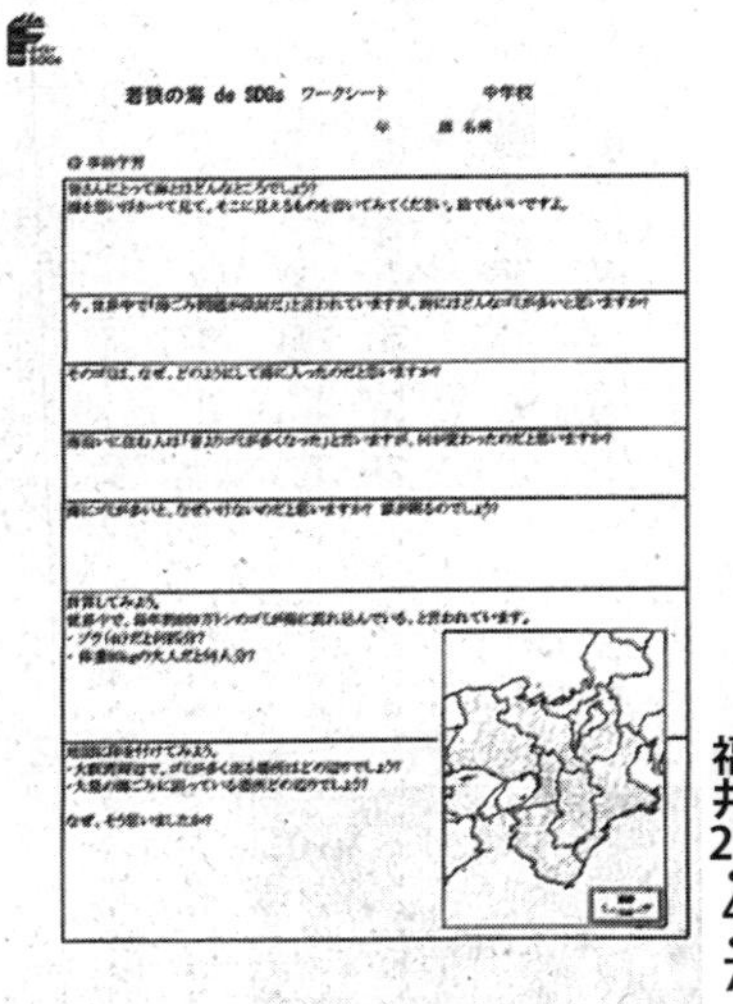


若狭の海について学ぶワークシート

修学旅行や宿泊学習では近年、自らが課題を設定し、調査研究を行う「探求学習」が増え、SDGsをテーマにしたプログラムの提供が旅行会社や学校側から求められている。昨年度、DMOさかい観光局（坂井市）、若狭三方五湖観光協会（若狭町）、越前町観光連盟の3団体が県観光連盟の支援を受けて、プログラムづくりやワークシートの制作に乗り出した。

DMOさかい観光局は、修学旅行先に選ばれることが多い東尋坊の地質を学ぶことを通し、自然環境への関心を高める「崖育《がけいく》」を提唱。東尋坊の岩石を観察したり、柱状節理の横断面の大きさを比較したりし、成果を「がけっぷち新聞」と題した壁新聞にまとめるプログラムを考案した。

若狭三方五湖観光協会は、若狭湾への漂着ごみを分別し、重さや個数、製造国を調べ、環境問題や持続可能な社会づくりを考えてもらう。「海ごみを減らすにはどうしたらよいか」「自分にできることは」といった設問が記載されたワークシートを作成した。

越前町観光連盟の「探求学習帳」では、海岸部のすぐ近くまで山々が迫る町内の特徴的な自然景観や、県内の漁獲量の4割を占める「海と食卓の近さ」をテーマに学習。情報収集や整理、アウトプットなど6ステップでシートにまとめる仕組みだ。

コロナ禍が続き、修学旅行で福井県を訪れる県外の小中高校は増えている。コロナ禍以前の2019年の12校に対し、21年は7倍超の86校。特に遠出を避けたい関西・中京圏の学校に福井県を選ぶ傾向が出ているという。県観光連盟や各団体は県内外の旅行会社などにワークシートの活用を周知していく。連盟の担当者は「他県と差別化したSDGsのプログラムを提供し、一層の誘致を進めていきたい」としている。

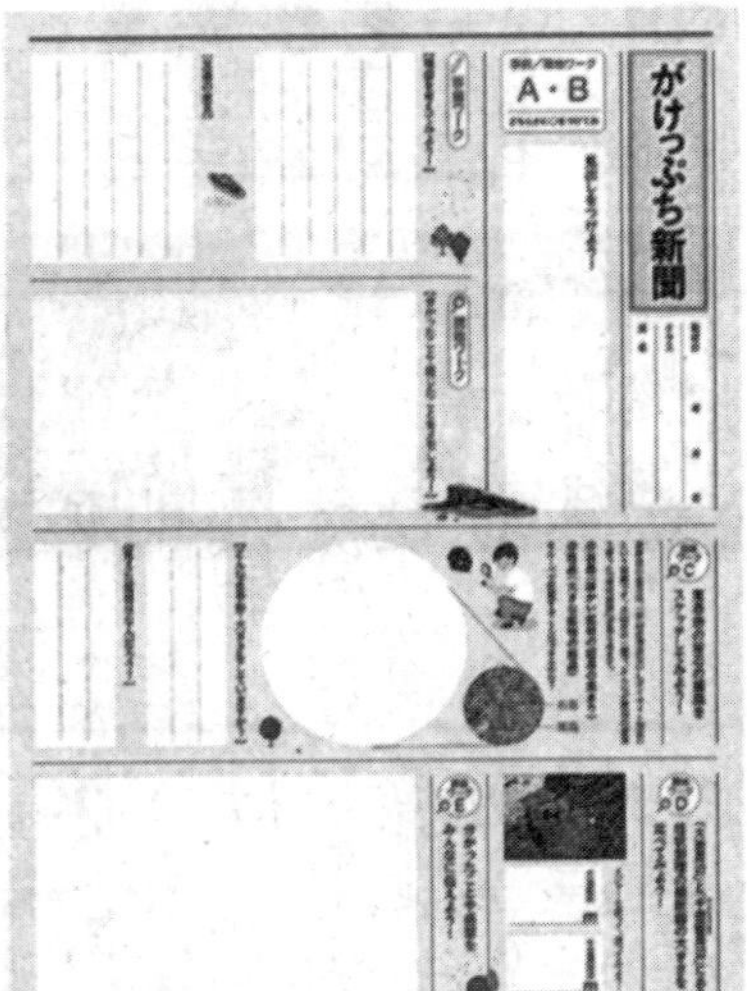


東尋坊の学習ワークシート

福井22・4・7

---

0施設

定第1弾

し

滋賀県は、琵琶湖を1周する「ビワイチ」など自転車を楽しむ人が快適に過ごせる宿泊施設を「サイクリストにやさしい宿」として認定している。自転車を屋内で保管できたり、修理工具を貸し出したりしていることが条件で、第1弾として9市町の50施設に認定証が交付された。課題となっている「宿泊を伴うビワイチ」の普及を進め、地域経済の活性化につなげることを目指す。

「やさしい宿」は、客室か屋内の安全な場所での自転車の保管▽自転車を含む宅配便の受け取りや発送▽

ホテル館内ではキーホルダーやシールなどのビワイチグッズも販売している

京都（滋賀）22・4・9

北海道22・4・2

# SDGs 札幌滞在し学んで

## 市、教育旅行誘致へパンフ

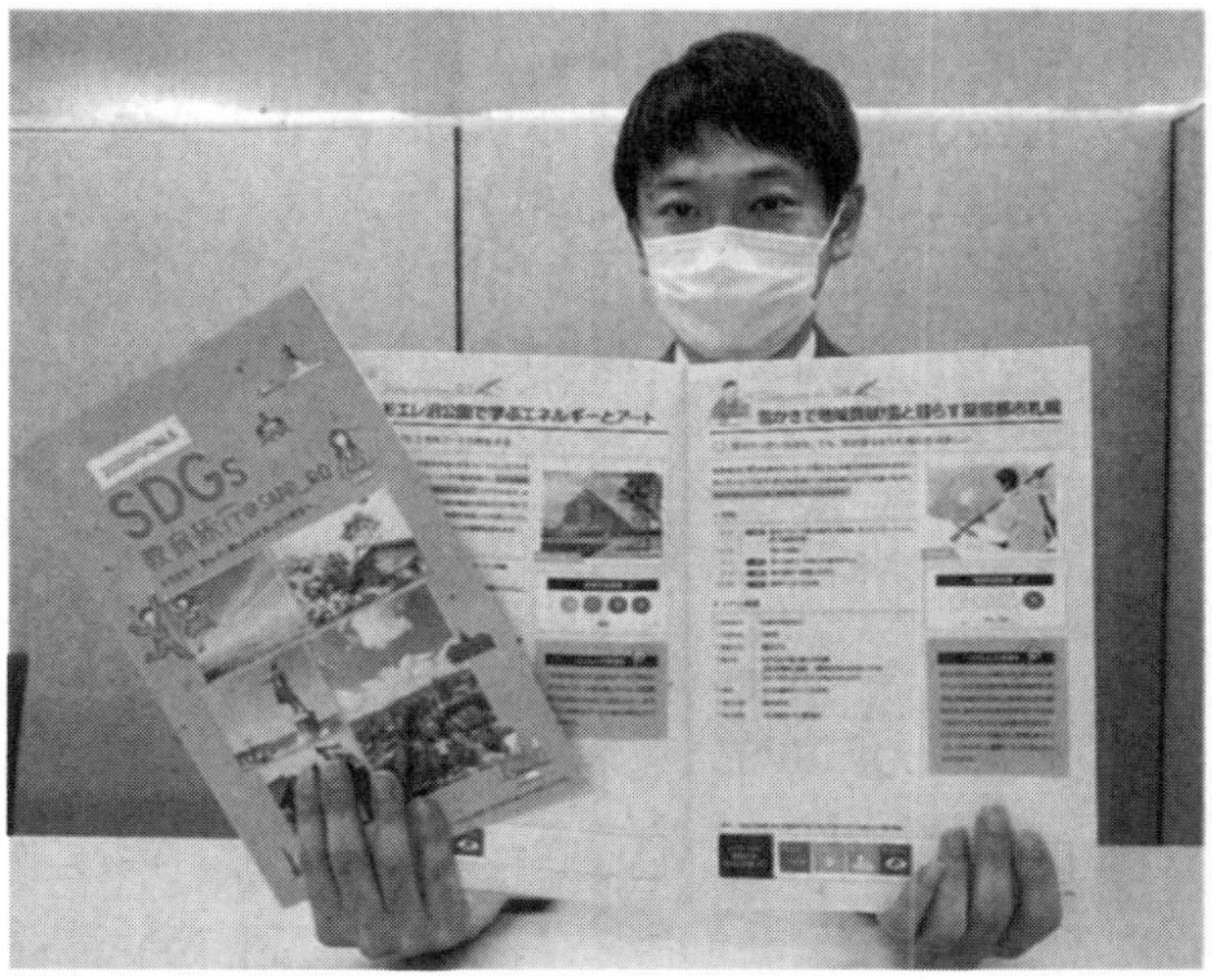

札幌での体験プログラムをPRするパンフレット

修学旅行など学校の教育旅行で札幌に滞在してもらおうと、札幌市が持続可能な開発目標「SDGs」について学ぶ教育旅行用の体験プログラムを作り、パンフレットにまとめた。道内外の旅行会社や学校に札幌をPRしている。

市によると、学習指導要領の改定に伴い、教育旅行でSDGsに関連した体験事業のニーズが高まっているという。プログラムは22種類あり、雪に困っている世帯での雪かき、捨てられる予定だった食材を活用した「フードロス削減メニュー」の食事体験、アイヌ民族の伝統舞踊鑑賞などを用意している。

A4判36㌻。5千部作成し、商談会などで配布している。市観光・MICE推進部は「札幌への誘客を促し、滞在日数も増やしたい」としている。パンフレットは市ホームページでも公開している。

（岩崎志帆）

# ビワイチ「やさしい宿」5

## 滞在促進へ 県認

琵琶レイクオーツカの館内にある自転車用スタンド。防犯性を高めるため玄関ドアの内側に設置している（大津市南小松）

六角レンチやドライバーなど修理工具の貸し出し―など7項目の基準を満たす宿泊施設。初の認定を受けたホテルや旅館、ゲストハウスなどに3月下旬、三日月大造知事から認定証が手渡された。各施設はビワイチ推進団体のサイト「輪の国びわ湖」で紹介している。

認定を受けた大津市南小松のホテル「琵琶レイクオーツカ」は2019年秋以降、空気入れや整備工具を常備し、安価な専用宿泊プランを設けるなどして自転車愛好家の誘客に努めてきた。シールやキーホルダーなどビワイチグッズも販売しており、山極明宏支配人(55)は「ビワイチを滋賀観光の大きな柱の一つにしたい」と意気込む。

## 7基準設定 自転車を安全保管／修理工具貸し出

ビワイチは19年に国の「ナショナルサイクルルート」に選ばれたことなどで、愛好家の人気を集めている。20年は新型コロナウイルス禍で前年より2割減ったものの、約8万7千人が体験した。今年4月には官民が連携してビワイチの魅力向上に取り組むことを定めた県の「ビワイチ推進条例」も施行された。

ただ、日帰りで楽しむ人が多く、地域経済への貢献が少ないことが課題とされている。県は宿泊を伴う滞在型のビワイチを推進することで体験者に観光施設や飲食店に立ち寄ってもらい、消費拡大につなげることを目指している。今後、宿泊施設のコインランドリーやサイクリング用シューズの乾燥機などの購入費補助も検討しており、本年度予算に400万円を計上した。

「やさしい宿」の認定は引き続き進める方針で、県ビワイチ推進室は「サイクリストも楽しく、地域もうるおう宿泊型ビワイチをもっと普及させたい」としている。

東京22・4・12

# 生活費1日最大2400円支給

## 親族・知人いない避難民ら

### ウクライナ侵攻

出入国在留管理庁は十一日、ロシアによる侵攻でウクライナから日本に逃れ、親族や知人がいない避難民らへの政府支援策として、一日最大二千四百円の生活費を支給すると発表した。当面六カ月間を想定し、医療費や日本語教育、就労支援にかかる実費も負担する。男女十八人に同日、約半月分の生活費を渡した。

日本に入国後、ホテルに一時滞在する間は食費とは別に十二歳以上は一日千円、十一歳までは五百円の生活費を支給する。

自治体や企業が提供する公営住宅や寮などに移った後は、十二歳以上は一日二千四百円（家族の場合は二人目以降千六百円）、十一歳までは千二百円とする。これとは別に、受け入れ先に移る際には備品代として十六歳以上は十六万円、十五歳までは八万円を支給する。

入管庁によると、三月二日～今月九日に入国した避難民は五百二十四人。同五日に政府専用機で入国した二十人の中に、親族や知人のいない人が含まれているという。全国の自治体や企業からの支援申し出は八日時点で九百五十三件に上り、入管庁が本人の意向を踏まえて支援先のマッチングを行う。

津島淳法務副大臣は十一日、今月訪れたポーランドのミレフスキ駐日大使と会談し、支援の在り方に関し意見交換した。

**避難民への主な支援**

| | 一時滞在先のホテル（国が借り上げ） | → | 公営住宅・寮など（自治体・企業提供） |
|---|---|---|---|
| 生活費（日額） | 12歳以上 1000円<br>11歳まで 500円 | | 12歳以上 2400円［2人目から 1600円］<br>11歳まで 1200円 |
| 医療、日本語教育、就労支援 | 国が実費負担 | | 必要に応じて国が実費負担 |
| その他 | 食事は別途、国が負担 | | 一時金支給 16歳以上 16万円<br>15歳まで 8万円 |

# 佐賀県 避難民丸ごと支援

## 住居から就労、日本語教育まで

### NPO連携

佐賀県は4日、ロシアのウクライナ侵攻を受け、県内のNPO法人などと連携し、避難民に対して、佐賀

る団体の経験やノウハウなどを共有し、言葉や仕事、学校など避難民が抱える不安を解消したい考え。支援

個別の避難希望者を受け入れる「個別対応型」（20組）と、日本ウクライナ友好協会を通じて避難希望者を募る「募集型」（10組）がある。必要経費は、義援金やふるさと納税の仕組みを活用したクラウドファンディングなどで募る。

県によると、13日に来日

け入れる。市民団体に交流サイト（SNS）を通じて支援を求め、団体が県に相談していた。県国際課の井崎和也課長は「民間と行政の強みをそれぞれ生かして、避難民が安心して佐賀に住めるよう、きめ細かい対応をしていきたい」と話した。（岩崎さやか）

ウクライナ

# 避難民に一時金支給へ

## 狛江市と三鷹市 就労支援、生活相談も

狛江市と三鷹市は1日、ロシアの軍事侵攻を受けたウクライナから避難してきた人への支援策を発表した。両市には現在、計5人が滞在しており、一時金の支給に加え、就労や生活面の相談に応じる態勢を整えた。

狛江市は「人道支援一時金」として1人10万円を給付する。コミュニティーバスの運賃も無料とし、就労に向けた支援や翻訳機の貸与のほか、児童館や市立小中学校で子どもを受け入れる。

3月中旬には70歳代の女性1人が市内に住む娘を頼って訪日しており、松原俊雄市長は31日、女性や家族と市役所で面会して支援を約束した。女性は英語や日本語を話せないことを心配していたが、提供された翻訳機に喜び、松原市長に「ボルシチを作ってあげたい」と伝えたという。松原市長は「早めに対策を練った。避難者が孤立しないように交流できる場を作ることも必要だ」と話した。

市は1日、女性の住民登録を行った上で、健康保険証も発行した。

三鷹市では生活支援の一時金3万円を支給する。公益財団法人の三鷹国際交流協会が生活相談に応じたり、日本語学習を支援したりするほか、相互理解を深めるためにウクライナの歴史や食文化などを学ぶ市民向けの講座やイベントを開催する予定だ。

市の担当者は「避難してきた方々が困っている状況で、市ができる方法を考えた。地域を挙げて温かく迎える雰囲気を作りたい」と

までの旅費の支給や住居の提供、生活資金の援助、就労就学支援、日本語教育などに取り組むと発表した。当面は30組を上限に受け入れる。県によると、官民一体で受け入れプログラムを策定、支援するのは都道府県では初めてという。難民支援などで実績のあ

プログラムは県内の自治体や団体などに相談があった

予定のウクライナ人女性2人を1組目として県内で受

西日本（佐賀）22・4・5

している。

ウクライナから避難してきた女性や家族との面会について説明する狛江市の松原市長（市役所で）

読売22・4・2

## 避難民1世帯50万円を支給

大阪市

大阪市は7日、ロシアによるウクライナ侵攻で市内に避難してきた人への支援策を発表した。市が行う避難民への支援募金を活用し、1世帯あたり50万円（単身世帯は30万円）を支給する。

支援金の対象は原則、2月24日のロシアによる侵攻以降に市民を身元引受人として市内に避難してきた人。市によると、7日現在1人が避難しているという。そのほかにも、市営住宅の無償提供や買い物同行などのサポート、ウクライナ人コミュニティーの設立支援などを行う。必要に応じて通訳の派遣も検討する。

読売（大阪）22・4・8

北國（石川）22・4・6

### 能美市、経済回復へ新制度

## グループ旅行に助成

### 全国の旅行会社から申し込み可

### ５人以上で１人1000円

能美市は、県内外から少人数のグループ旅行を誘致するための新たな助成制度を設け、1日からスタートさせた。全国の旅行会社から申し込めるようにし、5人以上で市内の宿泊施設に泊まって観光地を巡れば、1人当たり千円の支援を受けられる。県内各地で観光客の入り込みが回復傾向にある中、使い勝手の良い制度をアピールし、地域経済の回復へてこ入れを図る。

新型コロナの感染対策に配慮し、少人数グループでの旅行需要が高まっていることを受けた対応となる。能美市によると、10人未満の少人数のグループ旅行を対象にした、旅行会社向けの助成制度を設けるのは県内初という。

新制度は、5人以上のグループ旅行客を対象に1人当たり千円を交付する。市内の宿泊施設に延べ10人以上が泊まり、市九谷焼美術館やいしかわ動物園、能美古墳群など観光13施設のうち2カ所を巡ることが条件となる。5人の場合は2泊する必要がある。

市が２０１５年に創設した団体旅行助成制度は、合宿や学会、修学旅行のグループが対象で、利用者が直接宿泊施設に申し込む必要があった。使い勝手の良い制度とするため、新たにグループ旅行客を対象に加え、全国の旅行会社から制度の利用を申し込めるようにした。

先月22日に再開された県民旅行割事業や、今後再開予定の国の観光支援事業「Ｇｏ　Ｔｏ　トラベル」との併用もできる。

市内の昨年の主要観光地への入り込み客数は約77万人で、一昨年より回復したものの、コロナ前の19年の約107万人に比べると、3割減となっている。

市は北陸新幹線県内全線開業に向け地域間競争が激しくなるとみており、コロナ下での新たな観光ニーズを捉えた誘客対策を推進する。観光交流課の担当者は「新制度を活用して市内の周遊観光を促し、1人でも多くの能美ファンを増やしたい」と話した。

多くの来園者でにぎわういしかわ動物園＝昨年11月、能美市内

## 痴漢ダメ　傍観もダメ

### 警視庁アプリに新機能

警視庁の防犯アプリ「デジポリス」の痴漢対策の新機能画面

警視庁が配信するスマートフォン向け防犯アプリ「デジポリス」に8日、新機能が追加された。画面に「ちかんされていませんか?」の文字が表示されるというシンプルなものだが、痴漢の現場に居合わせた人たちを「傍観者」にしない狙いがあるという。

これまで同アプリの痴漢対策の機能は、「痴漢です　助けてください」という文字が表示され、さらに画面をタップすると「やめてください」という音声が流れるというものだった。被害者自身の使用を想定していたが、女子高校生から「被害時に冷静に操作するのは難しい」と意見が寄せられ、周りにいる人が被害者を助けられるような機能を追加することにした。

同庁は、被害者の周辺にいる人が、新機能の画面を被害者に示し、被害の有無を確認するような活用を想定している。同庁幹部は「多くの人にアプリを活用してもらうことで、社会全体で痴漢被害をなくしていくという意識向上につなげたい」と呼びかけている。

デジポリスは2016年に始まり、3月末現在で約47万件ダウンロードされている。

（大山稜）

朝日22・4・9

---

宮崎22・4・10

## 「心に寄り添う条例」制定

### 被災者や犯罪被害者支援

### 新富町　見舞金、住居を提供

持続可能なくらしへ　みやざきSDGs

児湯　西都

新富町は、災害の被災者や犯罪・事故の被害者を支援するための条例を制定し、1日に施行した。被災者や被害者に町単独で見舞金を支払うほか、生活再建を後押しするため安定した住居の提供、誹謗《ひぼう》中傷をはじめとした二次被害抑止などに取り組むことも定めている。

施行したのは「新富町民の心に寄り添う支援条例」。町内では以前から竜巻や台風による災害が発生しているが、激甚災害以外の被災者に対しては具体的な支援策を定めていなかった。犯罪・事故被害者に対する支援策も決められていなかったため、両者を包括して支援できる条例を制定することになった。

地震や火事、豪雨などの災害については、死亡した被災者の遺族に10万円、家屋の全焼・全壊被災者に5万円、半壊・床上浸水被災者に3万円の見舞金を給付。犯罪・事故については、死亡した被害者の遺族に30万円、重傷者らに10万円を給付する。住む場所に困っている場合には町営住宅への入居を配慮するほか、福祉サービスの提供なども行う。

町担当者は「町内では毎年のように災害が発生し、交通事故も起きている。被害に遭われた町民の皆さんに寄り添える町を目指していきたい」と話している。

町は制度開始に向け、同条例と「災害被害者等見舞金」の事業費を盛り込んだ2022年度一般会計当初予算を3月議会に提案し、可決された。

（林慎次）

---

## 専門家でケアチーム

### 警察官らの惨事ストレス対策

多数の死傷者が出た大規模災害や事件事故、火災の悲惨な現場で警察官らが被る不眠などの惨事ストレス対策として、警察庁は新たに精神科医ら専門家を加えた「ケアチーム」を編成し、全国各地のブロックご

また、30年に富山市の交番で警察官が刺殺された事件など近年は警察官襲撃が相次ぎ、同様のケースがあった際、同僚のケアのため派遣することも想定している。

警察庁によると、惨事ス

く。災害などが発生した際、医師や保健師、公認心理師といった資格を持つ各地の警察職員らとチームを編成して現地に向かう。

チームは凄惨《せいさん》な状況下で活動した警察官や職員と面談し、必要に応じて医療機

針だ。

惨事ストレスを受けた人は不眠などの症状が出て、長引けば心的外傷後ストレス障害（PTSD）につながる恐れがある。7年の阪神大震災や地下鉄サリン事件などで注目されるようになり、23年の東日本大震災では、岩手、宮城、福島3県警の警察官らへの調査で、4・1%にPTSDと疑われる症状があることが判明した。

警察官や消防士らに特有

# サイバー特捜隊発足

## 警察庁 他国と共同捜査も

警察庁の新たな組織、サイバー警察局とサイバー特別捜査隊が1日、発足した。サイバー特捜隊は、都道府県警の監督・調整が従来の役割だった警察庁が自ら捜査を担う初の部隊で、重大な事案に限って捜査する。他国と連携した国際共同捜査にも参加していく。

警察庁の中村格《いたる》長官は発足式の訓示で、データを暗号化し身代金を要求するコンピューターウイルス「ランサムウェア」の被害や国家を背景にもつ集団によるサイバー攻撃など脅威は深刻だと指摘。「外国の捜査機関と信頼関係を構築し、各国と協力した対策を進める必要がある」と述べた。

サイバー局は、各局に分かれていたサイバー関係の業務を一元化。約240人体制で情報収集・分析や捜査指揮などにあたる。

サイバー特捜隊は東京都内に拠点をおき、約200人で構成。約半数は東京で勤務、ほかは都道府県にある警察庁の地方機関にいながら兼務し、データ解析などにあたる。隊長にはキャリア警察官の佐藤快孝《よしたか》警視正が就いた。

特捜隊が捜査するのは、国や地方自治体、交通機関といった重要インフラに支障が出るなどの「重大サイバー事案」に限られる。捜索や差し押さえ、逮捕、送致などの手続きを自ら行うほか、都道府県警との合同捜査や支援もする。

警察庁は体制発足に際して都道府県警に対し、各部門の連携強化や民間の事業者と連携した対策の推進などを指示した。

（編集委員・吉田伸八）

朝日22・4・2

---

とに設置して現地へ派遣する取り組みを4月から始めた。同庁への取材で分かった。

これまでも平成26年の広島土砂災害や28年の熊本地震などで、メンタルヘルス担当の警察庁職員を個別に送り支援してきたが、その後も豪雨災害が頻発し、将来発生が予想される南海トラフ巨大地震や首都直下地震に備え、体制を強化した。

トレスに詳しい精神科医ら8人を、近畿や九州などブロックごとに「ケアアドバイザー」として1人ずつ置

関の受診などを助言する。アドバイザーは各警察の研修も担当し、日頃から有事に備えて連携を強化する方

の現象で、ストレスがありながら、使命感や責任感から「弱音を吐いてはいけない」と任務を続けるケースもあるという。

警察庁の担当者は「警察の規模によっては人手や経験が足りないことがある。どこで大災害、大事件が起きてもケアが届くようサポートしたい」と話した。

産経22・4・4

---

読売22・4・2

発足式に臨む警視庁組対部の幹部ら（警視庁本部で）

# 全国初「犯罪収益対策課」

## 警視庁組対部改編 資金洗浄など専門

警視庁の組織犯罪対策部が改編され、千代田区の警視庁本部で1日、新設部署の発足式が行われた。

改編は、巧妙化する組織犯罪の摘発と情報収集の強化が狙いで、マネーロンダリング（資金洗浄）や電子決済に絡む犯罪捜査を専門とする「犯罪収益対策課」（約110人体制）が全国の警察で初めて設置された。

発足式には組対部幹部ら約70人が出席。新設部署に所属する課長らが、大石吉彦警視総監から辞令の交付を受けた。田村高次・犯罪収益対策課長は「捜査を強力に推進し、犯罪組織の壊滅と弱体化を図りたい」と話していた。

---

日経22・4・14

# 高齢者の運転免許更新

## 講習と検査 初の施設

### 埼玉県警、順番待ち短縮

高齢ドライバーの増加を受け、埼玉県警が運転免許更新時の高齢者講習や認知機能検査に特化した施設を開設する。運転実技用のコースを備え、県の2022年度予算に建設費として約4億7千万円を計上した。さいたま市内に建設予定で敷地面積約4万3千平方㍍。24年度に運用を始める。

県警によると警察が運営する専用施設は全国初。講習を受けられる時期になっても受講まで2カ月近く待たされる状況の改善を狙う。

免許更新の際、70歳以上は実際に乗車しての運転技術の確認や座学講習が義務付けられ、75歳以上は講習前に記憶力や判断力を測定する認知機能検査がある。

講習と検査は免許更新期間が終わる日の6カ月前から受けられる。ただ対象者が多く、順番がなかなか回ってこないことが課題となっている。

警察庁によると、受講までにかかる日数の全国平均は21年12月時点で73日。埼玉県は同時点で67日だった。県警の試算では24年度に100日、26年度には180日と増え続ける見通しで、受講前に免許更新期間を過ぎる可能性が指摘されていた。

全国の70歳以上の運転免許保有者数は20年末時点で約1200万人と、15年末から約300万人増加。期間短縮のため、各地では認知機能検査へのタブレット導入や、予約のコールセンター開設などの取り組みが進む。

# 地デジ波で災害情報
## 行政無線より費用減
政府、年度内導入

政府は、防災行政無線の代わりにテレビ局の地上デジタル放送波を活用して、災害情報などを伝達するシステムの構築に乗り出す。中継局などの設備を整備する必要がなく、防災行政無線よりも費用が抑えられるメリットがある。年度内にも一部自治体での本格導入を目指す。

新たなシステムは、自治体が災害情報や避難情報をテレビ局に送ると、各家庭に設置した受信機で音声や文字データを確認できる仕組み。受信機は重さ約420㌘で持ち運び可能だ。アンテナを伸ばせば、避難先でも情報を受け取ることができる。

受信機とスマートフォンのアプリを連動させて、避難者の居場所を自治体の担当者が把握することもできる。迅速な避難を図るため、避難所の入り口をオートロックにして、受信機を活用して遠隔から解錠することも検討している。

防災無線では屋外に設置したスピーカーなどを通じて災害情報を伝えている。総務省消防庁が全国への普及を促しているが、中継局などの設備更新が10～15年ごとに必要で、人口4万人規模で12・8億円程度かかる更新費が自治体にとって重い負担となっている。

テレビ局の電波を使えば、更新費などの大幅削減が可能だ。設備費を含めた初期費用は4万人規模の自治体の約8割の世帯に防災無線用の受信機を配った場合は約30億円かかるのに対し、地デジ波用の受信機では約15億円に抑えられる。

政府は昨年11月から今年3月にかけ、東京都（中央区、江戸川区、八丈町）と兵庫県加古川市、長野県（長野市、須坂市、軽井沢町）で、地元のテレビ局の電波を使い、災害情報を伝える実証実験を実施してきた。

消防庁は、結果を踏まえた自治体向けのガイドライン（指針）を作成中で、まずはこれらの地域で運用を始めたい考えだ。政府は全国のテレビ局に協力を要請した上で、自治体が住民に貸し出す受信機の購入費（約1万～2万円）の7割を特別交付税措置などで負担する方針だ。

読売22・4・15

地上デジタル放送波を活用した災害情報伝達システムのイメージ

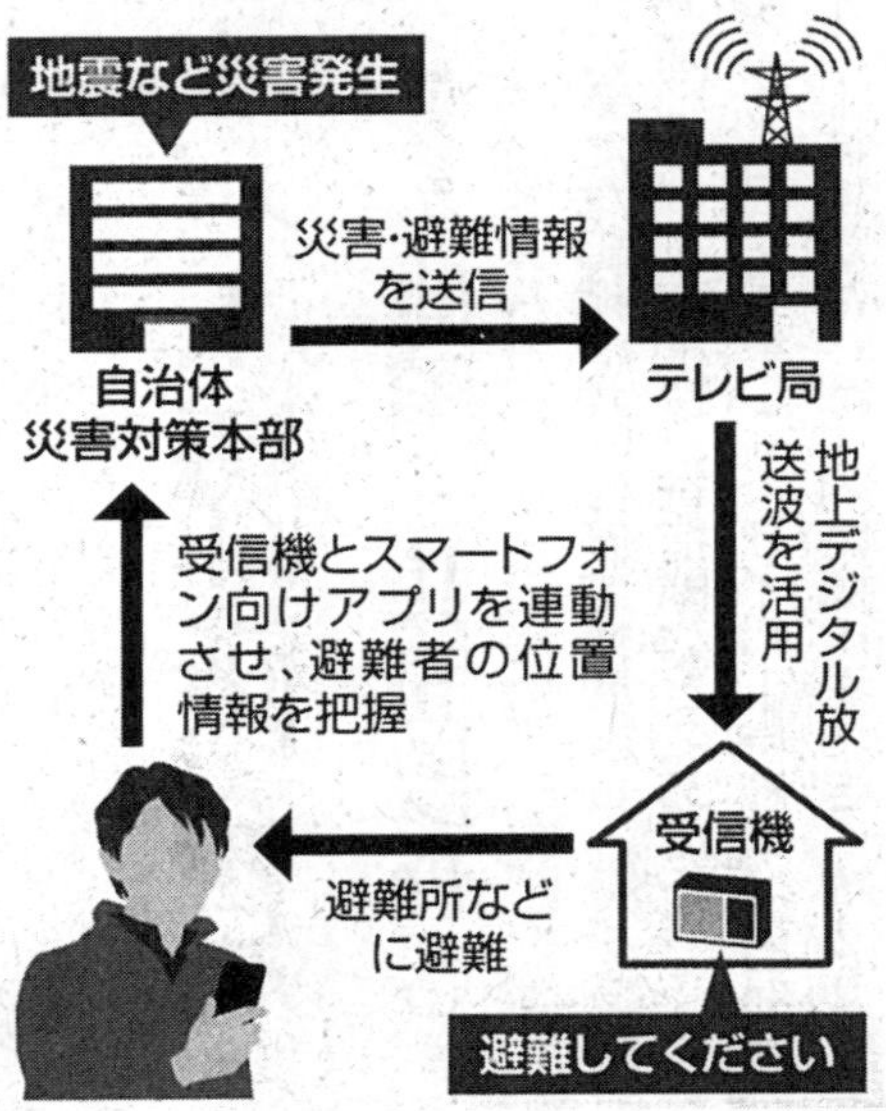


# サイバー犯罪 1万2000件
21年 コロナ関連減

警察庁は7日、全国の警察による2021年のサイバー犯罪摘発件数（確定値）を発表した。前年に比べ2334件増の1万2209件で過去最多を更新。このほか、新型コロナウイルス関連でサイバー犯罪が疑われた報告は前年比630件減の257件だった。

同庁では1日からサイバー警察局とサイバー特別捜査隊が発足し、深刻化する被害への対応を本格化させている。

警察庁によると、新型コロナ関連の内容別は「パルスオキシメーター（指先で血中酸素濃度を測定する機器）を販売する」などの詐欺が最も多く113件。次いで「給付金がもらえる」といった不審なメールやサイトが55件、個人情報の不正取得53件、業務妨害20件だった。

インターネットバンキングの不正送金事件は対策が進み、同1150件減の584件、被害額も同3億1300万円減の約8億2千万円。

北日本（富山）22・4・8

# 隣接の鳥取県に運転停止要求権
## 島根原発、初の協定

中国電力が再稼働を目指す島根原発（松江市）を巡り同社と周辺自治体の鳥取県、同県の米子市、境港市は8日、安全協定を改定し、鳥取市の知事公邸で調印式を行った。県が原子炉の運転停止を要求できるとする項目を新たに定めた。県によると、周辺自治体の協定に運転停止を求める権限が明記されるのは全国初。

県側が要求していた、島根県と松江市には認められている再稼働への事前了解権は盛り込まれず、「事前報告」という文言にとどまった。再稼働する際は鳥取県側に意見があれば中国電力は誠意を持って対応するが、同意を得ることは義務付けられない。

協定は2011年12月に周辺自治体として全国で初めて締結。一方で、立地自治体の島根県と松江市が結ぶ安全協定とは差があり、鳥取県側は立地自治体並みの内容に改めるよう、12年11月から8回にわたり中国電に申し入れていた。

調印後に、同社の芦谷茂副社長は鳥取県側からの要望を「最大限盛り込んだ」とした上で、安全協定の運用は「立地自治体と同様の対応を行う」と話した。平井伸治・鳥取県知事は全国の周辺自治体と比べて「一番強力な（協定）改定ではないか」と評価した。米子市と境港市は避難計画の策定が必要な30㌔圏に入る。

毎日22・4・9

埼玉22・4・1

# 越谷市に「移動トイレ車」

## 県内初 災害、訓練時に活用

大規模災害時の活用を見据え、越谷市は、移動設置型トイレを搭載した車両「トイレトレーラー」を導入した。市によると、これまで全国14自治体で導入され、県内では初めてだという。（新井秀明）

トレーラーはおよそ全長4・3㍍、幅2・4㍍。洋式水洗トイレ4室の個室を装備する。殺菌灯や排水溝もあるため、長期使用でも衛生状態を管理。ソーラー発電システムも備え、停電時は照明や電動換気扇が使用可能となる。充電式バッテリーを使えば、被災直後の断水下でもすぐに対応が可能。購入金額は約1954万円。

大規模災害時に避難所ではトイレ不足が深刻となり、避難者の衛生や健康面の影響が懸念されてきた。トイレトレーラーは機動性と即応性に優れており、災害時でも快適なトイレ環境の提供が可能となる。

市は導入14自治体が加盟する「災害派遣トイレネットワークプロジェクト」に参加。災害時には被災地域にトイレトレーラーを相互派遣する。

5月末まで観光農園「越谷いちごタウン」（同市増森）に設置。市の防災訓練で活用するほか、平時はイベントなどでもPRする。

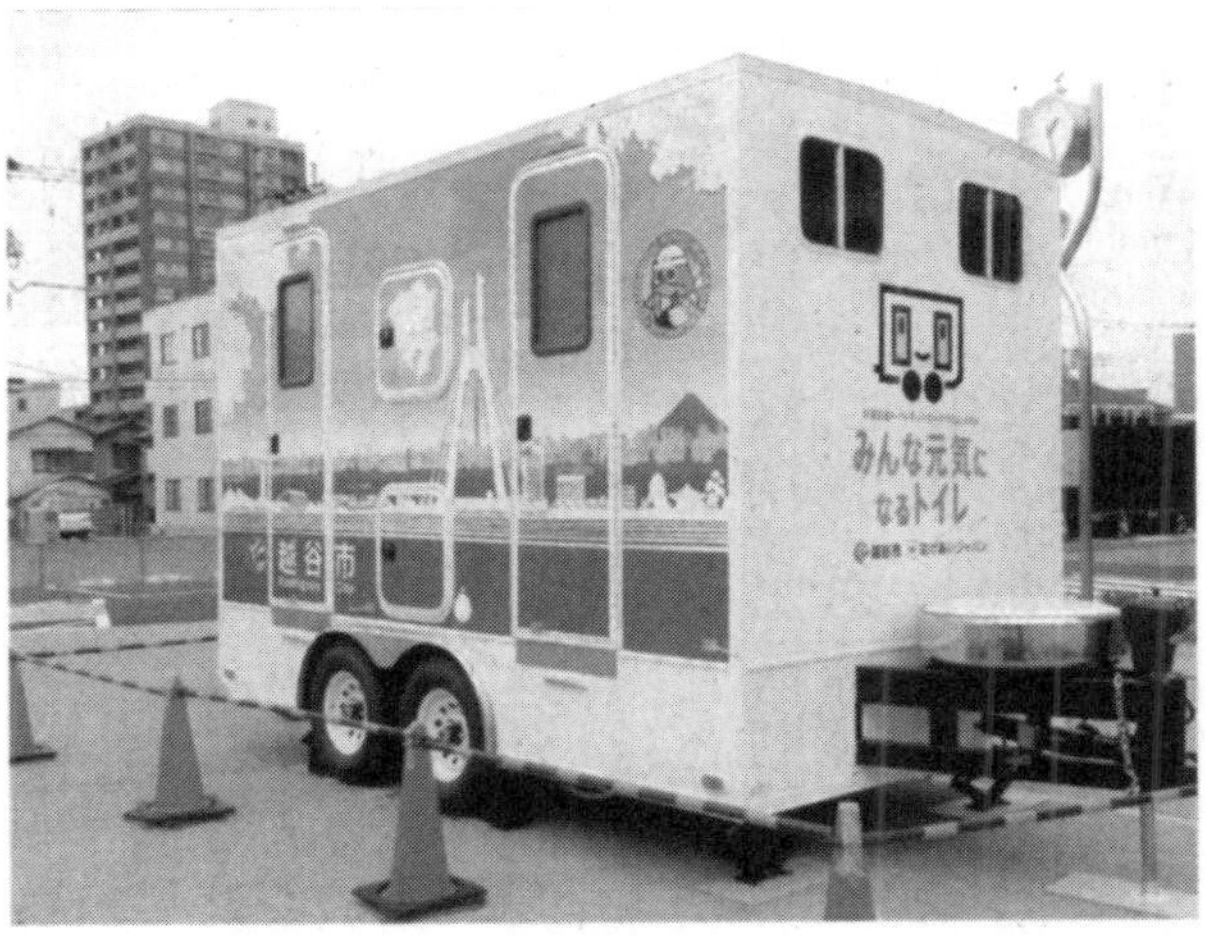

㊤トイレトレーラーの外観＝26日午後、越谷市越ケ谷
㊦トイレトレーラーの内部（越谷市提供）

# 緊急道沿い 耐震化遅れ

## 診断義務 23都府県のみ

### 国25年完了目標

大規模災害時に避難や救助、救援物資の輸送に使われる緊急輸送道路（緊急道）のうち、特に重要な路線を指定し、倒壊した場合に道路を半分以上塞ぐ恐れのある沿道の建物の耐震診断を義務付けている自治体が23都府県にとどまることが、毎日新聞の取材で判明した。このうち耐震診断を終え、耐震性が不十分な建物を把握済みなのは15都府県だった。国は特に重要な路線について、2025年末までに沿道の建物の耐震化を完了するよう求めているが、対応は遅れている。

16年4月に起きた熊本地震では、熊本県内の緊急道計約2100㌔のうち、28路線の50カ所が沿道の家屋倒壊などで通行止めになり、支援物資の輸送などが滞った。14日で地震発生から6年になるのを前に、47都道府県に取材した。

13年11月施行の改正耐震改修促進法は、都道府県や市町村に対し緊急道の一部を特に重要な路線と指定。さらに、沿道の建物のうち1981年以前の旧耐震基準で建てられ、倒壊した場合に幅員の半分以上を塞ぐ恐れがある建物の所有者などに耐震診断を義務付けるよう定めている。義務化した都道府県などは、建物ごとに耐震性の有無を公表した上で、耐震性が不足する建物の所有者に対して耐震補強工事や建て替えなどを促す必要がある。国はおおむね25年末までに完了させる目標を示してきた。

取材によると、22年3月末までに特に重要な路線を指定し、耐震診断を義務化したのは23都府県で、このうち福島▽埼玉▽東京▽神奈川▽岐阜▽愛知▽三重▽滋賀▽大阪▽岡山▽広島▽徳島▽香川▽高知▽佐賀――の15都府県は必要な耐震診断も終え、耐震性が不十分な建物を把握している。群馬▽千葉▽山梨▽京都▽和歌山▽島根――の6府県は、建物所有者からの診断結果の報告期限を23年3月末～26年3月末にしており、静岡県は報告を集計中、茨城県は報告期限が未定だった。

一方、重要路線を指定せず、耐震診断を義務付けていない自治体は24道県。栃木や兵庫、福岡など17県は「迂回《うかい》路がある」などを理由に指定する必要がないという考えを示したが、北海道▽長野▽愛媛▽長崎▽熊本▽宮崎▽沖縄――の7道県は「耐震診断費用の半分は自治体持ちのため負担が大きい」（長崎県）などとして耐震診断の義務化を見送っている。これに対し、国土交通省建築指導課は「耐震診断により建物の危険性を把握できるため積極的に指定してほしい」としている。【吉川雄策】

毎日22・4・13

# 避難所電源にEV
## サポーター制度立ち上げ
千葉市

千葉市は今月、災害などによる停電時に市民が所有する電気自動車（EV）を避難所の電源に活用する「EVサポーター制度」を立ち上げ、EV所有者に登録を呼び掛けている。平常時は市のイベントでEVの普及に向け給電のデモンストレーションを行ってもらう。市によると、県内でも先進的な取り組みという。

市は、2019年の房総半島台風（15号）で発生した大規模停電の経験を踏まえ、災害時の非常用電源として民間のEVの活用を推進。脱炭素社会の実現にもEVなど次世代自動車の普及が不可欠としている。

停電時に電力を必要とする施設と市民のEVをマッチングする仕組みとして、同制度を創設。災害による停電時、事前に市が制度に登録した市民に協力を要請し、同意した市民のEVに避難所や福祉施設などで給電をしてもらう。市はJFEスチール東日本製鉄所や自動車メーカーなどと災害時のEV貸与について協定を結んでおり、市民のEV活用できめ細かい被災者対応を進める。平常時は市のイベントで電飾の点灯などのデモンストレーションを想定している。活動は全てボランティア。

対象車両はEVの他、プラグインハイブリッド自動車（PHV）と燃料電池自動車（FCV）。市内に計約2千台（20年度末現在）が登録されているという。

市温暖化対策室は「脱炭素社会の実現とともに、災害時の共助の取り組みとして、市民にぜひ協力してほしい」と話している。市はEVなどの購入に対して補助金を支給している。問い合わせは同室☎043（245）5199。

千葉22・4・8

# 津波避難タワー502棟に
## 震災前の11倍

津波発生時に住民が一時的に身を寄せる「津波避難タワー」が昨年4月までに23都道府県で502棟建てられ、2011年の東日本大震災前の11倍に増えたことが内閣府の調査でわかった。

建設費は、国が2分の1を自治体に補助しているが、自治体負担は億単位に上り、群馬大などの調査によると、震災前は45棟にとどまっていた。14年に南海トラフ巨大地震の被害想定地域で、この補助の割合が3分の2に上がり、整備が加速した。7割が関東以西の太平洋側で、最多は静岡県の139棟だった。

津波避難タワーが多い上位5自治体

| | |
|---|---|
| 静岡県 | 139棟 |
| 高知県 | 115 |
| 宮城県 | 41 |
| 和歌山県 | 36 |
| 三重県 | 28 |

※2021年4月時点、内閣府調査から

既存の高層の建物を「津波避難ビル」として活用する動きも進んでいる。37都道府県で1万5304棟が登録され、震災前の1876棟の8倍になった。

タワー建設費について、南海トラフ巨大地震以外でも国の補助率を上げるよう自治体が求めている。自民党は日本海溝・千島海溝沿いを震源とする巨大地震の被害想定地域で、補助を3分の2にする法律の改正案を議員立法で提出する方針で、今国会での成立を目指している。

読売22・4・6

# 噴火津波 到達時刻発表へ
## 「トンガ沖」教訓 気圧の波から予測

東京22・4・7

気象庁は七日、大規模火山噴火に伴い津波が想定される際には、津波に先行して大気中を伝わる「気圧波（ラム波）」と呼ばれる波動の速度から到達時刻を予想し、発表するよう運用を改めた。

（宇佐見昭彦）

今年一月の南太平洋・トンガ沖の海底火山噴火で、地震による津波と起き方が異なるため津波警報などの発表が遅れたことを教訓に、津波発生のメカニズムを調べ、運用改善に至った。

この間の暫定的な措置では、三月八日の南太平洋・パプアニューギニアの火山噴火直後、津波が発生した場合の日本への到達予想時刻を「不明」として注意を呼びかけていた。今後は、日本列島の中で最も早く到達する地域名と予想時刻を明示する。

ラム波は音速（秒速約三百四十㍍）に近いスピード（秒速三百㍍程度）で大気中を伝わり、気圧の変化として気圧計で観測される。波高二〇㍍の大津波で三万六千人の犠牲者が出た一八八三年のクラカタウ島（インドネシア）の巨大噴火など、大規模な火山噴火時にはラム波が発生することが知られている。

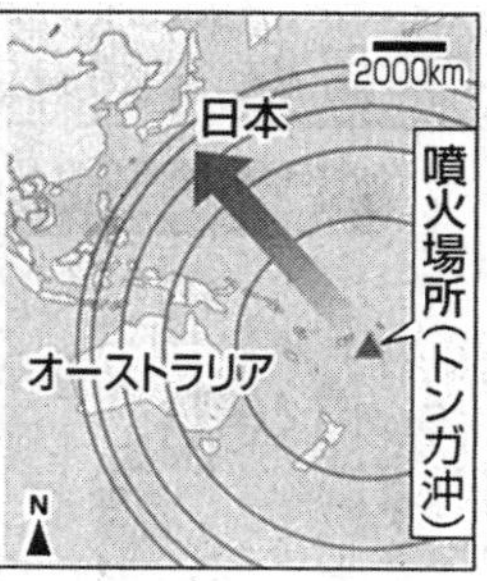

トンガ沖噴火で発生した気圧波が伝わるイメージ

気象庁によると、一月十五日のトンガ沖の噴火に伴い、大気中で発生したラム波が鹿児島県奄美市に到達したのは、同日午後八時二十四分ごろ。津波の第一波は同九時前に奄美市に到達し、同日深夜に一・三四㍍の最大波を観測した。

津波発生のメカニズムを分析した気象庁の勉強会で座長を務める佐竹健治・東京大地震研究所教授は「ラム波が海面を揺すって（日本各地の津波の）原因となったことは間違いない」「ラム波が（先に）来て、その後、潮位変化が起きた」と説明。地形の影響など他の要因も重なり、潮位変化が増幅したとみられる。

# 災害時の大きな支え

大規模災害の被災地で活用できる移動式の「トイレトレーラー」の普及が進み始めている。「全国の自治体が1台ずつ常備して、緊急時に派遣し合う」。一般社団法人「助けあいジャパン」（東京）が提唱したそんなプロジェクトに賛同し、2018年4月に静岡県富士市が第1号を導入してから4年。「断水時にも使えて清潔」と評判を呼び、配備は北海道から九州まで、全国の19自治体に広がっている。

千葉県君津市は21年、関東で初めて導入した。全長5・65㍍、幅2・4㍍。洋式の水洗トイレ4室と給水・汚水タンクを備え、電気は太陽光発電とバッテリーで賄う。水と電気が途絶えた状態でも1200〜1500回の使用が可能だ。新型コロナウイルス感染症対策として、殺菌灯も付けている。けん引車を含めて約2400万円の費用は、市がクラウドファンディングなどで捻出した。

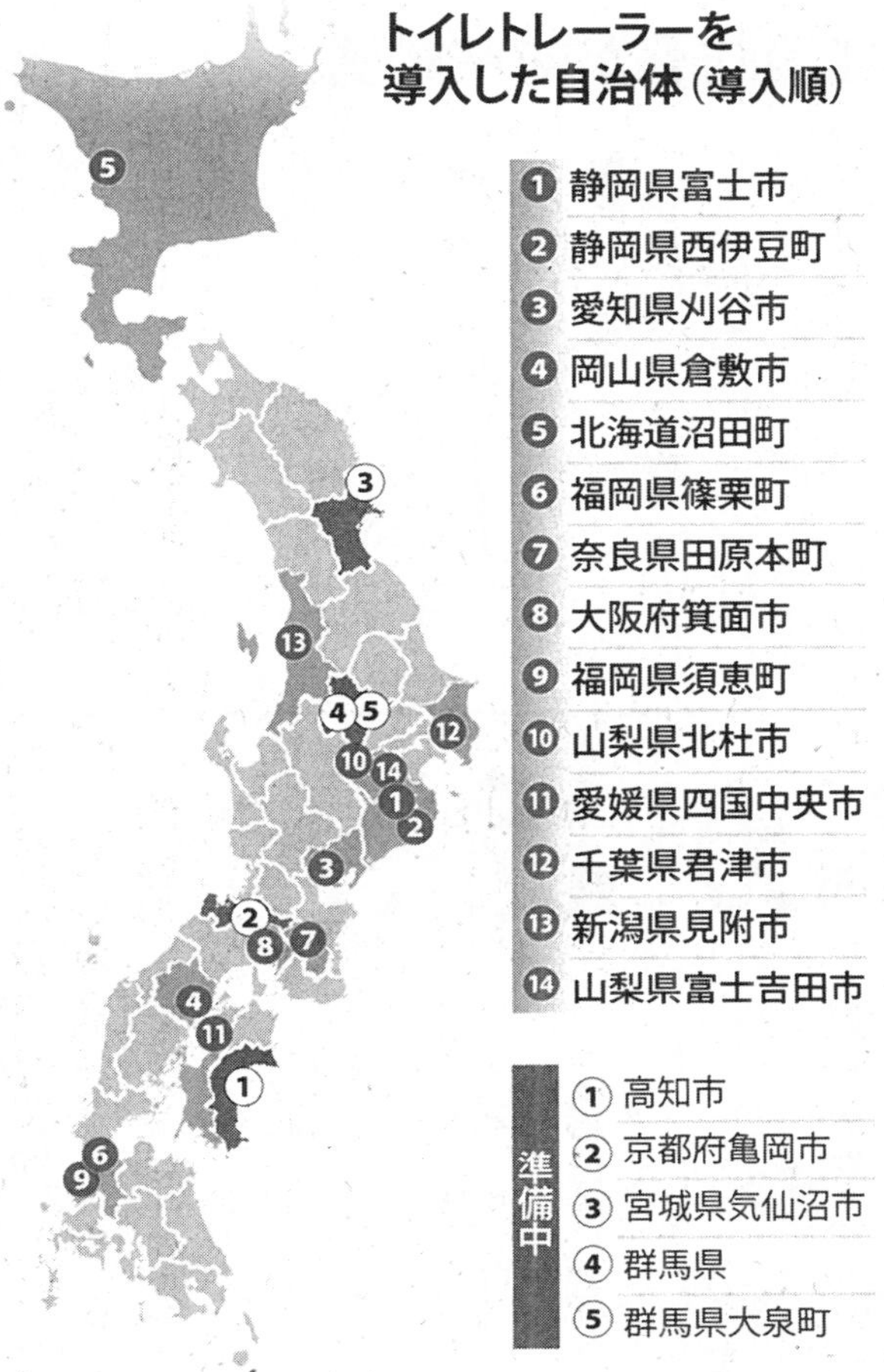


導入のきっかけは、19年9月の台風被害だった。長期間の停電と断水に見舞われ、市はトイレトレーラーの派遣を「助けあいジャパン」に要請した。静岡県の富士市と西伊豆町、愛知県刈谷市から駆け付けた計3台を避難所などに約10日間設置したところ、利用者からは「清潔で明るく、洗面台もあってほっとした」「子どもと一緒に入れる広さで安心した」と好評だったという。

災害時のトイレの不備は、体調悪化や災害関連死に結びつく恐れもある。「飲食は多少我慢できても、トイレは我慢できない」。君津市の石原誠・前危機管理課長(47)は強調した。

設備も進化している。富士市は19年の台風19号で長野市に派遣した際、水道管が凍って壊れたのを機に、寒冷地仕様を開発。愛媛県四国中央市は車椅子昇降機付きのバリアフリー型を初めて導入した。富士市の太田智久・防災危機管理課統括主幹(47)は「被災地への派遣実績を重ねてノウハウを蓄積し、装備の改良にも役立ててきた」と説明する。

君津市は導入間もない昨年8月、大雨被害に見舞われた佐賀県大町町への派遣に手を挙げたが、近隣の福岡県篠栗《ささぐり》町のトレーラーが出動し、実際の災害時の派遣はまだない。ただ、平常時も防災訓練やイベントに活用する方針だ。昨年11月には水上スキー大会の会場に派遣。現場での初披露となり、防災の啓発活動に役立てた。石原前課長は「派遣を受けた時の感謝の思いから、支援する側にも回りたいという気持ちになり、助け合いの輪に加わった。積極的に派遣して恩返しをしたい」と意気込む。富士市の太田主幹も「普段の活用方法も知恵を絞っている。参加自治体が増えれば、一層充実した支援ができる」と期待する。

2019年９月の台風被害で千葉県君津市に設置された愛知県刈谷市のトイレトレーラー＝君津市提供

## 「関連死ゼロに」

「助けあいジャパン」は11年の東日本大震災の直後に発足し、被災地でボランティア情報の提供などの復興支援にあたってきた。石川淳哉共同代表(59)によると、16年の熊本地震で災害時のトイレ問題が大きくクローズアップされた。「不潔なトイレを避けて飲食を控え、持病が悪化した被災者が多くいた」。翌17年、「みんなで1台ずつ持ち合い、災害が起きたら全国から集まろう」と呼び掛けを始め、現在は参加自治体で作る協議会の事務局を務めている。災害時に派遣するトレーラーの差配や、支援時のマニュアル作りなどを担当する。

これまで、14自治体に実際に配備された。高知市と京都府亀岡市は4〜6月の車両到着を待つ。宮城県気仙沼市では、仙台市出身のお笑いコンビ「サンドウィッチマン」がトレーラーを寄贈し、8月に納車予定という。石川共同代表は「ネットワークという形にようやく近付いてきたが、半径100㌔以内での助け合いを想定すると300〜600台は必要。災害による直接死は防げなくても、関連死はゼロにしたい」と大きな目標を掲げている。【高橋秀郎】

毎日22・4・5

●防災・消防

# 聴覚障害者 地震時の心得

## 救助の呼び方など紹介

### 狛江消防署が対策動画

狛江消防署（狛江市）は市内の障害者団体などと協力し、聴覚障害者向けに巨大地震時の防災対策をまとめた動画を初めて制作し、インターネット上で公開している。救助を求める時には笛や懐中電灯を活用することなどを紹介しており、同署は「最近も福島県沖を震源とする最大震度6強の地震が起きており、備えは万全にしてほしい」と呼びかけている。

約20分間の動画「共につくる　共にそなえる　聴覚障がい者の地震対策の基礎」では、耳が不自由でも緊急地震速報に早く気付くための方策や、救助が必要な時の対応方法など、注意すべきポイントを五つにまとめて説明。映像や字幕を交えつつ、聴覚障害者や同署員らが手話を使いながら解説している。

同署によると、聴覚障害者が地震時に直面する大きな困難として、周囲に助けを求められないことが挙げられる。このため動画では、大きな音を出すために笛やスマートフォンのアラームを活用したり、懐中電灯を外に向けて点灯したりすることのほか、手話通訳を介して通話できる「電話リレーサービス」の登録などを呼びかけている。

動画制作を企画した同署地域防災担当の櫛谷修央《のぶお》さん(39)は昨年5月から、障害者や支援者らとともに有用な啓発方法などを模索してきた。東京消防庁内に手話サークルも設立したという櫛谷さんは「聴覚障害者が接する防災情報には限りがあった。東京でも大地震が起きる恐れがあるので、動画を確認して備えを

1　緊急地震速報に早く気づくために
どんなことをしていますか？
私はスマホ連動型の腕時計を
身につけています

聴覚障害者に対応した地震対策動画で、自身の対策を手話で説明する狛江市民（ユーチューブの狛江

# 時 ピクトグラムが誘導

## 岡山の消防・大学生作成「いずれは世界標準に」

災害などの緊急時に取るべき行動が一目で分かる絵文字「ピクトグラム」を岡山市消防局と川崎医療福祉大（岡山県倉敷市）が作り、全国へ広がっている。耳の不自由な人や外国人の被災者に防護服の消防士らの声や指示が届きにくいことから考案し、二十九道府県の消防や病院、商業施設など三百カ所以上で取り入れられた。普及を進め、世界標準を目指している。

歩いてこちらへ
Walk here.
服を袋へ
Put clothes in bag.
ポンチョを着る
Wear a poncho.
タグをつける
Put on tag.

岡山市消防局などが作成したピクトグラム

人が手を上げて誘導しているような図柄で避難を促す「歩いてこちらへ」、傷病の程度で治療の優先順を決めるトリアージ時の「タグをつける」、NBC（核、生物、化学）テロの際に汚染された衣類の処分と着替えを求める「服を袋へ」と「ポンチョを着る」の四種類。普段はお目見えしないが緊急事態の際、これらを文字付きで表示したボードを掲げたり、円柱を設置したりして効果的な誘導につなげる。ピクトグラムは非常口やトイレのマークが知られるが、災害現場を想定したものは珍しいという。

プロジェクトは二〇一六年夏にスタート。迅速な避難を模索してきた消防が発案し、川崎医療福祉大の医療福祉デザイン学科の学生が地元外国人らの意見も参考に図案を練った。市民へのアンケートや避難訓練での検証を重ね、約二年がかりで四種類を完成させた。

心がけたのは、いかに視覚に訴えかけるか。当初は青色のみだったが、衣服の着脱を促すピクトグラムには危機感や必要性を強調する効果の高い黄色を使い、文字を太くデザインも簡略化した。

発案した市消防局の渡辺敏規特別救助隊長(三九)は「シンプルながら洗練された絵柄で、実際の火災現場でも多くの人をスムーズに誘導できた。障害者施設の関係者から好評を頂いた」と語る。

子どもや外国の人らにも分かりやすく伝えられる点が認められ一七年に総務省消防庁から表彰された。今年三月末時点で岡山市では消防や企業などのほか約百九十の公立学校と幼稚園、保育園が導入。一九年に岡山市で開かれた二十カ国・地域（G20）保健相会

市公式動画チャンネルより）

進めてほしい」と話す。動画は、ユーチューブ「狛江市公式動画チャンネル」で視聴できる。

読売22・4・6

# 災害

ピクトグラム　単純な図形を組み合わせ、視覚的に情報を伝えるために考案された絵文字。日本では、1964年の東京五輪を契機に広がり、公共施設などで使われるようになった。出口に向かう人を表した「非常口」マークは、国際規格となっている。昨年の東京五輪開会式では、競技種目の図柄をパントマイムのパフォーマーが表現し、世界的に注目を集めた。

合や、ラグビーワールドカップの会場でも非常時用に準備された。岡山市以外でも消防や自衛隊、福祉関連の施設などに広がっている。

東京22・4・15

## 優しい水害地図製作

### 市、改定合わせ 音声案内やルビ付き

福井市は洪水・土砂災害ハザードマップの改定に合わせ、目が不自由な人のために音声案内コードやルビ付き文字を採用した「やさしい日本語版」と外国人向けの「英語版」を製作した。手話や英語の字幕が入った解説動画も作り、市ホームページ（HP）で公開している。市河川課は「危険性を知ることが早めの避難行動につながる。障害や年齢などに関わらず避難計画を考えるきっかけにしてほしい」と話している。（武居哲）

### 英語版、解説動画も公開

文字が大きく漢字にルビが振られた洪水・土砂災害ハザードマップ「やさしい日本語版」

同マップは昨年9月に改定。2015年に改正された水防法に基づき国や県が指定した河川で、洪水が起きた場合の浸水被害や急傾斜地の土砂災害などを示した。「おおむね千年に1度」の最大降雨量を想定し、通常版を市HPで公開していた。紙ベースの通常版マップはA1判の大きさで、市内17ブロックごとに作製し3月から全戸配布している。

「やさしい日本語版」は▽家屋倒壊等氾濫想定区域▽土砂災害警戒区域―など言葉の意味をわかりやすく説明するページを設けた。地図には大規模災害時に配慮が必要な人が過ごす「福祉避難所」を加えた。

通常版より文字を大きくし、漢字にはルビを付けた。スマートフォンのアプリなどで読み取ると音声で内容を聞ける専用コードも記載している。福祉施設や小中学校に配布し、市役所窓口などでも入手できる。

「英語版」は市HPのみで公開し、ダウンロードが可能。

マップの活用方法を解説する動画は「手話・英語版」として本編約15分とダイジェスト約7分を製作。手話通訳士が音声に合わせて通訳する。英語と日本語の字幕も表示される。

福井22・4・14

## 隊員被害 最小限目指す

### 東京消防庁が「安全推進部」

東京消防庁は1日の組織改編で、消防・救急活動中に起きた事故の分析を行う「安全推進課」と、科学的な検証を踏まえて再発防止策を講じる「安全技術課」からなる「安全推進部」を新設した。

計47人を配置し、これまで部署ごとに取り組んでいた隊員の安全管理を一元的に行う。事故を防ぐ安全対策に特化した部署を設けるのは、全国の消防本部で初めてという。

東京消防庁では2019年、ヘリコプターで救助中だった台風19号の被災者が落下して死亡する事故が起きている。

1日には渋谷区の消防学校で式典が行われ、森住敏光・安全推進部長は「ヒューマンエラーは必ず起きるという理解の下、被害を最小限にとどめる対策を打ち出していきたい」と語った。

読売22・4・3

●市民参加・協働／総務

# 専門職員 自前で育成

## 美馬市22年度「枠」設け募集

美馬市は2022年度の市職員採用で、秋予定の一般枠採用試験に先行し、「育成枠」での募集を始めた。採用後の10年間、市が職種ごとに計画する人材育成プログラムで、国、県、自治大学校、シンクタンク、被災地への派遣などを受けるのが条件。

募集するのは4種類。土木と行政事務（企画）が各2人、建築と行政事務（防災）が各1人の採用を予定している。1993年4月2日～2001年4月1日生まれで、大学または大学院卒業か卒業見込み。職種ごとに専門科目履修などの条件がある。

必要な資格取得などの費用は、予算の範囲内で市が負担する。専門知識を持った人材採用に難航していることから、市独自で育成することにした。

応募は5月9日まで。市ホームページの専用サイトから申し込む。1次試験は全国約300カ所の会場で受験できる「テストセンター方式」などで行う。問い合わせは市秘書人事課、電話0883（52）8006。（石崎義典）

徳島22・4・1

TKCのスマート申請システム

# 県内初、宇都宮市が採用

## 25の手続き、オンライン化

情報サービスのTKC（宇都宮市鶴田町、飯塚《いいづか》真《まさ》規《のり》社長）は5日までに、個人・法人向けのオンライン申請サービス「TASKクラウドスマート申請システム」を宇都宮市が導入し、今月から本格運用を開始したと発表した。

宇都宮市の行政手続きができるスマートフォンの画面

同システムは大阪市など全国約20の自治体が導入している。県内では宇都宮市が初めて。同システムを活用して「宇都宮市電子申請共通システム」を構築した。同市が取り扱う各種手続きをオンライン化し、申請・認証から決済、交付まで、一連の行政手続きをオンライン上で完結する。

同社によると、不慣れな利用者でも操作が容易で、スマートフォンやパソコンから手軽に申請できる。市職員も登録画面やフォーマットの作成が簡単で、申請内容の審査から交付物の作成までを一括処理できるという。

同市では1月から運用を一部開始し、今月1日から入湯税の申告、道路占有許可の申請など25の手続きをオンライン化した。今後、若年夫婦・子育て世帯などの家賃補助申請を含め20の手続きを追加する。（伊藤《いとう》一之《かつゆき》）

下野（栃木）22・4・6

# 自治体6割 負担減策

# 自治会役員 担い手増やせ

## 広報紙配布や集金 重荷に

自治会役員のなり手を確保するため、全国1741市区町村の64％が負担軽減を図っていることが、総務省の調査で分かった。負担の重さから役員を引き受ける人が減れば、行政としてもパイプ役を失い、住民とのつながりが希薄になりかねないためだ。危機感を持つ市区町村では、各種会議への出席依頼をやめたり、広報紙を直接配ったりする動きが広がっている。

調査は昨年、全市区町村を対象に実施。負担軽減の内容を複数回答で尋ねたところ、「活動場所の提供支援（使用料の減免など）」が32％で最も多く、「市区町村の担当窓口の一元化」が19％、「広報物の直接配布」が16％、民生委員などの「推薦依頼の見直し」が11％だった。一方、「負担軽減の必要性を感じるが、実施していない」は31％で、「必要性を感じていない」は5％にとどまった。

山梨県都留市はこれまで、空き家対策や環境保全

**自治体による自治会の負担軽減策**

| | |
|---|---|
| 札幌市 | イベント・研修の動員依頼を原則禁止 |
| 東京都立川市 | チラシによるイベント告知を減らす |
| 川崎市 | 委嘱する委員の人数を削減 |
| 福岡県嘉麻市 | 広報紙の配布を民間委託に切り替え |

総務省によると、自治会は加入も退会も自由にできる任意団体。近年は入る住民が減少傾向にあり、20年度の平均加入率は72％と、10年前から6ポイント低下した。輪番制で役員を置くにしても、同じ人が何度も務めるケースが増えつつある。

東海地方で飲食店を経営する男性は20年、輪番で班長を務めたが、約20世帯への広報紙配布や集金などの負担から自治会を退会した。この際、別の役員から「抜けるのは許さない」と激怒され、男性は愛知県内の行政書士事務所に相談。3万円で退会届を作っても

# 町内会 デジタルで結束

## 首都圏、コロナ契機に活用加速

新型コロナウイルス感染症の影響で、町内会の活動の場をデジタルに移す動きが首都圏で広がっている。感染防止のため対面での活動自粛を余儀なくされる中、コロナ禍という逆境を契機にICT（情報通信技術）導入に取り組む。希薄になった地域のつながりを回復するため、自治体もSNS（交流サイト）の活用などを後押ししている。

## 都、電子回覧板を試験導入

東京都は小田急電鉄が開発した町内会向けSNS「いちのいち」を2022年度に試験導入する。電子回覧板として気軽に町内会の情報を閲覧でき、災害時の連絡にも使える。世田谷区と町田市から最大計60町会・自治会の参加を募り、使い勝手や非会員への広報効果などを検証する。

「いちのいち」は町内会の会員でなくても利用できるため、会員と非会員を共通の話題でつなぐ役割が期待できる。都の担当者は「地域の活動を知ることで非会員にも興味を持ってもらい、町内会の加入促進につなげたい」としている。

神奈川県秦野市は20年に小田急電鉄と「いちのいち」を使った実証実験をした。実験後に新規加入する自治会もあり、22年2月末時点で当初より多い52自治会が利用している。小田急電鉄によると、参加者からは「回覧板が回るまで2週間以上かかっていたが、すぐに届けられるようになった」など前向きな反応が目立ったという。

横浜市神奈川区の「大口仲町池下町会」は、ソフト開発のシーピーユー（金沢市）のアプリ「結（ゆい）ネット」を採用した。平常時は情報発信や行事の出欠確認などに使っているが、災害時はモードが切り替わって安否確認を一元管理できる。同町会安心・支援部会長の岩並清隆さんは「緊急時も平時も使えるアプリは実用的だ」と話す。

千葉県我孫子市の「並木7丁目自治会」はコロナ対策で緊急事態宣言が出された20年に紙の資料のデジタル化を進めた。21年度の役員会は全て対話アプリ「LINE」を使ってリモート開催した。今後はデジタルを活用して子どもたちが楽しめる場を設ける構想を練っているという。

ただ、町内会の担い手が高齢化し、スマートフォンやICTの活用に苦労するケースもあり、自治体が支援に動き出している。

東京都港区はデジタル化のノウハウを持たない町内会を想定し、SNSでの情報発信と計算ソフトを用いた会計事務の2講座を22年7～9月に開く。講座の参加枠は各10団体で、団体ごとにタブレット端末を貸与する。全町内会向けの予約制相談窓口を10月に設置するため、広報や会計スキルを持つ「デジタルお助け隊」も育成する。

さいたま市が21年9月に実施した自治会へのアンケート（約730自治会が回答）によると、ICT活用のために求める支援策として「基礎知識が身につく講座」を挙げる自治会が最も多く、「SNSの使い方講座」が続いた。

同市は自治会向けのICT知識をまとめた動画を製作し、ホームページに公開した。電子回覧板のモデル事業の実施も22年夏ごろに予定している。

町内会は防災などの共助や地域交流の中核となる団体だ。対面と非対面のコミュニケーション手段を併せ持つことで、地域の結束が一層、強まることが期待されている。

（鈴木菜月）

### ハッシュタグ # hashtag

#町内会のデジタル化

町会・自治会は役員の高齢化や担い手不足により活動の負担が増している。さらには少子高齢化が進んだことで、一人暮らしの高齢者の見守りも急務となっている。事務負担の軽減や迅速な情報共有のために、町内会はデジタルトランスフォーメーション（DX）に取り組む。

利便性が高まる一方で、スマホやPC端末を持たない人へのサポートが課題だ。

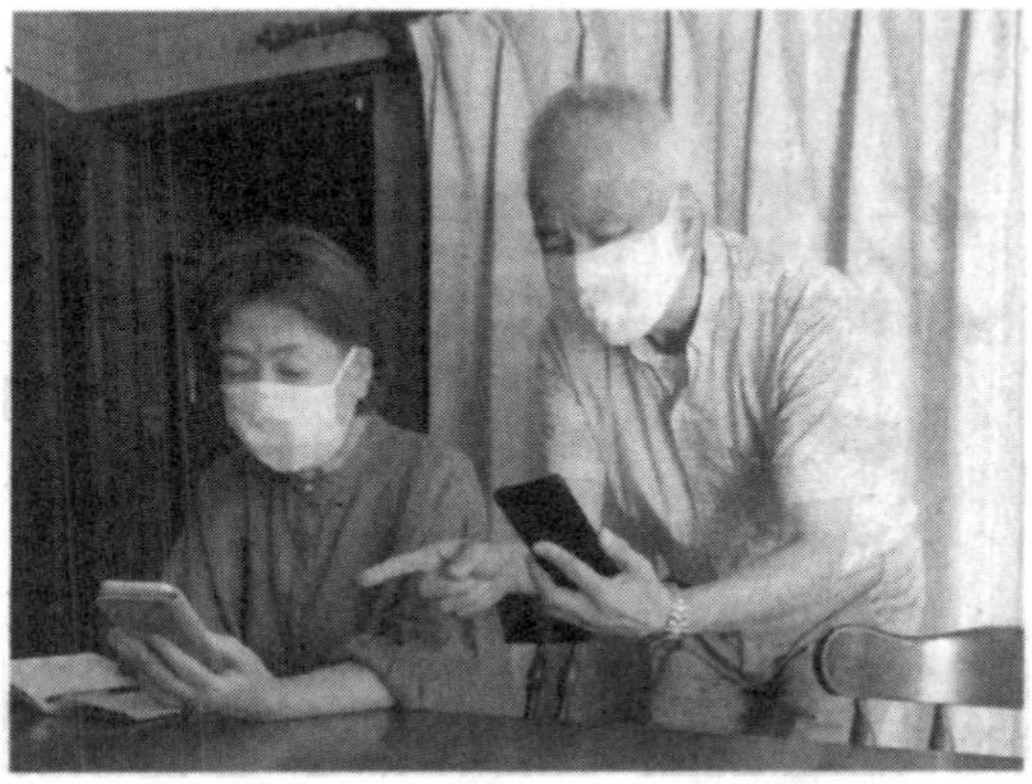

並木７丁目自治会は、スマホに慣れていない役員らに向けた講習会を開いた
（2021年、千葉県我孫子市）

| 町内会のデジタル化を進める | |
|---|---|
| 大口仲町池下町会（横浜市神奈川区） | 電子回覧板アプリ「結ネット」を導入。役員会のリモート参加可能に |
| 並木７丁目自治会（千葉県我孫子市） | クラウド上で資料を管理。役員会は対話アプリで開催 |
| 東京都 | 町内会向けSNS「いちのいち」を世田谷区・町田市に試験導入 |
| 東京都港区 | 講座と相談窓口を開設 |
| さいたま市 | 電子回覧板でモデル事業 |

日経22・4・7

---

といった市の施策を協議する委員会などで、計12人の自治会長に参加を要請してきた。市民の声を施策に反映させるためだが、今年度からは、民生委員や社会福祉協議会など計5人に絞り込む。市は「住民代表の意見が不可欠な場合にのみ依頼することにした」と説明する。東京都品川区も2016年度から、自治会長に頼んでいた回覧板の管理やポスター掲示などの仕事を削減した。

らうなどし、約半年をかけて、ようやく退会できた。この事務所では直近の約2年で、全国の約100人の退会手続きを代行した。大半が役員に就く就かないの問題に絡んでいたという。

総務省の担当者は「自治会役員に大きな負担がかかり、なり手が減ると、防災や高齢者見守りなどの活動も停滞する懸念がある。市区町村には見直しを進めてもらいたい」と話している。

読売22・4・4

## 成人式→『二十歳式』

### 富士見市 民法改正で名称変更

民法改正に伴い4月から成人年齢が20歳から18歳に引き下げられたことを受け、富士見市は毎年1月に開催している成人式の名称を「二十歳式」に変更することを決めた。民法改正後も20歳を対象に式典を開催するため、市はこの式典にふさわしい名称について新成人や高校生らからアンケート調査を実施。最も人気を集めた名称を採用したという。

県生涯学習推進課によると、2月現在、県内で23年以降の式典の名称を決めているのは21自治体。このうち、成人式の名称を継承する3市を除いた18市町は「二十歳の集い」などの名称に変更している。

市によると、成人式典実行委員会は昨年11月に新しい式典名として、①二十歳式②二十歳の祝い③祝はたち祭の3案を提案。これを受け、市は今年1～2月、成人式出席者約760人と県立富士見高校生483人にアンケートを実施した。その結果、①が452票で最も多く、次いで②と③の順だった。このため、市は3月末に式典の名称を「二十歳式」に決定した。

市は「18歳以上を成人と呼ぶ中、20歳を対象にした式典が成人式では分かりにくい。新しいネーミングは分かりやすく、市民に浸透し

## 市役所「脱はんこ」の流れ加速

# 文書決裁 全て電子化

## 来年度 15万2000件で押印廃止

市は来年度、庁内全ての文書決裁15万2千件で押印を廃止し、電子化する。4日までに新たな管理システムを導入し、市長決裁の電子化に着手した。今後は予算執行に関する文書にも対象を拡大する。押印した文書のやりとりが不要となるため、テレワーク推進や業務効率化につながるほか、公文書の保管に充てている書庫スペースも削減できる。

ンで決裁を行う村山市長。市は来年度に全ての文書決裁化する ＝市役所

市は2017年度から庁内の文書決裁電子化を進めており、今年1月時点では9万4840件で対応し、進捗《しんちょく》率は62・39％となっている。

## 市長分は今月から導入

今年度は従来、市長の押印が必要だった審議会委員選任の書類や条例の制定起案などを電子化する。来年度には補助金交付や公共工事の支払いなど予算執行に関わる財務会計システムも切り替える。

電子化により、押印した紙の文書を庁内で回す必要がなくなるため事務作業が迅速化される。庁舎外からも決裁でき、テレワークの環境整備にもつながる。

市の公文書は条例で一定期間の保存が義務付けられており、条例の制定起案など重要な文書は最長30年間、書庫などに残す必要がある。こうした保管場所も随時、他の用途に有効活用する計画だ。

パソコンで市長決裁を行った村山卓市長は「決裁後の書類管理なども格段にやりやすくなる。どんどん広げていきたい」と話した。

### 行政手続き 95・2％完了

市民や事業者らが市に申請する行政手続きでは、押印が必要だった2226件のうち、95・2％に相当する2119件を電子化した。残りは国の法令で押印が定められて

てもらえれば」と話している。（毛利伸一）

埼玉22・4・9

北國（石川）22・4・5

パソコ
を電子

いたり、実印が必要だったりする様式となっている。

# 県、復職制度を導入

## 育児や介護の退職対象

県は本年度、庁内の働き方改革「ライフスタイルシフト」の一層の促進を図る。育児や介護を理由に退職した職員を対象にした採用選考試験（カムバック制）を導入するほか、ペーパーレス化や職員個人の席を固定しない「フリーアドレス制」を拡大。業務の生産性向上や超過勤務縮減につなげる。（宇野和宏）

## フリーアドレス拡大も

カムバック制は結婚や出産、育児、介護など、家庭の事情でやむを得ず退職した勤続3年以上の職員が対象。通常の採用選考で課される教養試験は省き、在職時の勤務成績や面接、論文などで選考し再び採用する。本年度中に数回、公募する方針。

県は出産や育児、介護のための休暇制度を設けているが、仕事と両立する負担の重さから退職を選ぶ職員は多いという。県人事課によると、同様の復職制度は北海道や岡山県、神奈川県などが導入している。

フリーアドレス制が導入されている公共建築課。県は４月以降、導入部署を拡大する＝県庁

フリーアドレス制は、昨年3月に取り入れた未来戦略課を皮切りに、産業技術課や公共建築課など計6部署で実施している。坂川慶介公共建築課長は「席替えは気分転換になり、さまざまなコミュニケーションを生み出し、新しい発想や意見が出る雰囲気になっている」と効果を強調。本年度は本庁5階フロアにある交流文化部全体で導入する。

また、業務ごとに主担当と副担当を置く副担当制を徹底する。業務の属人化を防ぎ、担当者の負担軽減や、どちらかが休んでもカバーできる体制づくりを目指す。

4月からは県庁内の決裁手続きに電子決裁・文書管理システムを導入するなどペーパーレス化もさらに進める。庁内の打ち合わせやヒアリングはオンライン形式がかなり定着しており、県幹部は「資料整理が簡単。職員にとっても働く場所を選ばず、会議時間の短縮にもつながっている」と言う。

2023年度をめどに原則全ての行政手続きを電子申請で行えるようにする方針で、杉本達治知事は「職員がテレワークしやすい環境を整えるとともに、県民の皆さんもノンストップで申請でき、便利になる」と意義を強調している。

福井22・4・2

# 遠隔手話通訳サービス導入

## 江戸川区がテレビ電話で

聴覚障害がある人への窓口対応を充実させようと、江戸川区は今月、テレビ電話を使った「遠隔手話通訳サービス」を導入した。これまで庁内での手話通訳の対応は週二日に限られていたが、平日の開庁時間中はいつでも利用できるようになる。

新サービスでは、聴覚障害のある人が窓口を訪れた際にタブレット端末を使い、委託先の多言語通訳コールセンターとつないでオペレーターに手話通訳してもらう。事前予約は不要。すべての課の窓口で無料で利用できる。

これまでは手話通訳が庁内にいる火曜と金曜にしか対応できなかった。区障害者福祉課の上坂《こうさか》かおり課長は「今後もデジタルトランスフォーメーション（デジタル技術による社会変革、DX）を活用し、さらなる区民サービスの向上に努めたい」と話す。（太田理英子）

東京22・4・12

# 役場窓口〝出張〟します

## 通信機能備えた「コネクテッドカー」導入

## 智頭町、遠隔地などに対応

智頭町は、役場から遠くに住み、行政サービスが受けづらかった人たちが役場と遠隔でつながるよう、通信機能を備えた自動車を導入した。マイナンバーカードの申請や介護予防などに活用し、住民の生活を支えていく。

町は2021年度、鳥取県の補助金を活用し、通信機能を備えた「コネクテッドカー（つながる車）」を導入。車両代や通信設備など約1500万円を投じ、準備を進めてきた。車は大型のワゴン車で、内部はテーブルや椅子を設置でき、用途に応じてレイアウトも変更できる。

通信機能は、NTTドコモ（東京都）の小型Wi―Fiルーターを活用。eスポーツ体験などにも活用できる。役場の内部システムにもアクセス可能で、遠隔でマイナンバーカードの申請に必要な個人情報の取得などにも対応できる。

役場窓口まで行くことが困難な人の所にも行けるため、介護予防の目的でも利用できる。高齢者の認知機能や運動機能の低下がないか、現地で専用のアンケートを実施し、回答から衰えを分析する。その場で結果を印刷して渡し、対策を考えるような活用法も想定している。

災害時には、現地と役場をオンラインでつなぎ被災現場の映像を撮影して共有したり、病院と周辺地域の人をつないで遠隔診療をしたりすることなども可能になる。町は、汎用《はんよう》性が高いとして、住民から車両を何に使いたいかアイデアを募ることも考えている。

11日には、同町芦津の芦津どんぐりの館で、車両のお披露目とeスポーツなどの体験会が開かれる。町企画課の西川淳主幹は「行政目線の活用方法しか浮かんでいないので、住民の皆さんが必要と思うサービスを提案してほしい」と呼びかけている。（浜中裕一朗）

日本海（鳥取）22・4・9

---

## $CO_2$削減約束で資金調達

# 県、環境目標連動債発行へ

## 10年満期50億円分

滋賀県は、温室効果ガス排出削減の目標達成を約束して資金調達する「サステナビリティ・リンク・ボンド（環境目標連動債）」を初めて発行する。環境問題に積極的に取り組む県の姿勢を投資家に示すのが狙い。5月にも企業や団体向けに10年満期で50億円分を発行する。調達した資金は、二酸化炭素（$CO_2$）排出削減への取り組みに充当していく方針。

環境目標連動債は、企業などで発行が増えている環境や社会問題を重視した債券「ESG（環境・社会・企業統治）債」の一つ。掲げた目標とその達成状況に応じた対応をあらかじめ決める必要があり、企業では目標未達成の場合、環境団体に寄付をすることなどを約束して資金を調達する例が多い。

県は、県の施設や事務から出る温室効果ガスの排出量を2030年度に14年度比で50％削減することを目標に設定。達成できなければ、温暖化対策に特化した県基金に債券発行額の0・1％相当額（500万円）を追加拠出して、一層の$CO_2$排出削減に取り組むとした。

県財政課によると、自治体の発行は世界的にも珍しいという。目標を掲げて資金調達することで職員に緊張感を生み、「温室効果ガス削減への決意を県内外にPRする効果を期待している」としている。

連動債の返済利率は今後決まるが、通常の県債と同程度（0・2％前後）になるとみられる。ただ、ESG債への需要が今後高まれば、低い利率設定でも投資してくれる企業や団体が増えると見込まれるとしている。

京都（滋賀）22・4・2

---

# 呉市が「内部統制制度」

る上で、ミスを防ぐためのチェックリストを作成した。

最高責任者とする市長の下に実施本部を設置。設定

通信機能を備えたコネクテッドカー＝７日、智頭町役場

## ミス防止や法令順守 事例別対策示す

## 中四国の中核市で初

呉市は2022年度、適正に行政を執行するためミス防止や法令順守を図る「内部統制制度」を導入する。不適切な支出や公金管理などを「リスク」とし、ケース別の対策などを示したマニュアルづくりが柱。市によると、20年度から義務付けられている県や政令指定都市の広島市を除き、県内の自治体で初。中国、四国地方の中核市でも例がないという。（上木崇達）

呉市は、過去に監査委員から指摘されるなどした157の事例を「リスク」としてリストアップ。具体的なミスなどを示し、注意を喚起する。例えば職員の着服や横領を防ぐために、「現金を取り扱う事務は必ず複数職員での担当制」「定期的に現金出納簿等と現金を照合する」などの策を示す。各具体例を「支出一般」「契約等」「財産管理」「文書管理」など13種のカテゴリーに分類。各業務を進めるリスクなどは随時見直し、23年度以降は取り組みを評価する報告書を作成する。監査委員の審査を経て市議会に報告する。

市では00年度以降、少なくとも86件の重大な事務ミスや職員の処分などが発生。旧合併町の元町議に対する叙位位記の紛失などもあった。市は「全てのミスは市民サービスに直結する。効率的で確実なサービスにつなげたい」としている。

中国（広島）22・4・1

## 多賀城市

## ＱＲコードで申請楽々

## 手続き効率化 混雑緩和

多賀城市は住民票の写しなどの申請手続きで、事前に必要事項をオンライン上で入力し、発行されたＱＲコードを窓口で提示すれば、証明書を発行するサービスを実施している。同市は県内の自治体で最も転出入の割合が高いため、申請書類に記入する手続きを効率化し、市民の負担軽減と窓口の混雑緩和を目指す。

サービスを利用できるのは住民票の写し、戸籍謄本・抄本、印鑑登録証明書、課税・非課税証明書の発行。

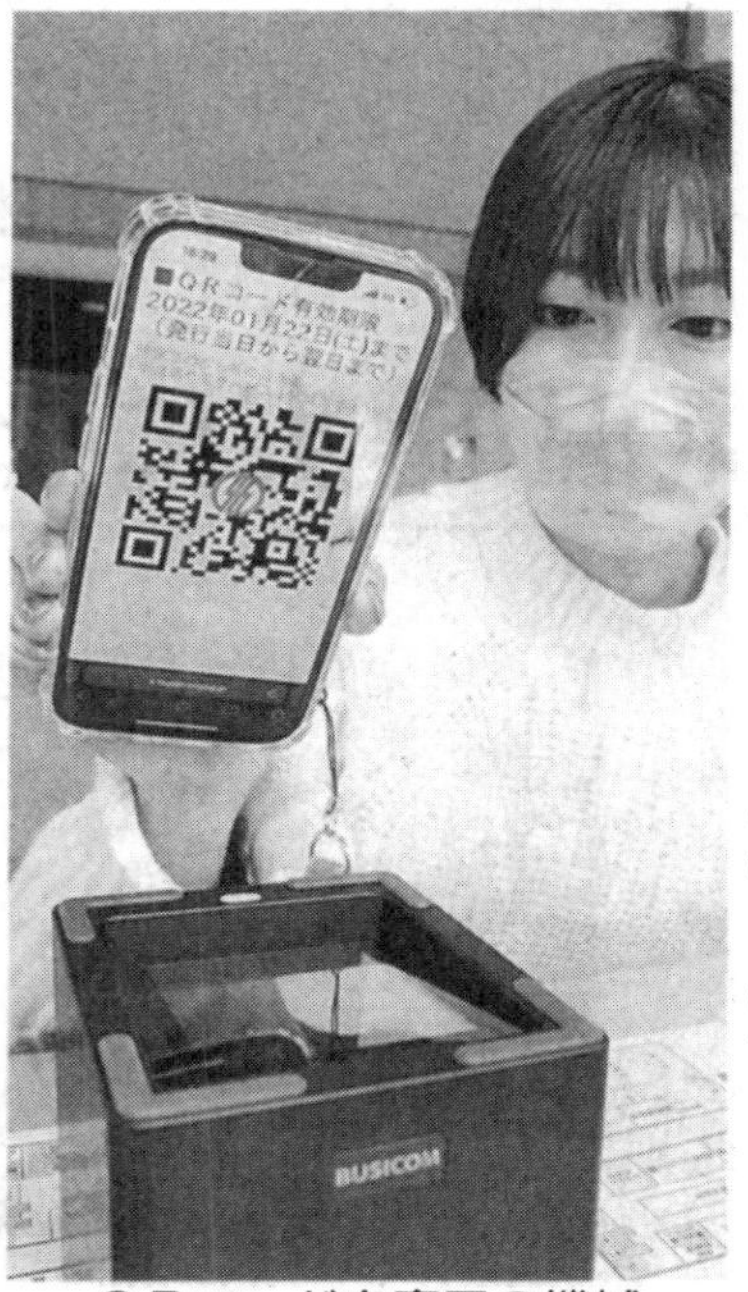


ＱＲコードを窓口の機械に読み取らせ、申請手続きするサービス

市ホームページの特設サイトで、事前に申請書に書き込むべき情報を入力し、ＱＲコードを作成。窓口にある機械に読み取らせると、申請書が印刷されて担当者に届き、後は本人確認書類の提示や手数料を支払えば、証明書を受け取れる。

ＱＲコードは作成翌日まで有効。事前に申請書の内容を入力してもらうことで窓口の滞在時間を減らし、混雑を避ける狙いがある。

サービスは市職員が独自にシステム開発し、1月下旬に始めた。事業費はＱＲコードの読み取り機器の購入など約20万円で済んだ。

同市は住民基本台帳に基づく人口移動率が13％（2020年）と県内で最も高い。サービスの対象となる4種類の証明書発行も年間計約8万件に上る。

市ＩＣＴ推進室の阿部大樹主幹は「多くの人がサービスを使えば使うほど混雑緩和につながる。積極的に利用してほしい」と話す。

河北（宮城）22・4・9

# 三原市 キャッシュレス導入

本庁舎窓口の手数料決済

中国(広島)22・4・8

三原市は、市役所本庁舎の窓口でキャッシュレス決済を導入した。住民票の写しや納税証明書などの発行手数料の支払いで利用でき、18日から３支所にも拡大する。５月からは公民館など31カ所でもスマートフォン決済アプリ「ペイペイ」で利用料などを払えるようにする。

キャッシュレス決済は市民課、税制収納課の25種の手数料で始め、クレジットカードや電子マネー、ＱＲコードによる26種のキャッシュレス決済に対応する。領収書は発行せず、必要な場合は現金で支払う。専用端末５台を計約38万円で導入した。

５月９日からは市生活環境課や各公民館、コミュニティセンター、生涯学習センターなどにペイペイのＱＲコードを用意。撤去された放置自転車の保管料や犬の登録手数料、施設利用料、講座受講料など79種の支払いで利用できる。他のキャッシュレス決済は使えない。

市デジタル化戦略課は「キャッシュレス化で、新型コロナウイルスの感染拡大の防止や、市民の利便性向上を図りたい」としている。

（川崎崇史）

三原市が導入したキャッシュレス決済用の端末

# 収入「過去最大」の予想

## 「法人2税」3割増 IT・製造業が底上げ

コロナ下で不況にあえぐ業界も少なくない中、東京都は今年度、当初予算ベースでは過去最大となる約5兆6千億円の都税収入を見込み、計上した。コロナ禍の直撃で大幅減収を想定した前年度からの「V字回復」は、なぜ可能なのか。

（笠原真）

「想定以上の好転ぶりだ」。都議会で先月可決された約7兆8千億円の一般会計当初予算について、当の都幹部からも驚きの声が漏れた。都税収入全体の約3割を占める「法人2税」を、前年度より33%多い約1兆9千億円に上ると想定したからだ。

法人2税は主に企業が納める法人事業税と法人都民税のことで、都税に占める割合が最も高い。都内に事業所を置く納税対象の企業は約61万あり、その好不況が都税に影響を与える。

1年前に成立した2021年度の当初予算で、都は法人2税を20年度より20%少ない約1兆4千億円とした。わずか1年でのV字回復。実は東京以外の大都市を抱える府県でも同様で、大阪府は法人2税を前年度より36%増の4601億円、愛知県も同37%増の3539億円とした。同県の担当者は「これほどの伸び率はなかなかない」。

「特にIT関連と製造業の高収益が大きい」と都の担当者は説明する。長引くコロナ禍で飲食店やホテル業界は苦境が続くが、IT関連などの業種の好調ぶりが税収全体を引き上げるというわけだ。

日本銀行の全国企業短期経済観測調査（短観）によると、22年度の業種別の経常利益見通しは、コロナ禍前の18年度と比べて、ITなどの「情報サービス」が21%増、製造業で半導体関連を含めた「電気機械」が46%増となっている。

対照的に「宿泊・飲食サービス」は119%減が見込まれ、厳しい状況が続く。東京商工リサーチは今月6日、21年度にコロナ禍が原因で倒産した都内の企業が前年度より81件多い356件だったと発表した。業種別では飲食業が最多の51件で、広告やコンサルを含む学術研究、専門・技術サービス業が48件、建設業35件と続いた。

日本総研の松村秀樹調査部長は東京の経済状況について、成長産業の存在を歓迎しつつ「観光・飲食業界などの低迷が長引けば失業者が急増していく」と警鐘も鳴らす。ロシアのウクライナ侵攻に起因する原油高

**都税収入の推移**（当初予算ベース）

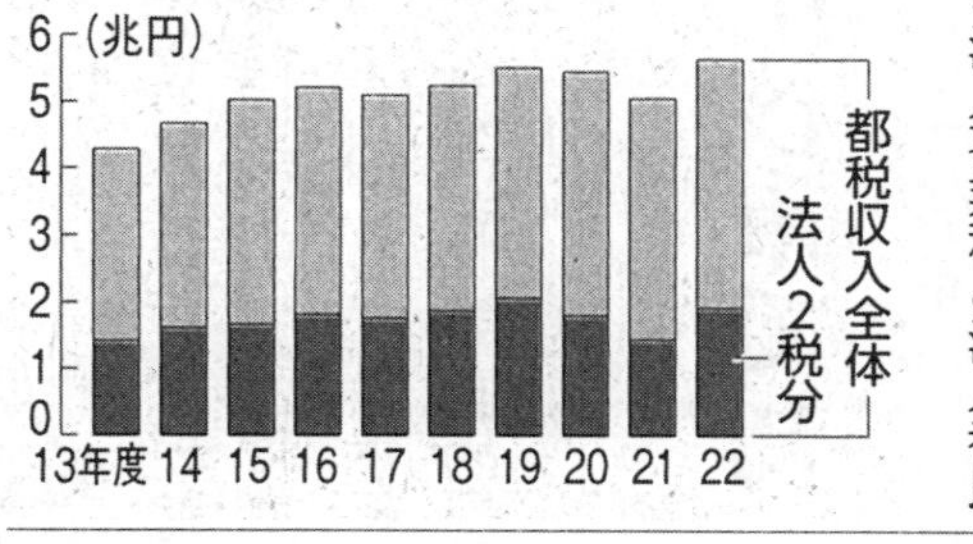


益

-65.9

運輸・郵便

市原市

# 「市税総合窓口」開設

## 関係3課の業務集約

市税関係3課の窓口業務を集約した「市税総合窓口」＝市原市役所第2庁舎1階

市原市は1日、市役所第2庁舎1階に「市税総合窓口」を開設した。市税に関係する納税課、市民税課、固定資産税課の窓口業務を1カ所に集約。来庁者を「迷わせない」「移動させない」ワンストップの窓口となる。

市固定資産税課によると、これまでは、3課それぞれ窓口が分かれており、複数の要件がある来庁者は移動して手続きしなければならなかった。

「どの課の窓口が担当するのか分かりづらい」という声もあり、市民の利便性アップと課税業務の効率化を狙いに、市税に関する用事を1カ所で済ませることができるワンストップの総合窓口をオープンした。

開設に当たっては、民間会社に業務委託し、民間活力を導入。「よりよい窓口」の実現と市民サービスの向上を目指す。

問い合わせは同課☎0436（23）9812。

千葉22・4・2

# 中津市、ヤマト運輸に「ふるさと納税」管理委託

## 企業支援へノウハウ活用

大分22・4・5

中津市は4日、ふるさと納税の管理業務をヤマト運輸（東京都）に一括委託したと発表した。同社が持つ物流のノウハウとネットワークを生かし、返礼品の在庫管理を徹底。各地の自治体で起きている商品不足による発送遅れを防ぐ。全国的に一部企業の商品に人気が集中する中、返礼品の提供事業者を開拓・サポートして新規参入を増やし、地域経済が幅広く潤う仕組みづくりを目指す。

契約は1日から2025年3月末までの3年間。同社が、ふるさと納税の注文から発送に至る管理業務を一手に引き受けるのは初めて。委託料は非公表。

同社はこれまで、同市のふるさと納税の配送業務を担ってきた。新たに▽提供能力以上に返礼品の注文を受け付けないよう、各事業者の在庫を把握▽個人向け発送の経験がない事業者でも、返礼品事業に参画できるよう物流面をサポート▽寄付を募るふるさと納税総合サイトの運用―といった業務に携わる。

ふるさと納税制度は返礼品競争が激化する中、予想を上回る発注で在庫が不足して発送が滞るといった問題が全国で発生している。同市でトラブルは起きていないが、寄付を呼び込むため、返礼品事業者の新規開拓や新たな外部サイトへの掲載など業務量が増加。配送を除く全ての管理をする農政振興課職員5人の負担が大きかった。

同市のふるさと納税額（21年度）は約1億9400万円。14年度以降、減少傾向が続いており、寄付者を増やす仕掛けづくりも課題だった。

同課は「企業が持つノウハウや情報発信力で寄付額を増やしたい」。ヤマト運輸コーポレートコミュニケーション部は「自治体の抱える課題とニーズを把握し、社の経営資源を生かしたサービスで地域産業の発展に貢献する」と話している。

（内田杏実）

# 都税

**2022年度の業種別経常利益見込み（18年度比）**

日銀短観のデータをもとに算出

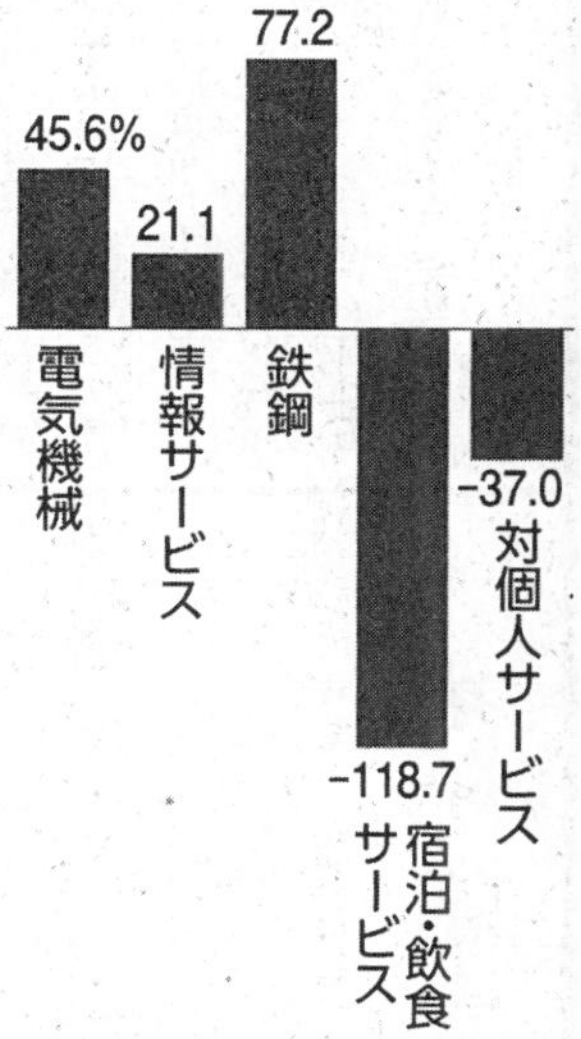


の影響も出始めており、「値上げ幅を企業が負担すれば収益は押し下げられ、税収にも影響が出てくる可能性がある」と指摘している。

朝日22・4・8

中日(愛知)22・4・7

# 署名収集者を明示へ

## 総務省令改正　リコール不正対策

愛知県の大村秀章知事のリコール(解職請求)運動を巡る署名偽造事件を受け、総務省は六日、首長のリコールなど直接請求制度の運用を見直すことを明らかにした。不正な署名の収集を防ぐ観点から、署名簿の様式を定めた省令を改正。署名を集めた人物の氏名を記入する欄を新設するほか、偽造に関して罰則の適用があることも記載する。

**直接請求制度の改善策ポイント**

- 署名簿の様式を定めた省令を改正
- 署名収集者を明示するため、氏名記入欄を設ける
- 署名偽造には罰則があるとの記述を追加
- 署名集めのルールをまとめた資料を作成し、周知

こうした対応策は、直接請求制度の課題を議論してきた同省の有識者研究会が六日に公表した報告書に盛り込まれた。

報告書では、現行制度で署名を集めた人物を特定できないケースがあることが「不正を行う際の心理的なハードルを下げ、署名の偽造や権限のない者による署名収集の一因となっている」と指摘。氏名記入欄の新設については「署名収集者を特定できれば捜査の端緒になるほか、不正な署名収集に一定の抑止力がある」とした。

直接請求制度を巡っては、愛知県選挙管理委員会が昨年五月、総務省に制度の改善を求める提案書を提出した。その後、行政制度の専門家などで構成する同省の有識者研究会が昨年十月から今年二月まで計四回会合を開催。同県選管などの意見も参考にしながら、制度の問題点や解決策などを検討してきた。愛知県選管の加藤茂委員長は「今回の報告書に基づき、今後の直接請求制度の適正化につなげられることを望む」とのコメントを出した。

**リコール署名偽造事件**　2020年に行われた大村秀章愛知県知事のリコール運動で、運動事務局が選挙管理委員会に提出した約44万人分の署名のうち、約8割が無効と判断された。県警は地方自治法違反の疑いで運動事務局長らを逮捕し、刑事事件に発展。佐賀市の貸会議室にアルバイトを集め、署名簿に他人の名前を書かせていたことなどが明らかになった。

毎日(大阪)22・4・15

# 全国へ　おいしい支援を

## 子ども食堂へ食材提供

### 泉佐野市方針　企業版ふるさと納税活用

泉佐野市は13日、寄付した企業の法人税などを軽減する地方創生応援税制(企業版ふるさと納税)を活用し、全国の子ども食堂に食材の提供支援をする新規事業を発表した。市によると全国で初の試みといい、事業費1000万円を含む総額2億5852万円の今年度一般会計補正予算案を、20日に開かれる4月臨時市議会に提出する。

企業版ふるさと納税は2016年度に始まった制度で、国が認定した自治体の地方創生事業について、寄付をした企業が寄付額の最大約9割の税額控除を受けられる。泉佐野市も同年から制度に取り組み、20年度は884万円、21年度は1134万円の寄付があった。

今回の事業は、企業からの寄付金で、泉佐野市産の食材や、市と協定を結ぶ各地の自治体の食材を購入し、全国の子ども食堂に配送する計画。配送費などにも寄付金を活用する。寄付金が泉佐野市外の地域の支援に使われるのは初めてのケースという。

寄付した企業は税負担の軽減以外にも、支援先に企業名をPRできるなどのメリットがある。また、本社の所在地や創業者ゆかりの地など、支援する地域を企業が選ぶこともできるという。

寄付金は市の歳入にならないが、地場産品の購入で市内の生産者を支援し、市特産の食材を全国に発信できる機会になるなど、泉佐野市にとってもメリットがある。

千代松大耕市長は記者会見で、「子供の貧困問題で、市としてできることを考えた。喜んでいただけるのではないか。市としても、地元の農産物を全国的にPRできる」と述べた。【高良駿輔】

# 衆院　議事録ペーパーレス

毎日22・4・8

衆院は7日の本会議で、官報や本会議と委員会の議事録を紙で配布せず、原則インターネット上での閲覧に切り替えるため衆院規則などを改正した。次の国会召集日から実施する。

官報は国立印刷局ホームページに掲載される「インターネット版官報」を閲覧したり、国会図書館に問い合わせたりすることで代替。議事録は関係者向けのイントラネットで確認することになる。参院ではすでに議事録の印刷配布をやめている。ペーパーレス化によって、経費の大幅削減につながるという。　【李舜】

## セクハラ・パワハラ防止 政府が動画公開

内閣府は12日、議員への有権者や先輩議員によるハラスメント(嫌がらせ)防止に向けて、全国の地方議員の被害体験を基に作成した動画=写真、内閣府提供=を投稿サイト「ユーチューブ」で公開した。セクハラ、パワハラは若者や女性の政治参加が進まない原因の一つとされ、国会や地方議会の研修などで活用してもらう。(柚木まり)

# 議員らへ この行動 アウトです

ジェンダー平等ともに

約30分の動画では、女性候補者が選挙活動中に有権者から「投票するから」としつこく握手を求められたり、抱きつかれたりする様子を再現。有権者からのセクハラのほか、当選回数や年齢が異なる議員間で起こるパワハラ、妊娠・育児などを理由とするマタニティー・ハラスメント(マタハラ)など分かりやすく解説している。

野田聖子男女共同参画担当相は12日の記者会見で、自身も過去に「酒席で体中を触られた」という経験があると明かし、動画を通じて「1人でも多くの人に自分のやっていることがハラスメントだと気付いてもらうことが大事だ」と呼び掛けた。

内閣府が2020年度に、地方議員を対象に行った調査では、42.3%が有権者や同僚議員らからハラスメントを受けたことがあると回答。被害に遭ったのは男性が32.5%に対して女性は57.6%で、女性議員が少ない一因とも指摘されている。

東京22・4・13

---

## 29日開幕 波佐見陶器まつり

# 返礼クーポン その場で発行

東彼波佐見町は29日に開幕する波佐見陶器まつりの会場で、ふるさと納税をした人に対し、返礼品としてクーポン券をその場で発行する。会場や同町で使え、大型連休中の寄付件数や金額、町内消費の増加につなげたい考え。ふるさと納税業務を請け負う同町の「スチームシップ」によると、九州のイベントでは初の試み。

同社などによると、寄付1万円ごとに3千円分のクーポン券を発行。会場内や町内の約120店舗で器の購入や飲食などに使える。受け付けは、まつりのメイン会場、やきもの公園(同町井石郷)の特設ブース。発行は5月3日まで。使用期限はまつり最終日の5日。

陶器まつり会場などで使用できるふるさと納税返礼品クーポン=波佐見町、スチームシップ

## メイン会場 ふるさと納税受け付け

同町に寄せられた2021年度の寄付は約8万件、20億円を超える見込みで、いずれも過去最高を更新。寄付者の9割が返礼品として陶磁器を希望しているという。クーポンを活用することで、寄付者にとっては、通常の返礼品リストにはない好みの器を会場で選ぶことができるメリットがある。

また、同社の調べでは、寄付者の4人に1人は「波佐見町を訪れたことがない」と回答。町などはクーポンの発行で実際に会場に足を運ぶ誘客効果にも期待している。藤山雷太社長(38)は「寄付をして終わりではなく、波佐見に泊まり、食べて、買い物をする交流人口の創出が目的。返礼品を贈る以上の効果を生みたい」と話している。

クーポン券は、ふるさと納税サイトでも取り扱っている。(佐崎智章)

長崎22・4・14

# オンライン議会 地方先行

## 16都府県・102市区町村

## 国会、なお検討段階

日経22・4・3

地方議会でオンライン出席を認める動きが広がっている。新型コロナウイルス禍を契機に16都府県と102市区町村が委員会審議に導入し、検討段階の国会に先行している。感染症の流行や災害時のほか、子育てや介護を理由に認める例もある。議会のデジタル化は世界的な潮流で、政治家の働き方が大きく変わりつつある。

### コロナ禍 世界では加速

議会には最終的な議決の場である本会議と、分野別に一部の議員が審議する委員会がある。総務省は委員会に限り、議場に集まるのが困難な場合はオンライン出席も可能だとする通知を2020年4月に出した。通知を受け条例や会議規則の改正が相次いだ。

地方自治研究機構によると、20年5月に大阪府や大阪市が全国に先駆けて導入した。制度を導入した16都府県のうち、実際に活用したのは8都府県。東京都や埼玉県は感染拡大の「第6波」を受け、22年に入って初めて実施した。

東京都議会では3月9日の予算特別委員会で、コロナに感染し自宅療養中の議員1人が初めてオンラインで出席した。議員が自宅からモニター越しに質問し、小池百合子知事が答弁に立つ場面もあった。

感染症などで議場に出られない議員も、オンラインなら議論に参加できる。東北大学の河村和徳准教授は「オンライン議会は住民の負託を受けた議員に職責を全うする機会を与える」と話す。

多くの自治体は感染症や大規模災害時に利用できると定める。大阪府や秋田県は育児や介護も理由として認める。大阪府では出産を迎える妻のサポートを理由とした例もある。秋田県議会事務局は「議員が働きやすくすることで、なり手の確保につながればいい」と期待する。

本会議でもオンライン出席を実現するには地方自治法の改正、または法解釈の変更が必要になる。デジタル化をさらに進めるには国側の対応もカギを握る。

オンライン審議を巡っては、国会も議論を進めている。衆院憲法審査会は3月にまとめた報告書で、緊急事態の際はオンライン参加も憲法上の「出席」に含まれるとの見解を示した。衆院の議院運営委員会も3月に初の勉強会を開き、実現に向けた議論が始まった。

オンラインで認められる権限の範囲、本人確認の運用方法など検討課題は多い。具体的な制度設計はこれからで、実現には時間がかかるとみられる。

海外では新型コロナの感染拡大をきっかけに導入する動きが広がっている。世界の国会議員が参加する列国議会同盟（IPU）が世界の116議会を調査したところ、20年末までに65%が委員会の審議でオンラインを導入した。33%は本会議でも採用しており、議会のデジタル化は世界的に進んでいる。

感染拡大初期の20年3月に導入したブラジル連邦議会下院はオンライン参加に際し、ビデオ会議システム「ズーム」を活用。議会向けに開発した情報共有アプリの機能を拡張し、オンラインでも参加しやすくした。

IPUの調査によると導入済みの議会のうち、コロナの収束後もリモートワーク環境を「完全に維持する」方針なのは24%。「おそらく維持する」の52%と合わせ、8割近くが引き続き活用する意向を示しているという。

日本では行政のデジタル化が遅れ、社会効率の低さが経済の生産性向上の足かせにもなっている。行政部門を主導する議会のデジタル化が加速すれば、公共部門の効率アップにつながる期待もある。

東京都議会の予算特別委員会でオンライン出席した都議（モニター画面）に答弁する小池知事㊧（3月9日）

**オンラインの委員会出席を認める16都府県議会と利用理由**

| | コロナ | 感染症 | 災害 | 育児・介護 |
|---|---|---|---|---|
| 秋田 | | ○ | ○ | ○ |
| 群馬 | | ○ | ○ | |
| 栃木 | | ○ | ○ | |
| 茨城 | ○ | | ○ | |
| 埼玉 | | ○ | ○ | |
| 東京 | ○ | | | |
| 山梨 | | ○ | ○ | |
| 静岡 | ○ | | ○ | |
| 愛知 | | ○ | ○ | |
| 三重 | | ○ | ○ | |
| 兵庫 | | ○ | ○ | |
| 大阪 | | ○ | ○ | ○ |
| 鳥取 | | ○ | ○ | |
| 熊本 | ○ | | | |
| 長崎 | ○ | | | |
| 大分 | | ○ | ○ | ○ |

(注)「コロナ」は新型コロナウイルス感染症。感染症はコロナ含む
(出所) 地方自治研究機構

# 女性都道府県議 11.8% 昨年末、知事は2人

総務省は31日、昨年12月31日時点でまとめた1788自治体の首長や議会の構成を発表した。47都道府県議会の議員数は計2598人。このうち女性議員は306人、11.8%だった。前年比で0.3㌽だけ増えた。「女性ゼロ」の議会はなかったが、山梨県議会は女性議員1人のみで、女性知事は山形県と東京都の2人だった。女性の比率が低いままで、地方政治に依然として参画できていない状況が浮き彫りになった。

都道府県議会では、福井県、香川県などで女性議員が2人にとどまっている。

一方で最多は東京都の40人で、神奈川県が19人で続いた。政令指定都市を含む市区町村長1737人のうち女性は2.3%で40人だった。市区町村議会議員は計2万9425人、うち女性議員は15.4%の4520人だった。

中日（愛知）22・4・1